职业教育动态支撑产业转型发展创新模式研究

——以云南省为例

王松江　刘俊伯　贾得海　王纪波　著

世界银行贷款云南职业教育发展项目研究成果

科学出版社

北　京

内 容 简 介

本书以云南省为例来研究职业教育与产业转型升级之间的动态对接、匹配及支撑关系，探索职业教育动态支撑产业转型发展的创新模式。全书除参考文献及附录之外共 5 章，第 1 章和第 2 章分析云南省职业教育对接产业转型发展的背景、现状、问题、对策，第 3 章和第 4 章分别详述实现云南省职业教育动态支撑产业转型升级的 Power On 项目管理信息平台，提出支撑其转型升级的 PPP 模式，第 5 章是总结与建议。全书以定性和定量相结合为基础，兼用文献梳理、实地调研、问卷调查等方法，通过目标导向项目规划来研究问题与对策，提出的实操性 PPP 模式具有建设意义。

本书可供职业教育管理者或部门及教育产业发展的政策制定者参考，也可为从事职业教育发展、改革、专业建设相关问题研究的学者以及职业院校师生等提供借鉴，同时为致力于产业转型及项目管理创新的研究者提供新视角。

图书在版编目（CIP）数据

职业教育动态支撑产业转型发展创新模式研究：以云南省为例/王松江等著. —北京：科学出版社，2018.3
　　ISBN 978-7-03-053913-7

　　Ⅰ. ①职… Ⅱ. ①王… Ⅲ. ①职业教育–关系–产业结构升级–研究–云南 Ⅳ. ①G719.2②F127.74

中国版本图书馆 CIP 数据核字（2017）第 145690 号

责任编辑：方小丽 / 责任校对：贾伟娟
责任印制：吴兆东 / 封面设计：无极书装

科 学 出 版 社 出版
北京东黄城根北街 16 号
邮政编码：100717
http://www.sciencep.com
北京京华虎彩印刷有限公司 印刷

科学出版社发行　各地新华书店经销

*

2018 年 3 月第 一 版　开本：720×1000　1/16
2018 年 3 月第一次印刷　印张：11 1/2
字数：224 000
定价：80.00 元
（如有印装质量问题，我社负责调换）

前　言

近年来，大力发展职业教育、深入推进职业教育改革的呼声日益高涨，而职业教育专业建设作为职业教育改革和发展的核心内容之一也备受关注。云南省在职业教育专业建设的相关文件中多次提出要实现职业教育专业设置与产业的对接、专业群与产业集群的对接。为此，深入研究云南省职业教育专业结构与产业结构的协调关系兼具理论和实践意义，其中出现的问题也值得深入思考。

首先，本书通过文献研究的方法梳理云南省职业教育和产业转型升级之间可能存在的问题，采用实地调研和调查问卷的方式调查了云南省 6 所职业院校和 9 家企业，通过目标导向项目规划，确定问题清单、问题树和问题群，并形成对应的目标清单、目标树和目标群，制定相应的对策措施。其次，为了能让云南省职业教育动态支撑产业转型升级，引入了云南省职业教育计划管理信息平台——Power On，详细介绍了其相关功能。最后，本书建设性地提出了云南省职业教育对接产业转型升级的政府和社会资本合作（public-private-partnership，PPP）模式发展方案。

本书所开展的研究是立足于经济新常态下的创新性研究，有较高的理论价值和实践意义，为我国职业教育支撑产业转型提供了新的思路和视角。

在本书的撰写过程中，参阅了大量书籍、论文、研究成果报告等，借鉴了一些学者的观点、思路，引用了一些学者的资料，在此向他们表示感谢。因资料较多，历时较长，如有漏列，敬请谅解，并与我们联系。

由于水平有限，难免有不足之处，敬请各位专家和读者批评指正。

昆明理工大学人文社会科学研究院院长、教授、博士生导师

王松江

2018 年 1 月

于昆明理工大学呈贡校区

目　　录

第1章 云南省职业教育与产业转型发展的动态对接、匹配和支撑关系

1.1 云南省职业教育与产业转型背景

1.1.1 云南省职业教育发展背景

1. 职业教育现状

近年来，云南省职业教育快速发展，取得较大成绩，职业教育的学生规模实现了跨越式发展，职业教育基础设施条件极大改善（董兴，2011），下文就"十二五"期间云南省职业教育的现状进行总结分析。

1) 职业教育的投入现状

云南省通过实施"现代职业教育质量提升计划""高职院校质量工程""专业服务产业能力提升工程"等项目，累计投入资金近 70 亿元，有效地改善了全省职业院校的基本办学条件。截至 2015 年底，全省中职学校在校生达 59.79 万人（含技工学校 11.37 万人）；高职院校在校生达 19.6 万人，占全省高校在校生总数的 31.89%。中职学校占地面积、建筑面积、教学科研设备仪器值较 2010 年分别增长 10.93%、22.93% 和 78.89%，高职院校分别增长 50%、36.51% 和 91.85%。另外，国家和省财政补助中职教育免除的学费和生活资金达 60.34 亿元，资助学生 348.53 万人次。

2) 职业院校办学水平

自 2007 年开始启动职业教育园区建设以来，规划建设的 13 个职业教育园区共完成投资 182.66 亿元，征地 2.9 万亩（1 亩≈666.67 平方米），竣工建筑面积 641.58 万平方米。嵩明、安宁、曲靖、楚雄、普洱、文山、临沧、德宏 8 个职业教育园区已经投入使用，入驻中高职院校 58 所，学生 26.19 万人。保山、昭通、玉溪、西双版纳、红河 5 个职业教育园区正在加紧建设之中。园区的规

划建设，从根本上改变了职业教育学校小、占地少、布局散、条件劣、质量差的局面。

3）职业教育结构

2010 年，云南省教育厅启动实施 2010~2020 年全省高校学科专业发展定位规划工作，利用信息化手段建立专业设置管理平台，成立了 27 个行业的职业教育教学指导委员会，开展行业类人才需求调研及相关专业类指导标准制定工作，开展专业标准认证及专业优选评估，将认证和评估结果作为优化专业结构布局、调整专业结构的量化指标，指导职业院校根据自身办学定位与人才培养需要，实现专业设置与产业需求、课程内容与职业标准、教学过程与生产过程"三对接"的目标（晏月平和袁红辉，2015），提高职业院校服务经济发展方式转变、产业结构调整和产业优化升级的能力，有效缓解就业结构性矛盾。

4）职业教育内涵式发展

一是开展中职示范校建设。2010~2014 年，全省共有 28 所学校被列为国家中职教育改革发展示范建设项目学校（全国共有 1 000 所），累计重点建设了 51 个专业、26 个特色项目，建设资金达到 6.13 亿元。在 286 所中职学校中，达到国家级重点学校建设标准的有 56 所，约占 19.58%；达到省级重点学校建设标准的有 61 所，约占 21.33%。二是开展高职院校特色评估。2012 年，在完成全省高职院校合格评估的基础上，率先启动了以"分层、分类"为评估方式的新一轮高职院校特色评估，先后建设了 2 所国家示范性高职院校，1 所国家骨干高职院校，7 所省级示范高职院校，7 所省级特色骨干高职院校，形成了层次分明、结构合理的职业院校梯度。

5）职业教育集团的建设

按照对接全省主要优势产业、支柱产业和特色产业发展需要的建设目标，2010~2015 年，全省职业教育集团由 7 个发展到 37 个（省级 25 个、州市级 12 个），加入职业教育集团的学校由 240 所增加到 429 所（有 1 所学校加入多个职业教育集团），企业由 300 多个增加到 1 656 个，79 个行业协会、39 个科研机构、145 个其他社会组织、75 个政府部门加入职业教育集团，37 个职业教育集团的成员单位累计超过 2 423 家。2015 年，云南省教育厅等四部门制定了《云南省职业教育集团管理暂行办法（试行）》，进一步完善职业教育集团的内部治理结构，提升其管理水平，使职业教育发展走上集约化、规模化发展的道路。

6）民办职业教育现状

2009 年，云南省政府出台《云南省人民政府关于加快民办教育发展的决定》，2012 年，云南省人大常委会颁布施行《云南省民办教育条例》。"十二五"期间，全省共安排民办职业教育专项资金 3 005 万元（其中，民办高职院校 2 678 万元，民办中职学校 327 万元）。从 2010 年起，云南省民办职业教育在校生数量以每年

9.5%的速度持续增长。截至 2015 年底，全省共有民办中职学校 44 所、在校生 12.81 万人，分别占同级学校数的 15.38%、学生数的 21.42%；民办高职院校 11 所、在校生 6.79 万人，分别占同级学校数的 29.73%、学生的 34.64%。

7）农村职业教育

一是大力开展各类技能培训。2010~2015 年，省级财政投入 2 500 万元专项资金，以 9 000 多所农村成人文化技术学校为载体，根据当地产业结构调整的要求，大力开展科技、实用技术的试验、示范、培训、推广和各类工种技能的培训工作，使在乡农民留得住、进城农民能就业。2010~2015 年，全省接受培训的农民近 2 300 万人次，成了有文化、懂技术、会经营的新型职业农民、新型工人和新型市民。二是积极培养实用技能人才。从 2000 年起，在云南农业大学、云南省民族中等专业学校等大中专院校连续举办 15 届云南省特有民族大中专班，对学生实行全免费并适当补助生活费，累计投入资金 3 000 余万元，培养边疆民族地区少数民族中高级实用技能人才 1 500 名。

8）职业教育教学管理水平

自 2012 年起，在完成全省高职院校合格评估的基础上，在全国率先开展以数据采集平台预审与关键问题考察、内涵建设与特色建设评估并重为主要方式的新一轮高职院校特色评估工作，引导各职业院校积极吸收用人单位参与教学质量评价，建设多元化的教学质量保障与监控机制。同时，重点建立教学督导制度，规范教学运行，完善制度管理，逐步形成"教育行政部门引导，以学校为核心，社会参与"的教学质量保障体系，全面提升教学管理水平。

"十二五"规划已经收官，2016 年是"十三五"规划的开局之年，云南省职业教育将进一步发展，根据云南省职业教育的中长期规划，到 2020 年，云南省将建立起具有云南特色、适应经济社会发展、结构规模合理、产教深度融合、中职教育与高职教育衔接、职业教育与普通教育相互沟通、学历教育与非学历教育并重、内外发展环境优良、体现终身教育理念的现代职业教育体系。

2. 职业院校现状

1）办学模式

经过多年的发展，云南省的职业教育模式日趋丰富，其主要模式有以下几种。

（1）学历教育模式。按教育主管部门认可的教学计划实施教学，学生完成学业后，由学校颁发国家统一印制的毕业证书和学位证书。这种模式比较简单，也是最常见的一种模式。

（2）订单式培养模式。企业根据发展需要，以及企业相关职业岗位、工种的专业技术要求，与职业院校签订协议，由职业院校为企业定向培养相关专业的学生。这些学生通过完成企业和学校共同制订的教学方案和培养计划，毕业后直接进入协议企业就业。这是受学校、企业和学生认可的一种人才培养模式。订单式培养模式为学生高质量就业探索了一条新路，是校企合作、工学结合的一种新的尝试。

（3）分段式模式。分段式模式有两种。一种是基于职业院校的分段培养，即通常所说的"2+1"模式。学生前两年在学校学习文化知识和专业理论，第三年到企业实践，在相关的工种岗位上通过顶岗实习，学习操作技能。另一种是基于知识、技能资源的分段培养。2008 年教育部职业教育与成人教育司工作要点中明确要求，中职教育要完善学生"一年学基础知识、一年学职业技能、一年顶岗实习"的人才培养模式。在农村地区逐步推行学生"一年在县级职业学校学习，一年在城市骨干职业学校学习，一年在企业顶岗实习"的办学模式。这种模式也被称为"1+1+1"模式。总体而言，分段式的教学模式是按时间顺序安排"学"与"工"的关系，是一种先理论再实践，先"学"而后"工"的模式。

（4）半工半读模式。1964 年刘少奇主席提出两种教育制度、两种劳动制度的主张后，半工半读就成为技工学校的主要办学模式，也是目前我国职业教育推行工学结合的一种类型。半工半读模式将学校与企业紧密地联系在一起，学生的理论学习与到车间工序岗位上实践操作频繁交错，能够快速消化、验证专业理论，快速将实践操作与理论对接。

（5）职业教育集团模式。这是一种优势互补、共同发展的职业教育组织。其主要功能是学校与企业合作培养人才，以组织结构连接校企双方的形式，形成与多家企业合作的工学平台，形成校企合作的聚集效益。从我国现有职业教育集团运行模式来看，有理论学习、企业实训、理论再学习、工学交替、顶岗实习等形式。众多的学习形式打破了以学校和课堂为中心的职业技术人才的传统培养模式，探索出一种新型的工学结合的办学模式。

2）办学条件

云南省中职教育全面实施了校舍改扩建工程。从 2006 年起，省政府明确规定，每年安排 1.5 亿元专项资金和 3 000 万元的贴息资金用于中职教育建设。2005~2009 年，国债项目投入校舍建设的资金为 7.1 亿元，其中中央资金 2.61 亿元。到2009 年底，曲靖、昆明、玉溪、楚雄、大理、普洱等地区共投入 30 多亿元，用于职业教育园区建设和校舍改扩建工程，投入经费都达到历年新高，学校占地面积极大增加。其他地区也在进行职业教育中心建设的规划，并继续加大对职业教育的投入。到 2009 年，校舍面积为 452.89 万平方米，生均 9.6 平方米，占地面积为21 041 亩，设施、设备也有所增加。

截至 2013 年底，全省共有各类中职学校 427 所，在校生 595 276 人，全省中职学校校舍建筑面积 549.06 万平方米，图书 916.46 万册，教学、实习仪器设备总价值 10.21 亿元。

3）制度与机制

中职学校和技工学校主要招收初中毕业生，学制通常为三年，某些中职学校和技工学校也招收高中毕业生，学制通常为两年。高等专科学校和高职院校招收中职学校毕业生和高中毕业生，学制通常为三年，获得专科学历的学生可以进入技师学院、理工类大学接受"专升本"教育，学成两年后获得本科学历。

4）师资队伍

截至 2012 年，在举办高职教育的 56 所院校中，共有教职工 19 497 人，其中独立设置的 37 所高职高专院校共有教职工 12 923 人，约占教职工总数的 66.28%；共有专任教师 12 599 人，其中独立设置的 37 所高职高专院校共有专任教师 7 709 人，约占专任教师总数的 61.19%；专任教师为副高级以上职称的有 4 001 人，约占专任教师总数的 31.76%，其中独立设置的 37 所高职高专院校中，专任教师为副高级以上职称的有 2 149 人，约占专任教师总数的 17.06%；专任教师中具有硕士研究生以上学历的有 4 558 人，约占专任教师总数的 36.18%，其中独立设置的 37 所高职高专院校专任教师中具有硕士研究生以上学历的有 2 232 人，约占专任教师总数的 17.72%。独立设置的 37 所高职高专院校的教师中，年龄在 35 岁及以下的共有 4 013 人，所占比例约为 52.06%；年龄在 36~45 岁的共有 1 754 人，所占比例约为 22.75%；年龄在 46~60 岁的共有 1 714 人，所占比例约为 22.23%；年龄在 61 岁以上的共有 228 人，所占比例约为 2.96%。中职学校中共有专任教师 25 094 人，中职学校生师比的比值为 23.37。

5）教学质量评价

在"十二五"期间实施的高等职业教育质量提升工程项目中，2012 年，高职院校共获省级以上质量工程项目 123 项，其中重大制度创新项目有 26 项。

6）专业设置

职业院校采取"专业置换"和新增设专业的方式对云南省职业教育的专业进行了调整，使整个专业设置结构同云南省经济社会发展的总体要求更趋吻合，同云南省高职教育需要大发展的要求基本适应，同云南省产业结构调整的要求基本适应。

1.1.2　云南省产业转型升级的趋势和方向

1. 云南省产业转型和升级的背景资料

（1）2009 年初，在美国举行的"探讨危机后美国各个经济领域复苏和发展新模式"的论坛上，美国太平洋基金管理公司首席投资官格罗斯和总裁埃利安，在发言中用了"new normal"（新常态）来归纳全球金融危机后可能遭受的缓慢而痛苦的恢复过程。

（2）2014年在亚洲太平洋经济合作组织（Asia-Pacific Economic Cooperation, APEC）工商领导人峰会上，习近平首次提出，要从当前我国经济发展的阶段性特征出发，适应新常态，保持战略上的平常心。

（3）2014年12月11日中央经济工作会议闭幕时提出，认识新常态，适应新常态，引领新常态，是当前和今后一个时期我国经济发展的大逻辑。

（4）供给侧结构性改革。习近平总书记在中央财经领导小组第十一次会议上强调要"在适度扩大总需求的同时，着力加强供给侧结构性改革"。具体而言，就是要求清理僵尸企业，淘汰落后产能，将发展方向锁定在新兴领域、创新领域，创造新的经济增长点，其核心在于提高全要素生产率。政策手段上，包括简政放权、放松管制、金融改革、国企改革、土地改革、提高创新能力等。

（5）国家和云南省"十三五"规划的发展主线。贯彻落实新发展理念，适应新常态、把握新常态、引领新常态，必须在适度扩大总需求的同时，着力推进供给侧结构性改革，使供给能力满足广大人民日益增长、不断升级和个性化的物质文化与生态环境需要。必须用改革的办法推进结构调整，加大重点领域关键环节市场化改革力度，调整各类扭曲的政策和制度安排，完善公平竞争、优胜劣汰的市场环境和机制，最大限度地激发微观活力，优化要素配置，推动产业结构升级，扩大有效和中高端供给，增强供给结构适应性和灵活性，提高全要素生产率。必须以提高供给体系的质量和效率为目标，实施宏观政策要稳、产业政策要准、微观政策要活、改革政策要实、社会政策要托底的政策支柱，去产能、去库存、去杠杆、降成本、补短板，加快培育新的发展动能，改造提升传统比较优势，夯实实体经济根基，推动社会生产力水平整体改善。

（6）云南省提出构建"两型三化"现代产业体系。"两型"即开放型、创新型；"三化"即绿色化、信息化和高端化。云南省提出的现代产业体系的主要内容如下。

推进高原特色现代农业发展。以市场为导向，加快调整种养结构，大力发展绿色农业、循环农业、特色农业和品牌农业。创新农产品流通方式和流通业态，建立电商平台，完善物流体系，推动农业生产与农产品加工、流通、服务有机结合，促进一二三产业融合发展。

抓好工业调结构。开展改善消费品供给、降本增效、制造业升级三个专项行动，启动中国制造2025云南行动计划，推进工业化和信息化深度融合，实施"云上云"行动计划，强化云计算、大数据、"互联网+"等技术的应用，打造新一代信息技术产业。加快发展生物医药、新材料、先进装备制造、电子信息等支柱产业。

促进服务业优质高效发展。采取有力措施推动服务业创新发展，着力发展现代服务业，提升传统服务业发展水平。进一步放宽服务业领域的社会资本、外商投资的准入条件，打破国有企业在竞争性领域中的垄断，营造公平竞争的环境。

具体有以下三个方面的路径：

一是加快承接东部地区的产业转移。主动把云南省的产业发展放在国内区域分工、产业链分工这个大坐标中来考量，围绕重点产业、特色优势产业，加强承接东部沿海发达地区产业转移的力度，在沿边的产业园区、开发开放试验区、边境经济合作区尽可能布局一些出口型加工企业。

二是引进先进技术和自主创新并举，改造并提升传统产业。引进高新技术、先进适用技术，加快推进自主创新，把科研成果转化为现实的生产力，加快传统产业同信息产业融合的步伐，延长传统产业价值链条，扩大传统产业增值环节，提高产品附加值，改变传统产业散、小、弱的状况，做优、做强传统产业。

三是大力培育和发展新兴产业。立足云南省自身优势，培育和发展壮大新兴产业，尽快形成一批新产业、新业态、新技术、新模式，重点发展生物医药、新材料、先进设备制造、电子信息、大健康、现代物流等优势产业。

2. 云南省产业转型和升级的四大特征与七大趋势性变化要素

根据上述背景、本书涉及的问卷调查，归纳出云南省产业转型和升级的四大特征与七大趋势性变化要素。

1）云南省产业转型和升级的四大特征

（1）云南省产业的增速：正从高速增长转向中高速增长。

（2）云南省产业发展方式：正从规模速度型粗放增长转向质量效率型集约增长。

（3）云南省产业结构：正从以增量扩能为主转向调整存量、做优增量并存。

（4）云南省产业发展动力：正从传统增长点转向新的增长点。

2）云南省产业转型和升级的七大趋势性变化要素

（1）云南省产业模仿型和规模化生产阶段基本结束，而个性化、多样化生产逐渐成为主流。

（2）云南省产业在基础设施、互联互通和一些新技术、新产品、新业态、新商业模式方面的投资机会大量涌现。

（3）云南省产业低成本比较优势发生了转化，高水平引进来、大规模走出去正在同步发生。

（4）云南省产业中的新兴产业、服务业、小微企业作用更加凸显，生产小型化、智能化、专业化将成为云南省产业组织的新特征。

（5）云南省的人口老龄化日趋发展，农业富余人口减少。云南省产业发展将更多依靠人力资本质量和技术进步，市场竞争逐步转向以质量型、差异化为主的竞争。

（6）云南省的生态资源环境承载能力已接近上限，其产业转型和升级必须推动形成绿色低碳、循环发展的新方式。

（7）云南省产业既要全面化解产能过剩，也要通过发挥市场机制的作用探索未来产业发展的方向。

3. 云南省产业转型和升级的路径

（1）经济新常态可以倒逼云南省产业改进创新，提高传统行业的生产效率。

（2）面对订单减少、劳动力成本飙升等因素，云南省产业可以借鉴诸如"机器换人"计划、"3D"计划，使产业提档升级，促进经济转型升级。

（3）全面推进创新创业职业教育。创新创业职业教育是指以培养具有创业基本素质和开创型个性的人才为目标，不仅是以培育职业在校学生的创业意识、创业精神、创新创业能力为主的教育，而且要面向全社会，针对那些打算创业、已经创业、成功创业的创业群体，分阶段分层次地进行创新思维培养和创业能力锻炼的教育。创新创业教育本质上是一种实用教育。

（4）"互联网+"与"+互联网"。互联网可以提高信息的传播速度和传播数量，降低信息不对称，从而降低交易成本，在交易环节上起到关键作用。

（5）全面构建以PPP项目融资模式为主线的云南省产业转型和升级投融资保障体系。PPP项目融资模式是"政府与私营经济战略合作伙伴关系式的项目融资及发展战略"，它是公共部门与私人企业、营利性企业、非公共企业及外资企业等社会投资者之间以某项目为基础而形成的相互合作的关系模式。PPP项目融资模式不仅可以吸引各方社会投资者参与，缓解云南省各级政府财政支出的压力，减少云南省各级政府的财政补贴，而且可以借鉴和吸收国内外的科学管理方法和先进技术，改善项目的经营管理水平和科学技术含量。此外，PPP项目融资模式还有利于盘活现有公共产品的存量资产，优化资源配置，实现国有资产的保值增值，加快相关企业的改革步伐，缓解新建项目中的资金短缺压力；有利于云南省国民经济持续、稳定、快速发展，并提供对国有经济进行战略性调整的历史契机。在这种合作模式下，云南省各级政府不会把责任全部转移给社会投资者，责任和融资风险由各方共同承担，最终实现政府和社会资本的双赢或多赢。

1.2　云南省职业教育动态对接、匹配、支撑产业转型发展的现状

1.2.1　云南省产业转型对职业教育的需求

1. 产业岗位设置需求

云南省的产业结构和经济发展获得了一定的进步。总体上云南省第一产业占经济总量的比重逐渐下降，第二产业所占比重缓慢上升，第三产业所占比重稳步上升（凌宏伟，2011）。但是，与全国平均水平相比，仍有较大差距。

1）高技能类岗位的需求增加

这一趋势在生物医药、新材料、先进设备制造、电子信息、大健康、现代物流等行业领域表现较为明显。在信息技术迅速发展、高新技术优势产业由"点"到"面"发展的强劲势头下，对高技能人才的需求量增大。高技能人才是工业化的支撑，是企业核心竞争力的根本体现，是提升自主创新能力、提高产品的技术含量、使云南制造业立足于国际市场的前提和基础。

2）新型职业对岗位的需求

新型职业（如理财规划师、网络媒体高级编辑、电子商务工程师等）对具有相应知识结构和能力素质的岗位人才提出了新的需求。例如，生物医药、新材料、先进设备制造、电子信息、大健康、现代物流等领域的岗位需求。

3）各类服务行业对人才的需求

世界经济全球化使部分劳动密集型产业和市场发生转移，中国成为"世界工厂""世界市场"，各类人才的国际交流渠道拓宽，各种技能型人才的种类和数量都呈多样化状态。从有关方面统计，除传统行业对科技人才、技术工人的需求外，对各类服务行业的管理咨询人才、旅游导购，信息行业的维护管理人才、电子游戏类人才、新媒体编撰人，以及各种网络金融、物流商务等新兴行业人才的需求增加，既体现出社会对人才需求的多样性特点，又呈现出百业兴旺与人才并举的互动式生态特征。

2. 技能型人才的需求

技能型人才是经济社会的重要力量，而目前技能型人才总量的不足，尤其是高级技能型人才短缺已成为制约云南省发展的主要瓶颈，成为经济社会发展的重大课题。

1）产业转型对技能型人才的文化素质提出更高的要求

（1）科学文化素质：技术革新、创造的知识基础。

（2）社会文化素质：情感、态度、价值观。

2）技术进步导致的劳动力总量的需求减少

（1）对从业人员技术技能的高端需求。

（2）对职业院校的高质量要求。

3）对创新型人才的需求

创新型人才不仅能够为云南省企业带来理念创新，而且能够带来管理创新、产品创新、技术创新及营销创新。创新型人才能够为云南省的经济带来活力，带来新的产业面貌。要引入创新型人才，同时也要为创新型人才提供创新平台，为他们进行创新提供相关机制及载体。

（1）科技型人才是产业转型的促进因素。企业要从产业链的中低端劳动密集型向中高端技术资本密集型转型、从加工生产向研发设计转型，离不开科技型人才的推动。科技型人才的介入不仅能够提高生产过程的自动化、信息化及劳动生产率，而且还能够节约能源和原材料的消耗，使有限的自然资源得到更合理的利用，并使产品的质量更高、性能更优。此外，还能够促进生产和生态环境的平衡、协调，实现清洁生产，使经济增长可持续地进行。

（2）技能型人才是产业转型的保障条件。云南省经济结构调整进入加快优化升级的新阶段，培养和造就一支高素质的具有一技之长的技能型人才队伍对企业的设备更新、技术改造、产品质量和工艺水平提升、效益增加至关重要，在全面提高劳动者素质、发展先进生产力、推动经济社会可持续发展等方面具有决定性及保障性作用。

3. 多样化教育需求

社会转型期，面对多样性人才需求与人才培养教育不匹配、供需结构不合理等问题，必须按照社会对人才的多样性需求，遵循人才成长和教育培养规律，建立多元化的人才教育培养体制。

1）明确培养目标

以云南省职业教育必须与云南省产业转型发展动态对接、匹配和支撑为导向，全方位设置以学生为本、能力为本、就业为本，立德树人、德技兼修，理实结合、工学结合、产教融合、学以致用，实现人才培养与用人单位需求的"无缝对接"的培养目标。

2）改革人才培养模式

以职业岗位需求为出发点和落脚点，将职业道德和职业素养的培育贯穿于整个培养过程，构建满足职业教育各类层次的教学体系；以专业建设为龙头，夯实专业基础；加强校企合作、校内外实习、实训基地建设，推广顶岗实习、项目化教学、名师名匠工作室等培养模式，大力加强实践性教学环节；采用引进、培养、聘用等方式，建设一支专兼职结合的"双师"队伍；鼓励教师、学生积极参加各级各类职业技能比赛；将职业技能培训纳入培养环节，推行"双证书"制度。

人才培养模式必须坚持：育人以学生为本，教学以能力为本，就业以服务为本，以质量求发展，以特色创品牌。大力推行教育教学改革，坚持"基础理论扎实适用，实践能力突出，技精业长"的职业教育人才观。坚持推进"理论—实践—再理论—再实践"的"螺旋式"教学方式，强化学生的实践能力培养和技能训练，边学边做、边做边学。积极开展校企深度合作，试行"厂中校、校中厂"。与全省大中型企业建立起紧密的合作关系，与云南省产业转型、升级、发展接轨，制定专业建设标准、教学标准、课程标准、实践技能训练标准，引入职业资格认证教学体系。坚持一切为了云南省产业转型、升级、发展，一切服务云南省产业转型、升级、发展，培养"高要成、低要就，上得去、下得来、留得住"的适销对路的"灰领"人才。

3）建设工学结合一体化实训室

通过对实践专家进行职业发展阶段的相关调查，召开实践专家访谈会，开发一体化课程，将专业理论学习、技能训练与掌握融于工作过程中，实现"做中学，学中做"的职业教育理念。开发计算机网络技术、网络设备配置技术、网络服务器安装与配置、网络安全、综合布线、网页制作等工学结合一体化课程。建设符合工学结合一体化教学需要的实训室。

4）借鉴德国双元制职业教育模式支撑云南省产业转型升级发展的动态对接和匹配

德国双元制职业教育模式举世瞩目并始终处于世界领先地位。德国经济腾飞的关键之一就是德国双元制职业教育模式。所谓双元制职业教育模式是指整个培训过程在工厂企业和国家的职业学校（Berufsbildenden Schule，BBS）中进行，并且以企业培训为主，企业中的实践和在职业学校中的理论教学密切结合。

（1）法律配套。德国于 1969 年 8 月 14 日颁布并实施《职业教育法》。涉及职业教育的相关法规还有《企业法》《职业促进法》《劳动促进法》等。根据上述法律和法规，每一个接受高职教育的人员，均须与培训方签订培训合同，使培训工作以法律文书的形式加以固定，实现了高职教育的规范化、制度化、法制化。德国教育体系有相应的法律配套，教育组织体系完整，系统的教育工作和细化的教学工作标准与要求，保证了人才培养的质量。

（2）职业应用导向，特色鲜明。职业教育在法律体系框架下，运行规范，特色鲜明，职业应用能力导向清晰，与区域经济社会发展联系紧密，紧扣知识和技术工艺的转化。德国不同层次的学校的人才培养经验证明，职业应用型人才的培养在坚持职业应用能力不变的原则下，能力的形成通过不同的教育方式来实现。

机器的操作能力要在机器操作中培养，项目组织、实施能力要在项目运行中培养，设计能力要在项目设计中培养，策划能力要在策划中培养。

（3）强化企业的作用。学习德国的职业教育，要更加紧密地联系企业，办学专业、课程设置和教学内容要更好地满足区域企业的要求。强化专业改革，在办什么专业、教什么内容、强化什么能力方面积极发挥企业作用。

（4）培养学生的综合能力。德国双元制职业教育模式的本质在于向学生提供职业培训，使其掌握职业能力，而不是简单地提供岗位培训。德国双元制职业教育模式不仅注重基本从业能力、社会能力培养，而且特别强调综合职业能力的培养。所培养出的综合职业能力是一种跨职业的能力，对未来的发展起着关键的作用。通过德国双元制职业教育模式培养的学生，可以完成其职业领域里的所有工作任务，而不仅仅局限于某一工作岗位的任务。德国双元制职业教育模式不但具有较强的技术鲜明性、超前性，而且更注重培养学生的职业道德、团队协作精神和沟通能力，通过培训，学生获得宽广的知识技能，具备较强的社会适应性和市场竞争力。

（5）德国双元制职业教育模式的主要优点。德国双元制职业教育模式能较好地实现理论与实践结合、知识传授与技能培训结合、企业与学校结合、社会需求与办学（培训）计划结合，充分体现了雇员与雇主、劳资双方之间的协调，企业与学校之间的协调。

1.2.2　云南职业教育与产业转型升级发展的对接、匹配、支撑关系

产业结构是指国民经济各产业部门之间或产业内部的比例构成，以及产业内部或产业之间的依存和制约关系。产业转型的实质是产业结构在资源和需求推动下的动态发展，人力资源、技术变革与贸易投资、需求结构等经济参数共同构成推动或制约产业结构动态发展的基本因素，产业转移和产业重构则是产业转型的基本形式。

随着经济的发展，产业转移所需的劳动力资源严重不足。职业教育与产业经济的协调是多维度、多元化的。缺少和产业界的有效沟通，许多职业院校对招生就业的片面理解使其专业及课程体系设置过分集中于热门领域，尤其是新兴信息技术等第三产业领域，专业比例失衡导致人力资源市场第三产业人才过剩、第二产业人才稀缺。职业教育与区域产业经济结合还不够密切，主要是指职业教育与地区产业不完全匹配的情况。

产业升级是区域经济持续发展的动力，高素质劳动力是产业升级不可或缺的因素。大力发展职业教育，调整职业教育结构，培养高素质劳动力和应用型人才，是缓解我国劳动力供需矛盾，促进产业结构升级，推动我国经济持续、健康发展的重要途径。

职业教育与经济社会发展和产业发展相结合，与未来的经济技术发展趋势相结合，不断动态调整和优化职业教育的办学模式、教学模式、培养模式、评价模式等，已经成为新常态下国家创新驱动发展战略对职业教育发展的内在要求。

1. 职业教育是助推产业转型升级的重要途径

站在新的历史起点，要立足云南跨越发展，把职业教育作为深化教育领域综合改革的战略突破口和转方式、调结构、惠民生的战略支点，作为培养高素质产业工人、助推全省产业转型升级的重要途径，切实加强创新，完善体制机制，加大政策落实力度，并充分运用"互联网+"等手段，提高职业教育水平，推动职业教育发展。要从全省产业发展需要出发，培养高素质职工队伍。要充分发挥职业教育在扶贫攻坚中的重要作用，通过职业教育、技能培训解决农村人口的贫困问题。

2. 教育与产业、学校与企业两翼齐飞

发展现代职业教育涉及理念转变、制度创新、体系构建、政策配套等方面，必须坚持培育职业精神、坚持服务实体经济、坚持就业导向、坚持改革导向，努力开创新时期云南现代职业教育改革发展新局面。要着力构建现代职业教育体系，形成定位清晰、科学合理的职业教育层次结构；着力强化职业院校质量内涵建设，培养德技双馨、身心双健的技能人才和高素质劳动者；着力促进产教融合、校企合作，实现教育与产业、学校与企业两翼齐飞；着力发展边疆和农村现代职业教育，提升职业教育服务地方经济发展和高原特色现代农业建设的能力；着力深化职业教育综合改革，以制度创新破除体制机制障碍，释放职业教育改革红利。各级各部门要加强组织领导，加强服务保障，加强监督检查，加强舆论宣传，着力营造职业教育改革发展的良好环境。

3. 职业教育结构与产业发展相互支撑

职业教育结构要适应产业发展的需要。职业教育要以服务为宗旨、就业为导向，满足社会经济发展的需要。一个地区的产业结构决定了一个地区的人才需求结构，进而影响一个地区的职业教育结构。虽然从整体上看，我国劳动力的供应是充足的，甚至供过于求，就业压力很大，但是，从经济发展对劳动力的需求来看，劳动力的结构性短缺已经十分严重。职业教育是培养各级技术工人的主要阵地，根据市场和产业发展的需求合理发展职业教育，是解决劳动力结构性短缺的重要措施。

职业教育发展能促进产业结构升级，根据我国"十三五"规划，战略性新兴产业将成为未来我国经济发展和产业转型的重点。发展新兴产业需要政策、资金、技术、人才等多方面的配套措施，其中人才培养是不可或缺的关键环节。发展高职教育，培养新兴产业需要的技术工人、科研人员和管理人才，是我国新兴产业健康发展的必要条件。

1.3 云南省职业教育动态对接、匹配、支撑产业转型发展项目管理

1.3.1 研究设计

1. 调查问卷设计

具体内容见附录1。

2. 抽样调查及单元数量设计

（1）调研并搜集自2005年以来云南省职业教育和产业转型发展的有关政策、法规及各种相关数据、进展报告、统计资料、专题调研资料等，对这些数据进行系统分析。

（2）抽样调查选择云南省6所职业院校和9家企业作为调查对象，共计发放问卷600份。职业院校的选取考虑了地区因素和高职、中职的差异。在针对职业院校的抽样调查中，设计了"学生问卷""老师问卷""学校领导问卷"三种调查问卷，共计发放问卷300份，其中学生问卷200份，老师问卷75份，学校领导问卷25份。针对选取的9家企业，共计发放问卷300份，企业领导问卷50份，企业员工问卷250份。有效问卷统计如表1-1所示。

表1-1 有效问卷统计

项目	学校领导	老师	学生	企业领导	企业员工	合计
投放问卷/份	25	75	200	50	250	600
有效问卷/份	15	59	157	30	215	476
有效率/%	60.00	78.67	78.50	60.00	86.00	79.33

调查对象岗位结构：学生为157人，占总数的33%；学校领导为15人，占总数的3%；老师为59人，占总数的13%；企业领导为30人，占总数的6%；企业员工为215人，占总数的45%（图1-1）。

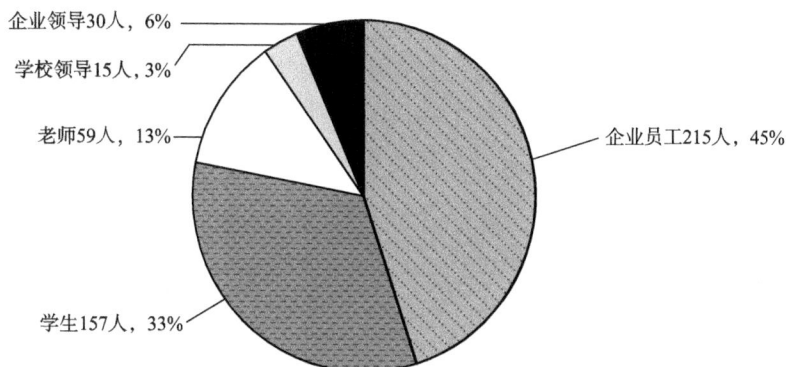

图 1-1　调查对象统计

3. 参与式调查方法

在开展职业院校和产业转型发展的相关调查过程中，采用了访谈调查与问卷调查相结合的方式。访谈调查只针对学校领导和企业领导，在访谈调查中涉及的关键问题包括学校与企业如何达成开展"校企合作"和"订单培养"的共识、如何发挥校企双方的积极作用、提高人才培养质量的一些具体措施，以及校企双方对"校企合作"和职业教育质量的认识情况等。调查过程中采用了实地走访和电话咨询相结合的方式，在调查对象的选择上也尽可能考虑到其专业类别、地域划分和规模大小等因素，力求所得到的结果具有一定的代表性和说服力。

1.3.2　研究结果分析

1. 资料收集

职业教育、产业转型发展的资料收集结果，具体见附录 2。

2. 问卷调查结果分析

对各方进行问卷调查，对问卷调查结果进行整理和分析。

3. 问卷结果分析总结

对问卷调查结果进行整理和分析，总结如下。

1）职业院校领导和企业领导调查结果统计分析

从学校领导角度和企业领导角度对比分析职业教育与产业转型发展的动态对接、匹配和支撑关系。

（1）关于构建现代职业教育体系的认可度。受访职业院校领导和企业领导都趋于认同在培养应用型技术人才中，职业院校能够发挥正能量，但是，在对职业院校的人才培养层次结构调整的期待上，职业院校领导和企业领导的观点存在显著性差异。职业院校领导认为具备条件的职业院校可以尝试独立举办四年制本科高职教育，而企业领导更倾向于职业院校尝试联合本科高校举办四年制本科高职教育。这说明职业院校领导和企业领导在对职业院校办学能力的认识上有差异，同时也说明职业院校领导和企业领导都期待职业院校提高培养层次，举办四年制本科高职教育。

（2）关于当前云南职业教育的重点。职业院校领导和企业领导有相同的观点，都认为应重点培养专科+本科层次和技术技能类型的专门人才。这说明企业不仅需要拥有专科学历的技术工人，也需要拥有本科学历的高级技术技能型人才。在该问题的认识上职业院校领导与企业领导的观点是相同的，即职业院校已经认识到企业在这方面的需要。

（3）关于职业院校发展地位的问题。有81%的企业领导认为选择性地支持部分高职院校，积极探索应用型技术人才的培养；有19%的企业领导认为高职院校应定位在专科层次上培养人才，不宜升格发展。职业院校领导对这个问题的认识与企业领导的观点类似。

（4）关于开展校企合作的基本情况。通过对各专业的"校企合作"的现状进行调查发现，不论学生人数多少，各专业都不同程度地开展了旨在加强高职人才能力培养的校企合作，说明对被调查的专业开展校企合作已经成为加强高职人才能力培养的主流选择。在参与校企合作的企业中，属于"浅层次合作模式"的企业比例最大，占66%；属于"中层次合作模式"的企业比例占20%；属于"深层次合作模式"的企业比例占14%。这说明目前的校企合作还停留在"浅层次合作模式"阶段，即合作企业多为提供职业院校人才培养的实践和实习场所。

（5）对校企合作的认同度。有6%的受访者认为校企合作开展得很好，有89%的受访者认为开展得较好，有5%的受访者认为开展得一般或不太好，说明校企合作的现状已经得到大多数人的认同。云南职业教育与产业转型发展的动态对接、匹配和支撑，校企合作可以作为一个突破口。

（6）实施校企合作的主要形式。通过深入访谈，我们了解到"产学结合、上岗实习"的比重较大，占68%，"工读交替、勤工助学"占12%，"订单式合作办学"占20%。这说明校企合作走上了产学结合的道路，但订单式合作办学还需要加强。

（7）影响云南职业院校人才培养的主要因素。职业院校领导和企业领导都认为技术结构的变化和产业结构调整是人才培养规模的主要影响因素。

根据调查问卷的分析结果，在关于云南职业教育与产业转型发展的动态对接、匹配和支撑关系的11个问题中，其中有9个企业领导和学校领导选择了相同的答案。这说明职业院校和企业在相关问题上的认识是一致的，这对接下来的改革具有积极作用。

表 1-2 是受访企业录用毕业生时优先考虑的因素和最看重的素质的统计结果。职业院校日常教学改革中可以此为参照。

表 1-2 统计结果参照表

因素	重要性	因素	重要性
基本素养	最重要	专业理论知识	比较重要
专业知识	比较重要	专业实践能力	比较重要
操作技能	比较重要	执行能力	最重要
工作实践	一般重要	团队合作能力	最重要
外语水平	一般重要	自主学习能力	比较重要
计算机应用	比较重要	问题解决能力	比较重要

2）学校学生调查结果统计分析

针对学校学生进行的问卷调查结果如表 1-3 所示。

表 1-3 学校学生调查结果统计分析表

调查问题	调查结果	比例/%
父母的职业	务农	72
所读专业	根据自己的兴趣	56
选择专业时，对所读专业的了解程度	了解一些	67
是否思考过自己未来从事的职业	偶尔思考	46
职业院校学习的重点	文化知识与专业技能并重	70
职业成功的最关键因素	自身的知识、技能和态度	54
就业的主要依靠	个人能力	58
对就业影响最大的因素	实习经验、技能实践、综合素质（多选）	—

根据表 1-3 的统计结果，做出如下分析。

（1）学校开设的专业脱离学生的生活实际，没有立足于当地的情况。专业设置门类繁多，学生无所适从。各个学校为了拉生源，开设的专业种类多，同一种类有多种不同的名称。例如，文秘类有电脑文秘、高级文秘、现代文秘、涉外文秘等，数控与模具类有模具设计与制造、数控技术、电脑模具、数控模具、数控模具设计、模具设计与数控技术、机械数控模具、高级模具、模具钳工、高级模具设计等，学生不知道到底选读哪个专业。

（2）教学理念不明确。职业教育是以培养技能型与高素质劳动力为目的的，不同于普通教育，也不是中职升高职、高职升本科的升学教育。但有些职业院校把对口升学作为职业教育的一个重要目标，这其实是违背职业教育的目的的。虽然对部分家庭经济允许、个人成绩优秀的学生来说，对口升学是一个升学的捷径，但毕竟只是极少数。

（3）学生选择专业时较盲目。学生在选择专业时很盲目，随便选择一个专业，因此对选择的专业不感兴趣，学起来感到枯燥无味。

（4）上述调查数据表明，学生虽然已经成年，但对于自己的人生发展还没有恰当的规划设计；虽然进入职业院校，但对于专业学习并没有做好思想准备。部分学生没有明确的学习目标，也不了解自己适合从事怎样的职业，许多学生带有畏难情绪。可以说，他们的思想实际与职业院校的课程教学预期存在相当的差距。

（5）进入职业院校后，部分学生没有明确的学习目标。在准备毕业后就业的学生中，也有一大部分不了解自己适合从事怎样的职业。同时，职业院校的学生普遍存在怕苦怕累的畏难情绪，一些学生"有业不就"。调查数据表明，大部分学生对自身仍然缺乏正确的定位，对于个人发展尚无恰当的规划设计。

（6）专业课开设少，实习、实训时间短。专业教师少，实习指导教师少，实习、实训基地少且设施差，因此专业课开设得少。大部分学校文化课、专业课、其他课的开设比例是1：1：1。

（7）从以上数据可以看出，大部分职业院校学生出生在农民家庭，父母的文化程度较低，在子女专业选择上不能提供很好的建议，学生多是凭感觉选择专业，对自己未来想从事的职业或者毕业后的生活没有规划。

（8）学生对影响未来就业的主要因素有较清楚的认识。

3）企业员工调查结果统计分析

职业院校毕业生平均月收入为2 386.1元，月收入在2 000元以内的毕业生约占30%，月收入在2 000~3 000元的毕业生约占60%。毕业生对口就业率不高，不到30%。大多数中职毕业生目前均未与用人单位签订正式劳动合同。中职毕业生对首次就业单位的忠诚度较差，就业稳定性不高。

从对跟踪的毕业生就业满意度的调查结果分析来看，相当一部分的毕业生对当前所在的工作岗位持满意的态度。其中4.4%的毕业生非常满意当前的就业状况，29.1%的毕业生较满意自己的工作状况，但是，认为自己的工作"一般"的毕业生最多，占36.4%，而且还有23.4%的毕业生不太满意当前的工作，6.7%的毕业生甚至非常不满意当前的工作——这部分毕业生很有可能会换工作。

1.3.3 云南职业教育动态对接、匹配、支撑云南产业转型升级发展项目研究

解决上述问题的主要对策措施是：云南职业教育动态对接、匹配、支撑云南产业转型升级发展项目设计及实施管理。云南职业教育动态对接、匹配、支撑云

南产业转型升级发展项目设计及实施管理，主要体现在将整个云南职业教育当做一个"大项目"来设计和实施，当云南产业转型、升级和发展出现特定的变化，云南职业教育必须在这一"大项目"上动态对接、匹配和支撑。

根据国内外职业教育与产业发展的动态匹配和支撑理论，结合本书课题组在职业教育与产业发展的动态匹配和支撑项目管理中的工作经验与研究成果，云南职业教育在"大项目"上动态对接、匹配和支撑云南产业转型升级发展的要素可做如下设计。

1. 云南职业教育总目标设计

以云南职业教育必须与云南产业转型发展的动态对接、匹配和支撑为导向，全方位设置：学生为本、能力为本、就业为本，立德树人、德技兼修，理实结合、工学结合、产教融合、学以致用，实现人才培养与用人单位需求的"无缝对接"的培养目标。云南职业教育目标应在以下四要素中动态对接、匹配和支撑云南产业转型、升级与发展：①目标可测量的定量指标设计；②目标实现（完成）的时间；③目标实现的对策措施设计；④目标实现的资源投入估算。

2. 云南职业教育计划/大项目

工作分解结构（work breakdown structure，WBS）结构设计，如表 1-4 所示。

表 1-4　WBS 结构设计

基线 WBS/指标	云南产业转型升级要素变化相应的 WBS/指标变动	WBS/指标定量变动值	云南产业转型升级要素变化相应的 WBS/指标变动的绩效评估
定位与目标	定位与目标变动	+/-	效率和效益要素评估
双师型师资队伍培养及建设	双师型师资队伍培养及建设变动	+/-	效率和效益要素评估
教学资源支撑体系	教学资源支撑体系变动	+/-	效率和效益要素评估
培养过程管控体系	培养过程管控体系变动	+/-	效率和效益要素评估
培养周期管控体系	培养周期管控体系变动	+/-	效率和效益要素评估
质量保障体系	质量保障体系变动	+/-	效率和效益要素评估
经费投入及创新投融资模式	经费投入及创新投融资模式变动	+/-	效率和效益要素评估
课程体系	课程体系变动	+/-	效率和效益要素评估
实践教学体系	实践教学体系变动	+/-	效率和效益要素评估
多层次学生发展模式	多层次学生发展模式变动	+/-	效率和效益要素评估
学生发展后评估体系	学生发展后评估体系变动	+/-	效率和效益要素评估
风险管控体系	风险管控体系变动	+/-	效率和效益要素评估

在上述目标动态定性的基础上，应用 WBS 分解目标下的具体任务。

（1）将云南职业教育计划/大项目工作分解为更小、更易管理的工作包。

（2）在云南职业教育计划/大项目实施中，要将所有任务列成一个明确的活动清单，让具体实施云南职业教育计划/大项目的每一个机构都清楚有多少工作需要处理。

（3）随着云南职业教育计划/大项目任务分解的深入和细化，WBS 可能会需要修改，这也充分体现了动态的内涵。例如，成本估算，在更详尽地考虑了任务实施的动态变化后，成本可能会有所增加，因此完成任务定义后，要更新云南职业教育计划/大项目 WBS 上的内容。

（4）对每一项任务进行时间优化处理，引进"工程网络计划技术"完成各项任务实施流程的设计。

（5）云南职业教育经费投入及创新投融资。云南职业教育动态对接、匹配和支撑云南产业转型、升级和发展的成本概念为：这一过程所有资源消耗的货币形式。

首先，云南职业教育成本估算=资源消耗的数量×单价。

其次，云南职业教育经费投入管控体系。

云南职业教育计划/大项目成本实际情况度量的方法是指项目实际成本完成情况的度量方法。这里引入的挣值分析方法是非常有价值的一种项目成本和工期绩效集成控制的方法（图1-2）。

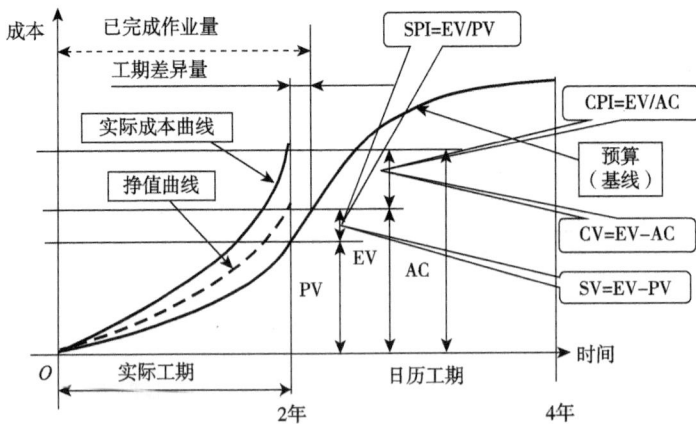

图 1-2 项目成本挣值分析方法的示意图

计划值（plan value，PV）；挣值（earned value，EV）；实际成本（actual cost，AC）；成本偏差（cost variance，CV）；进度偏差（schedule variance，SV）；进度绩效指数（schedule performance index，SPI）；经费绩效指数（cost performance index，CPI）

最后，投融资创新模式建议以 PPP 模式试行。

（6）云南职业教育计划/大项目质量保障及控制。云南职业教育计划/大项目质量保障及控制是在执行该计划/大项目过程中所开展的一系列经常性的项目质量评估、质量核查与质量改进等方面的工作。

云南职业教育计划/大项目质量保障及控制的主要内容包括：清晰明确的项目质量要求，科学可行的项目质量标准，建设完善的项目质量体系，配备合格和必要的资源开展有计划的质量改进活动，项目变更的全面控制。

云南职业教育计划/大项目质量保障及控制的 PDCA〔即计划（plan）、执行（do）、检查（check）、处理（action）的英文缩写〕循环见图 1-3 和表 1-5。

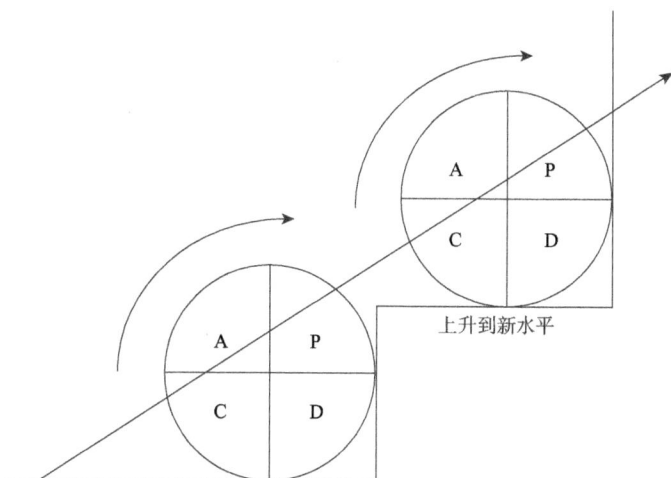

图 1-3　PDCA 循环

表 1-5　PDCA 循环的步骤和方法

阶段	步骤	主要方法
P	（1）分析现状，找出问题	排列图、直方图、控制图
	（2）分析各种影响因素或原因	因果图
	（3）找出主要影响因素	排列图、相关图
	（4）针对主要原因，制定措施计算	回答"5W1H"
		为什么制定该措施（why）
		达到什么目标（what）
		在何处执行（where）
		由谁负责完成（who）
		什么时间完成（when）
		如何完成（how）

续表

阶段	步骤	主要方法
D	（5）执行、实施计划	排列图、直方图、控制图 制定或修改工作规程、检查规程及其他有关规章制度
C	（6）检查计划执行结果	
A	（7）总结成功经验，制定相应标准 （8）把未解决或新出现问题转入下一个 PDCA 循环	

（7）云南职业教育计划/大项目风险计划及管理。云南职业教育计划/大项目风险管控体系如图 1-4 所示。

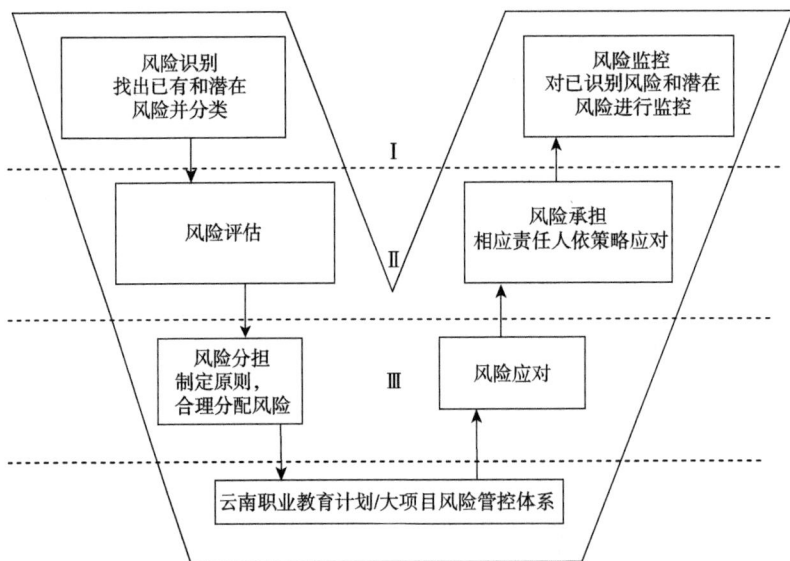

图 1-4　云南职业教育计划/大项目风险管控体系

风险识别。云南职业教育计划/大项目风险识别是云南职业教育计划/大项目风险管理的前提和保障，目的是了解风险的客观存在，识别风险产生的原因和条件，以及可能带来的严重后果。

风险评估。分析、评估风险发生的可能性和风险发生后造成的损失。只有对项目风险做出正确的分析，才能找出限制项目风险的方法和途径，设计出能最大限度规避风险的方案。

风险分担。在进行风险识别和风险评估之后，这一阶段将提出各类风险对应的管理层、实施层等各自应承担的风险分配。

风险应对。风险应对就是对项目风险提出处置意见和办法。一是回避风险，是指当项目风险潜在威胁发生可能性太大，不利后果较为严重，又无其他策略可用时，主动放弃项目或改变项目目标与行动方案。二是减少风险，是指采用各种措施减少风险发生的概率及其造成的经济损失。三是预防风险，是一种主动的风险管理策略。四是转移风险，将风险转移至参与本项目的其他人或其他组织，即风险的分担。五是接受风险，参与本项目的其他人或其他组织有意识地选择承担风险后果。六是储备风险，就是根据项目风险规律事先制订科学高效的项目风险计划，一旦项目实际进展与计划不同，就动用后备应急措施。

风险承担。这是将不可控的风险通过保险等方式转移出去的过程。

（8）云南职业教育计划管理信息平台 Power On 设计。Power On 是上海普华科技发展股份有限公司自主研发的一套既融入了国际先进的项目管理思想，又结合了国内管理习惯及标准的企业级多项目管理集成系统。

Power On 以项目管理知识体系为主导思想，以成熟的 IT 技术为手段，将现代项目管理理论、国内项目管理规程与习惯、项目管理专家的智慧、P3 系列软件等集成在一起，通过专业管理+平台+门户的模式，实现长期以来大家渴望的"以计划为基准，衍生出职能部门配合计划，达到将各项业务以计划形成串联的目的"，使项目管理水平实现质的提升成为可能。

Power On 以项目为主线，以计划为龙头运筹协同，以合同为中心全面记录，以费用控制为核心深度控制，嫁接先进的、与国际接轨的项目管理方法体系（理论、工具、技能和方法），依托上海普华科技发展股份有限公司 22 年的项目管理应用实践经验，为项目型企业构建跨区域、分布式的多项目管理平台，涵盖企业业务操作层、管理层、决策层三个不同层次的实际需求，满足单项目管理、多项目管理、项目组合管理及企业集约化经营的要求。

Power On 基于典型面向服务的体系结构（service-oriented architecture，SOA），具有平台化、多层化和构件化的显著特征，能够完全满足项目型企业分支机构多、项目多、业务复杂、数据承载量大、响应速度快等要求。

将云南职业教育计划/大项目的全部内容，有机地融入云南职业教育计划管理信息平台 Power On 中，完整地体现动态对接、匹配和支撑云南产业转型升级发展（详见第 3 章）。

第 2 章　云南省职业教育动态对接、匹配和支撑产业转型发展的问题与对策

2.1　云南省职业教育动态对接、匹配和支撑产业转型升级的问题

2.1.1　ZOPP 理论体系支撑

目标导向项目规划（obectives oriented project planning，ZOPP，德文表述为 ziel orientierte pro-jekt planung）是针对某项区域性经济社会发展专题，在调查、分析、诊断并给出对策的基础上设计出一整套理论体系、操作工具和工作技术（王松江，2011）。

（1）在某项区域性经济社会发展专题涉及的相关利益群体之间，在解决问题和发展目标上取得共识的前提下，多方合作成果的产出。

（2）相关利益群体多方合作的目的是解决或消除该区域现存的问题并促进区域发展。因此，必须寻找产生问题的根源及问题所带来的影响，从中推断发展的目标。

（3）某项区域性社会经济发展专题所涉及的问题及问题的根源不是孤立存在的，而是与该区域内的人、社区、有关组织机构和政府部门紧密相关的。所以必须分析相关利益群体的问题是什么，他们面临的首要问题是什么，原因何在，等等。

（4）在分析阶段，其主要工具为：参与式或部门的评论、问题树和问题矩阵、优势分析矩阵、目标树等。

作为一种目标规划方法，ZOPP 有一个完整的生命周期，一般情况下采用以下步骤，即情景分析、参与者分析、问题分析、项目规划一览表、干预调整策略、指标项目实施计划、监察评估机制。通过对未来行动的计划和对问题的预测，达

到预期的目标和效果。

目标导向项目规划的主要过程如下。

（1）研究问题。针对存在的问题进行调查，对问题数据进行归纳总结，深入研究问题列表，列出关键点，按照问题列表呈现的逻辑关系，做出问题树的图表。

不管在什么方面，都会有问题的存在，每个人都会出现问题。问题是现存条件与人的需求之间的差别，即问题=现存条件–人的需求。

（2）问题清单。应用区域参与式分析方法，通过对区域各阶层的访谈、调查等，发现并定义现存条件使人们不舒服、不愉快或现存条件与人的需要之间的差异，将该区域内所有问题列出（即问题清单产出）。找出问题，然后通过立项来解决，促进地区的进步。项目不能成功常常是因为在此之前没有做好充足的准备，如考察、探询、研讨、理解研究地区，便开始立项。解决问题的关键在于能够准确地分析其中存在的问题，依照问题确定项目以后的运营管理。

（3）主要问题确定。在众多问题里，有很多问题都是比较重要的，还有一些问题相比之下较为次要。重要问题阻碍着区域的发展，它是所有问题中极具代表性的，解决这些问题，剩下的问题可能会迎刃而解。

（4）问题树确立问题清单的同时解析问题，定义每个问题中会有怎样的关联。其因果关系的实质在于："假设–那么"的关系，从重要问题开始，在遇到的其他问题中寻找形成该难题的直接因素，再进一步分析，找出形成该因素的缘由，反复这个操作过程直至找到最根本的起因。而后，从剩下的难题里探寻问题引出的现象，从这个现象探寻其引发的下一个现象，如此反复操作直至找出最后引发的现象。问题树也就由此形成。

（5）问题列表。问题树无法表现问题与问题之间的内部联系，问题矩阵正好弥补了这一不足。问题矩阵的结果反映了诸多问题中哪些问题对于解决根本问题最为有效，哪些信息对于项目的规划更为有利。为了找出所有问题之间的联系，问题矩阵最为有效，并且有助于识别影响最大、最需要解决的问题。

优势研究：从整体到局部调研整个环境，分析各级优势，总结优势带来的机会并找出机会背后面临的风险。

目标分析：将之前进行问题研究时通过列表得出的结果转为目标，通过优势研究，剖析其过程，做出目标树。

项目规划：对项目里整个目标的工作内容、时间、成本、质量做具体的记录，可记载为目标字典，将其制成目标树进而产生目标群，这时可被称作项目。

项目优先排序：可根据专家的专业意见对项目的优势排序，评估项目并计分，将分值作为项目排序的标准。评估成果受专家的集中意见、意见的协和度两方面影响。

2.1.2　问题分析

1. 问题清单

通过问卷调查和资料搜集整理，得出云南省职业教育、产业转型升级及职业教育在支撑产业转型升级过程中的问题清单。

1）职业教育

Q1：职业教育社会导向或氛围欠缺

Q2：社会对职业教育不够重视

Q3：职业教育依然缺乏统筹

Q4：受传统观念影响

Q5：职业教育管理体制不完善

Q6：管理模式不合理

Q7：教学资源投放不合理

Q8：多头管理，效益低下

Q9：投融资模式不合理

Q10：政府对职业教育的经费投入不足

Q11：职业教育发展成本较高

Q12：吸引力不足

Q13：职业教育质量不高

Q14：教学方式陈旧

Q15：职业教育规模小

Q16：师资力量不足

Q17：教育模式不合理

Q18：办学条件不好

Q19：办学定位不准确

Q20：设施条件差

Q21：校企合作少

Q22：教学资源分散

Q23：招生困难

Q24：职业教育与经济建设脱节

Q25：经济发展与职业教育缺乏良性互动

Q26：职业教育发展缓慢

Q27：职业教育无法满足人才需求

Q28：专业设置存在偏差

Q29：就业服务体系不健全

Q30：外向型人才缺乏

Q31：学生就业质量不高（核心问题）

2）产业转型升级

Q1：创新创业缺乏

Q2：区域创新体系不健全

Q3：科技人才缺乏

Q4：创业孵化器建设缓慢

Q5：开放规模、层次不高

Q6：开放通道不畅

Q7：开放载体带动能力较弱

Q8：开放环境有待优化

Q9：经济发展与资源环境问题突出

Q10：生态资源环境承载能力已接近上限

Q11：生物资源利用不充分

Q12：绿色经济观念薄弱

Q13：产业结构层次较低

Q14：产能过剩问题突出

Q15：高端制造业发展缓慢

Q16：产业聚集度不高

Q17：融资困难

Q18：信息化水平不高

Q19：信息化观念薄弱

Q20：信息化基础设施不完善

Q21：信息化资源开放力度不够

Q22：信息化专业人才缺少

Q23：传统经济发展方式难以为继（核心问题）

3）产业转型升级对职业教育发展的要求

Q1：职业教育与产业转型升级的对接不完善

Q2：人才数量不能满足经济发展要求

Q3：人才结构与产业不对接

Q4：职业教育与产业发展缺乏沟通桥梁

Q5：职业教育与产业发展信息不畅

Q6：职业教育与产业转型升级不能持续协调

Q7：缺乏复合型人才

Q8：交叉学科专业数量不够

Q9：短缺人才培养力度不够

Q10：职业教育不能满足云南特色产业发展

Q11：缺乏特色人才

Q12：民族特色培训不完善

Q13：少数民族干部培养意识不强

Q14：职业教育服务产业发展的对接不完善

Q15：专业设置缺乏灵活性

Q16：专业设置缺乏适应性

Q17：专业点设置分散

Q18：支撑产业转型升级的意识缺乏

Q19：校企合作积极性不高

Q20：忽视对职业人才的培养

Q21：支撑机制缺失

Q22：缺乏改革创新

Q23：对接模式单一

Q24：缺乏创新性人才

Q25：职业教育不能满足产业转型升级的需求（核心问题）

2. 问题树

1）职业教育

围绕上述问题清单，经过反复调查研究后发现，云南省职业教育的核心问题是：学生就业质量不高，原因和结果与这个核心问题共同建立起了问题树，如图 2-1 所示。

2）产业转型升级

围绕上述问题清单，经过反复调查研究后发现，云南省产业转型升级的核心问题是：传统经济发展方式难以为继，原因和结果与这个核心问题共同建立起了问题树，如图 2-2 所示。

3）职业教育支撑产业转型升级

围绕上述问题清单，经过反复调查研究后发现，云南省职业教育支撑产业转型升级的核心问题是：职业教育不能满足产业转型升级的需求，原因和结果与这个核心问题共同建立起了问题树，如图 2-3 所示。

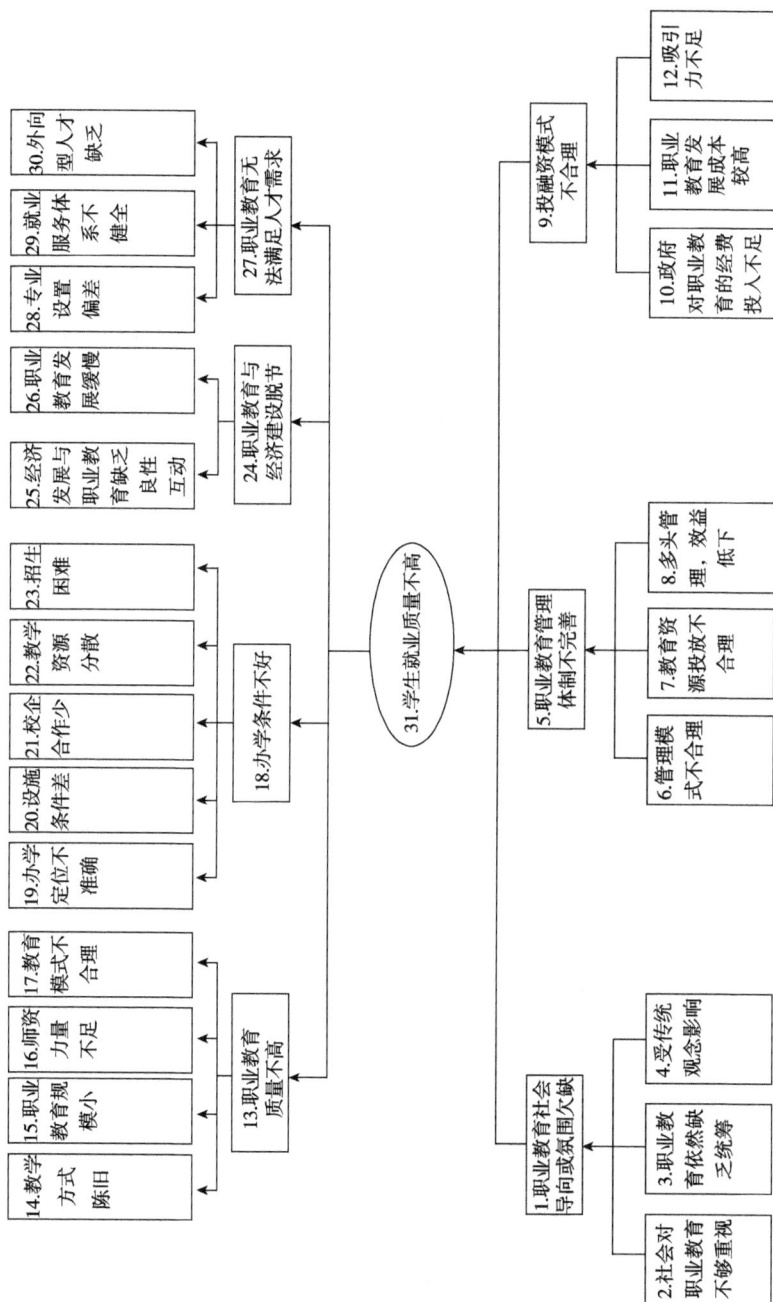

图2-1　职业教育的问题树

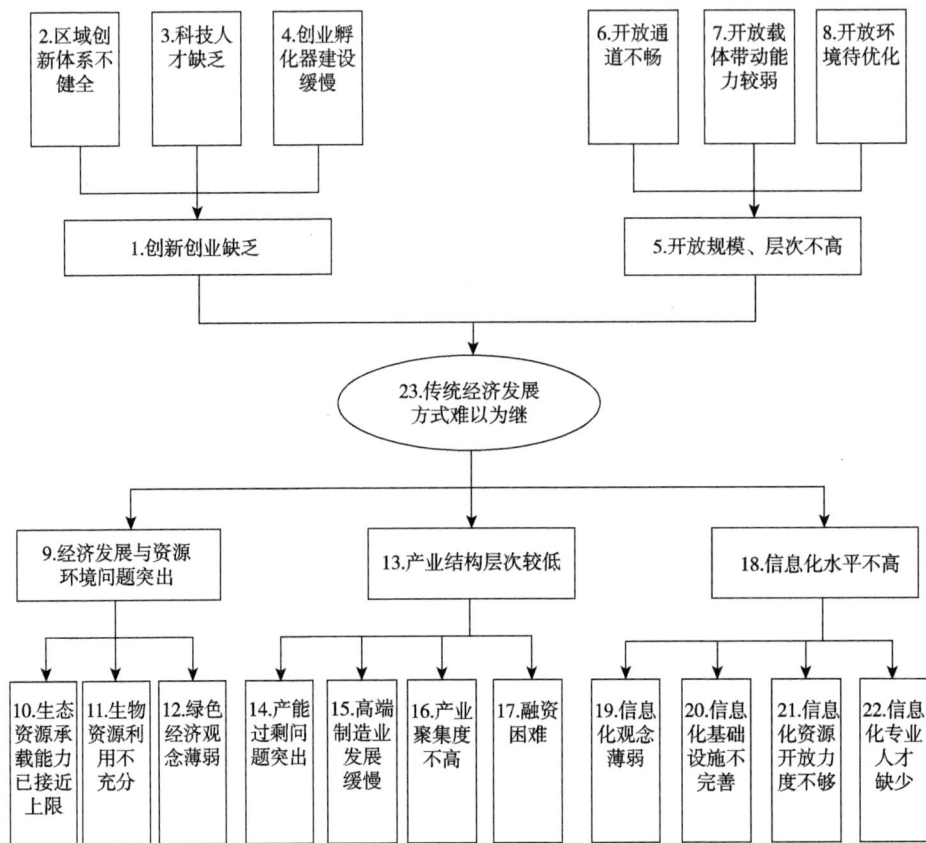

图 2-2 产业转型升级的问题树

2.1.3 SWOT 分析

1. SWOT 的内涵

SWOT 分析法又称为态势分析法，它是由旧金山大学的管理学教授韦里克于 20 世纪 80 年代初提出来的，SWOT 四个英文字母分别代表：优势（strength）、劣势（weakness）、机会（opportunity）、威胁（threat）。所谓 SWOT 分析，就是将与研究对象密切相关的各种主要内部优势、劣势和外部的机会、威胁等，通过调查列举出来，并依照矩阵的形式排列，然后用系统分析的思想，把各种因素相互匹配起来加以分析，从中得出一系列相应的结论，而结论通常带有一定的决策性。

运用这种方法，可以对研究对象所处的情境进行全面、系统、准确的研究，从而根据研究结果制定相应的发展战略、计划及对策等。SWOT 分析法常常被用于制定集团发展战略和分析竞争对手的情况，在战略分析中，它是最常用的方法之一。

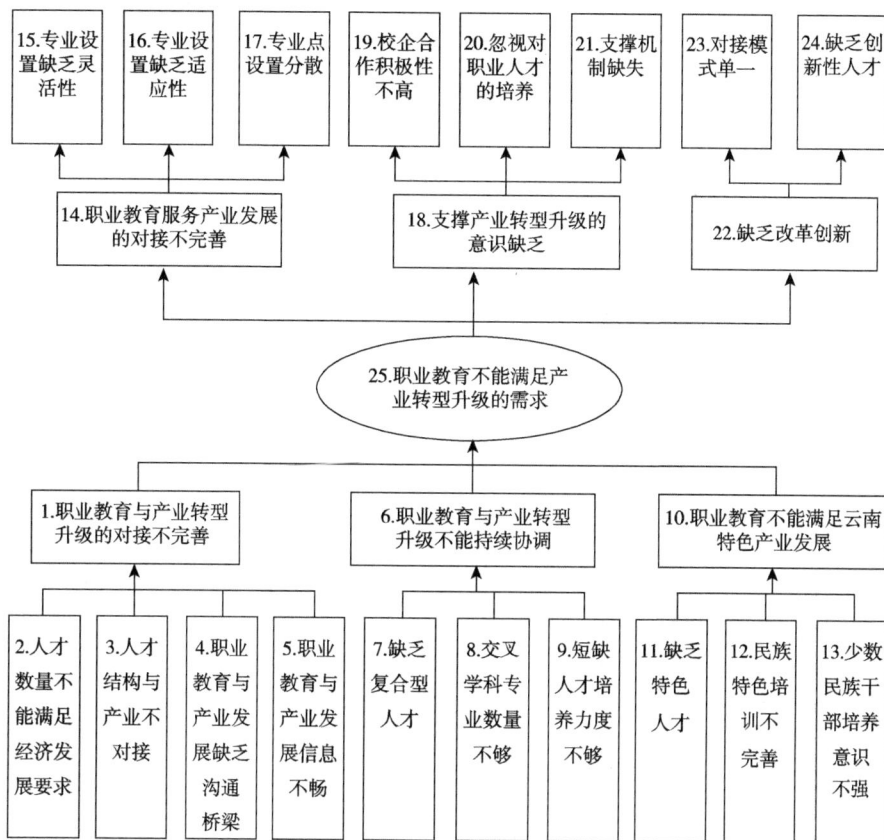

图 2-3　产业转型升级对职业教育发展要求的问题树

2. SWOT 具体分析

1）优势分析

第一，经济转型升级，对人才的需求量增加。产业转型升级的背后，是人才结构的升级。新形势下加快产业转型升级，不仅需要一批高层次的知识型、创新型人才，而且更需要一支高素质的技术技能人才大军。经济发展进入新常态，经济增长越来越依靠人力资源的质量，尤其是当前产业变革加速推进，新技术、新工艺迅猛发展，对高水平技术人才的需求更为迫切。

加快发展职业教育，既是填补当前人才短板之所需，又能为未来产业发展夯实基础。在新一轮科技革命和产业变革的机遇面前，职业教育大有可为，也应大有作为。把加快发展职业教育放在更加突出的位置，着眼产业转型升级需要，抢抓机遇、顺势而为，解放思想、改革创新，加快构建具有云南特色的现代职业教育体系，才能打造一支有竞争力的一线人才队伍，为产业转型升级提供强有力的支撑。

第二，政府对发展职业教育和推动产业转型升级的重视。政府作为主导，在强化顶层设计、加大政策引导、创新体制机制等方面加大支持力度。着力深化职业教育体制机制改革，优化院校布局结构，扶持一批应用技术大学和技能型高职院校；出台政策，推动产教融合、校企合作，重点建设一批产业升级迫切需要的学科，着重培养生产服务一线紧缺的专门技术人才和高技能人才，推动现代职业教育与产业转型升级有机融合、无缝对接；改革人才培养机制，加快构建全覆盖、差异化的职业教育培训体系，打通技术技能人才成长通道；统筹好政府和市场"两只手"，优化资源配置，鼓励社会力量参与，形成办学合力。

第三，社会企业对人才的需求具有针对性。产业发展需要什么样的人才，企业最清楚。企业充分发挥在人才引进、培育、使用中的主体作用，依靠设备和技术优势，主动对接职业院校，指导和支持教学实践，与院校共同培养适应产业需求的人才。同时，企业充分认识到高水平工人对于提升企业竞争力的重要性，因此，企业注重强化在职人员的专业技能培训，让员工练就一身真本领，掌握一手好技术，更好地满足产业变革的要求。

第四，职业院校提升教学质量以创造知名度。提高办学质量，是增强职业教育吸引力和影响力的重要途径。职业院校因地制宜，坚持面向市场，依托企业，改进办学模式，优化专业设置，可以为社会输送更多专业对口的技术人才。与此同时，人才的培养，师资是关键。打造过硬的师资队伍，除了配备优秀教师充实一线教学岗位外，还可建立流动机制，打通渠道让能工巧匠进入学校，组织教师到企业对口岗位交流学习，切实提升教学水平，提高各职业院校的知名度，吸引生源。

2）劣势分析

（1）培养体系不完善。技能是动态和发展的，云南省职业教育培养的是成熟技能，各职业院校受教学设施、师资等因素的制约，经常出现学生的技能培养体系不够完整的情况，而此时企业根据市场需要不断更新生产技术，这就会出现所培养的大量的技能型人才与企业需求的人才不匹配的矛盾，再加上随着技术的更新，对人才综合素质的要求也发生了相应变化，致使这种矛盾更加激化。

现代职业教育体系一般是"3+2"或者5年一贯制。现阶段，职业教育是一个中等、高等职业教育协调发展的教育方式，直接的方式是构建5年一贯制的中高职一体化体系，或者说通过"3+2"的方式，建立中职与高职的直接衔接和晋升模式。在一定程度上而言，这种模式的存在有一定道理，但又存在简单化和片面性的问题，也仅停留在传统思维和传统方法之上。

（2）对职业教育存在认识误区。现代职业教育体系就是应用型本科院校转向职业教育。从经济社会发展和生产经营活动对人才的需求结构来看，社会主义现代化建设需要大量的高素质技能型和应用型人才，而云南省高等教育长期以来主要实施精英化培养，形成了以学科型教学、知识型传授为主的格局。对此，应该进行结构性调整优化和教育教学模式的改革，正是从这种意义上讲，近年来新办或专升本的高等学校（主要是学院），应该更多地纳入高职教育元素，按校企合作模式办学，以工学结合的方式来育人。然而，受我国特有的人文环境、教育体制、教育观念等各方面因素的影响，云南省近年来新建的本科院校，大多已按照学科型教学模式进行构建，而且也正在按学科型教学模式建立评价标准和评价体系。因此，客观地说，要实现教学模式的全面转型比较困难，在理念转变、师资力量、公众接受等方面都会遇到很多问题。

（3）技术进步导致的劳动力需求总量减少。产业转型升级进程中的社会是一个新技术不断涌现的社会，这一特点会影响到各个行业。在人类历史上的工业化进程中，几乎不可避免地会出现经济增长与就业增长不相匹配的状态，即技术进步和经济结构升级排斥劳动力，经济增长的就业弹性不断下降。随着技术进步的速度加快，资本有机构成迅速提高，技术和资本都在产生"挤出效应"。技术的进步，机器设备的更新，资本有机构成的不断提高，从而产生社会总资本对劳动力需求相对减少的趋势。这意味着技术进步在促进经济增长的同时，减少对就业的吸纳。

3）机会分析

（1）教育部、国家发展和改革委员会（简称国家发改委）高度重视中西部高等教育振兴问题。为贯彻落实《国家中长期教育改革和发展规划纲要（2010—2020年）》，振兴中西部高等教育，服务国家西部大开发战略、东北地区等老工业基地振兴战略和中部崛起战略的深入实施，服务区域经济社会发展需要，教育部、国家发改委、财政部制订了《中西部高等教育振兴计划（2012—2020年）》。

（2）云南省政府高度重视云南省职业教育的改革。中共云南省委、云南省人民政府大力推进职业教育改革与发展。

（3）政策支持：云南省将实施 5 项重点工程加快建设现代职业教育体系。根据《云南省现代职业教育体系建设规划（2015—2020年）》，云南省将通过实施 5 项重点工程，到 2020 年建立起具有云南特色、适应经济社会发展、结构规模合理、产教深度融合、中职教育与高职教育衔接、职业教育与普通教育相互沟通、学历教育与非学历教育并重、内外发展环境优良、体现终身教育理念的现代职业教育体系，为全省经济社会持续健康发展培养大批高素质劳动者和技术技能人才。

（4）云南省高职教育正全面推进产教融合与校企合作。云南省各院校通过订单班、校中厂、厂中校、深度定岗实习等模式积极开拓人才培养模式创新，将不断实现教学理论与实践一体化，实现全过程、多方位的校企合作，为人才培养和优质就业搭建有效的"校企直通车"，使学生的培养规格与企业需要实现零距离对接。

4）威胁分析

（1）来自外省职业院校的威胁。近年来，选择学校越来越受到区位的影响，中东部发达地区的学校对云南省学生的吸引力变得越来越大。这会给当地职业院校的发展带来负面影响。

（2）来自替代教育服务的影响。除了高校的扩招外，目前还出现了多种形式的高等教育，如民办高校、现代远程教育、自学和成人高考、短期职业培训等。这不仅给高职教育带来前所未有的挑战，使其发展势头减缓，而且也造成高职教育生源数量不足等问题。

（3）传统观念的影响。首先，人们对职业院校的地位和作用认识不清是制约职业院校健康协调发展的重要因素。一些高层领导甚至往往潜意识地把职业教育定位于短学制的专科层次，认为它是一种低于普通高中和一般专科的"三流教育""次等教育"，没有发展前途的"终结性教育"。其次，古代"劳心者治人，劳力者治于人""学而优则仕"等封建思想，对今天的家长及学生的择校同样存在影响，他们认为本科院校毕业生的身份是"干部"，职业院校的毕业生只能作为"工人"，传统官本位思想导致学生对职业院校的兴趣不高。最后，用人单位传统的学历主义和用人高消费观念，即用高学历或高技能人才承担一般性工作，也深刻地影响着云南省目前以专科层次为主的职业院校的协调健康发展。

（4）来自职业院校布局的影响。近年来，职业院校的数量迅速增加，这样势必造成恶性竞争，资源浪费，而这种恶性竞争将给职业院校的健康发展埋下重大隐患。如果一个地方"市场容量"有限，职业院校"相对过剩"，则对职业的发展是一种威胁。

综合分析后得出的 SWOT 分析表如表 2-1 所示。

表 2-1　　SWOT 分析表

项目	分析
优势 （S）	1. 经济转型升级，对人才的需求量增加，加速产业变革，增进新技术、新工艺发展 2. 政府对发展职业教育和推动产业转型升级的重视 3. 社会企业对人才有针对性的需求，强化在职人员的专业技能，满足产业变革的要求 4. 提高办学质量，提升教学水平，增强院校知名度
劣势 （W）	1. 培养体系不完善，存在片面性 2. 对职业教育存在认识误区，实现教学模式的全面转型比较困难，公众接受难 3. 技术进步导致的劳动力需求总量减少
机会 （O）	1. 教育部、国家发改委高度重视中西部高等教育振兴问题 2. 云南省政府高度重视云南省职业教育的改革 3. 云南省将实施 5 项重点工程加快建设现代职业教育体系 4. 云南省高职教育正全面推进产教融合与校企合作
威胁 （T）	1. 学生选择学校越来越受区位的影响，会存在来自中东部发达地区职业院校的威胁 2. 会受其他形式高等教育的影响，使其发展势头减缓 3. 受传统观念影响，对职业教育的地位和作用认识不清，制约职业院校发展 4. 职业院校数量过多导致恶性竞争，资源浪费，威胁职业院校的发展

2.1.4　目标分析

1. 目标清单

目标是问题解决后达到的未来状态或结果，对项目进行目标分析应注意以下内容。

（1）由于目标是问题解决后未来能够达到的状态，所以目标分析的基础首先是将云南省教育厅世界银行贷款云南职业教育发展项目的问题翻改成相应的目标。

（2）将"2.1.2 问题分析"小节中建立的问题树上的所有问题，从上至下翻改成目标。此目标必须是可行的或具有实际的可操作性。

（3）将问题翻改成目标时，再一次对云南省教育厅世界银行项目的原问题进行检查：一是检查问题描述是否清晰；二是检查原问题的内容是否正确。

第一，职业教育目标清单：

$Q1'$：加强职业教育的社会导向或氛围建设

$Q2'$：加强社会对职业教育的重视

$Q3'$：加强统筹职业教育

$Q4'$：避免受传统观念影响

$Q5'$：完善职业教育管理体制

$Q6'$：合理化管理模式

$Q7'$：合理投放教学资源

$Q8'$：减少多头管理，提高效益

$Q9'$：合理化投融资模式

$Q10'$：加大政府对职业教育的经费投入

$Q11'$：降低职业教育发展成本

$Q12'$：加强吸引力

$Q13'$：提高职业教育质量

$Q14'$：创新教学方式

$Q15'$：扩大职业教育规模

$Q16'$：加强师资力量

$Q17'$：合理化教育模式

$Q18'$：改善办学条件

$Q19'$：明确办学定位

$Q20'$：提高设施条件

$Q21'$：加强校企合作

$Q22'$：整合教学资源

Q23′：吸引生源

Q24′：连接职业教育与经济建设

Q25′：加强经济发展与职业教育的良性互动

Q26′：加速职业教育发展

Q27′：使职业教育满足人才需求

Q28′：明确专业设置

Q29′：健全就业服务体系

Q30′：培养外向型人才

Q31′：提高学生就业质量（核心目标）

第二，产业转型升级目标清单：

Q1′：构建创新型产业发展模式

Q2′：健全区域创新体系

Q3′：加强科技人才培养

Q4′：加快创业孵化器建设

Q5′：构建开放型产业发展模式

Q6′：打通开放通道

Q7′：增强开放载体带动能力

Q8′：优化开放环境

Q9′：产业发展绿色化

Q10′：加强生态环境保护

Q11′：充分利用生物资源

Q12′：加强宣传绿色经济

Q13′：产业发展高端化

Q14′：去产能

Q15′：发展高端制造业

Q16′：提高产业聚集度

Q17′：大力发展 PPP 模式

Q18′：产业发展信息化

Q19′：加强信息化宣传

Q20′：完善信息化基础设施

Q21′：加大信息化资源开放力度

Q22′：加强信息化专业人才培养

Q23′：加快经济转型升级（核心目标）

第三，职业教育支撑产业转型升级的目标清单：

Q1′：完善职业教育服务与产业转型升级的对接

Q2′：满足人才数量对经济发展的要求

Q3′：加强人才结构与产业的对接

Q4′：加强职业教育与产业发展沟通桥梁建设

Q5′：加强职业教育与产业发展的信息沟通

Q6′：加强职业教育与产业发展持续协调

Q7′：培养复合型人才

Q8′：增加交叉学科专业数量

Q9′：加大短缺人才的培养力度

Q10′：职业教育满足云南省特色产业发展

Q11′：培养特色人才

Q12′：完善民族特色培训

Q13′：加强少数民族干部培养意识

Q14′：专业多样性符合产业需求

Q15′：加强专业设置的灵活性

Q16′：加强专业设置的适应性

Q17′：整合专业点设置

Q18′：培养支撑产业转型升级的意识

Q19′：加强校企合作的积极性

Q20′：加强对职业人才的培养

Q21′：完善支撑机制

Q22′：推进改革创新

Q23′：丰富对接模式

Q24′：培养创新型人才

Q25′：职业教育满足产业转型升级的需求（核心目标）

2. 目标树

根据问题树进行问题和目标的转换，得到项目的目标树，如图 2-4~图 2-6 所示。

2.1.5 目标群

根据目标树中的逻辑关系，将目标树中的所有相似的目标归类，组合成几个或几十个目标群，采用参与式的方法建立和划分目标群。结果如下。

M-1：产业转型升级对于职业教育的需求包括以下目标。

Q1″：完善职业教育服务与产业发展的对接

Q2″：满足人才数量对经济发展的要求

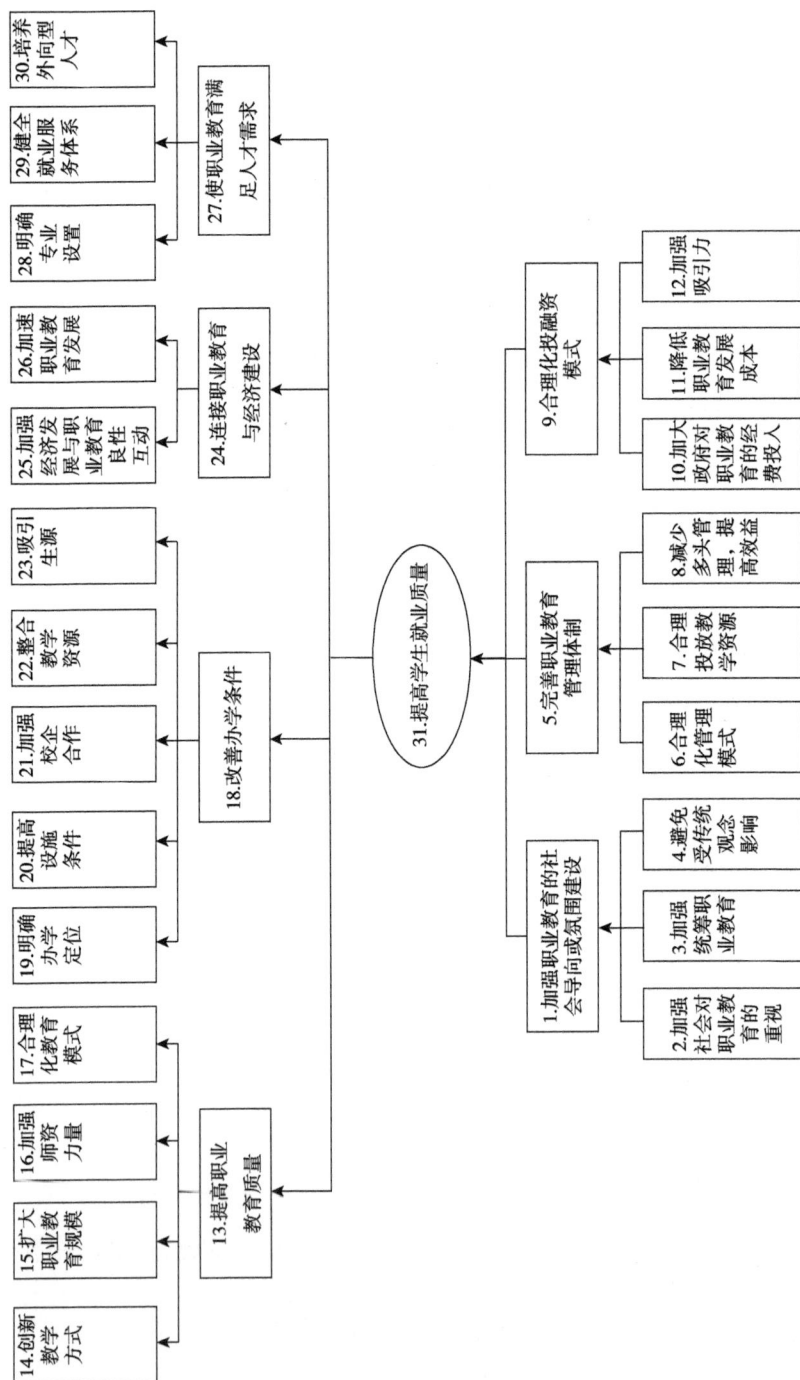

图2-4 职业教育的目标树

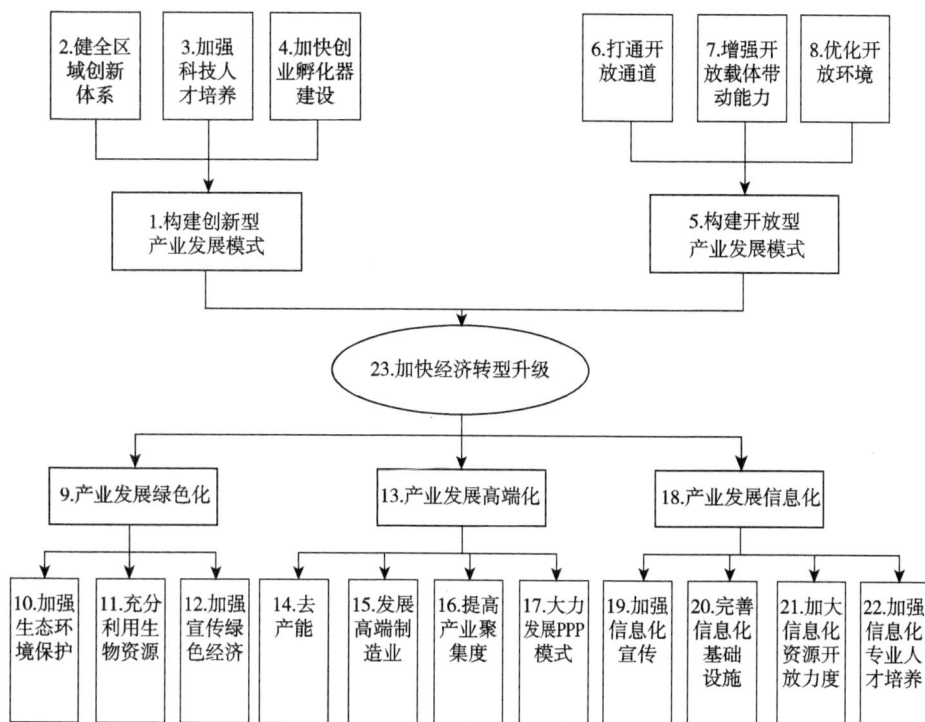

图 2-5　产业转型升级的目标树

Q3″：加强人才结构与产业的对接

Q4″：加强职业教育与产业发展沟通桥梁建设

Q5″：加强职业教育与产业发展的信息沟通

Q6″：职业教育满足云南省特色产业发展

Q7″：培养特色人才

Q8″：完善民族特色培训

Q9″：加强少数民族干部培养意识

M-2：职业教育与产业转型升级配合包括以下目标。

Q10″：加强职业教育与产业发展持续协调

Q11″：培养复合型人才

Q12″：增加交叉学科专业数量

Q13″：加大短缺人才培养力度

Q14″：培养支撑产业发展的意识

Q15″：加强校企合作的积极性

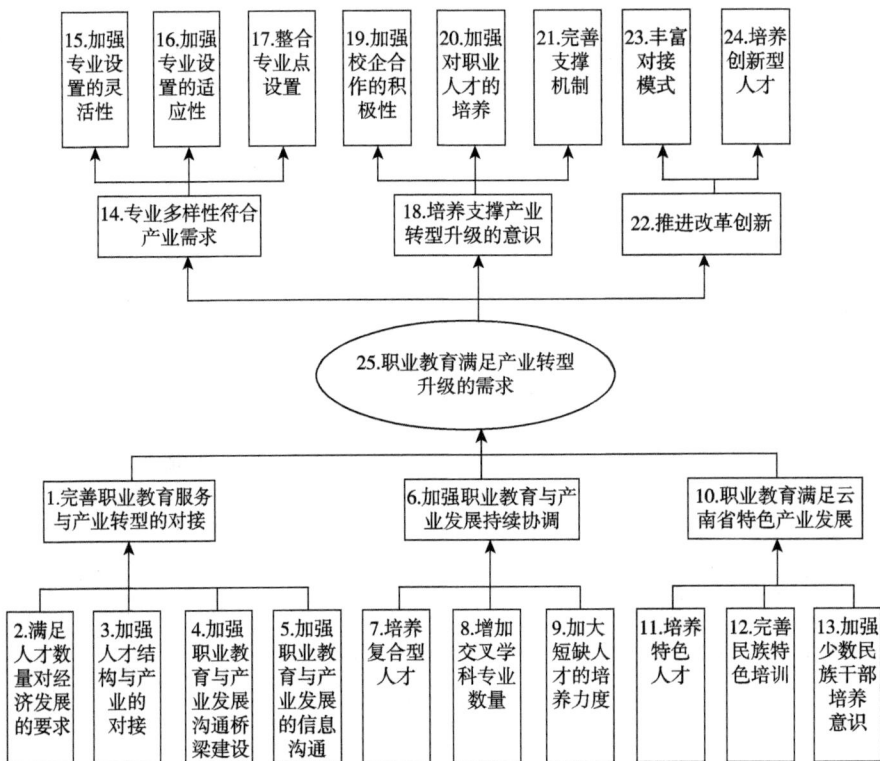

图 2-6　职业教育支撑产业转型升级的目标树

Q16″：加强对职业人才的培养

Q17″：完善支撑机制

M-3：职业教育支撑产业转型升级的改革创新包括以下目标。

Q18″：推进改革创新

Q19″：丰富对接模式

Q20″：培养创新型人才

Q21″：职业教育满足产业的需求

Q22″：专业多样性符合产业需求

Q23″：加强专业设置的灵活性

Q24″：加强专业设置的适应性

Q25″：整合专业点设置

2.2 云南省职业教育动态对接、匹配和支撑产业转型升级的对策

2.2.1 政府必须不断加大制度创新

公共政策是事业发展的先导，要进一步促进云南职业教育与产业转型升级互动发展，必须出台有效政策，将职业教育纳入经济社会发展和产业发展相关规划中，加强制度创新，加快推进云南职业教育治理体系和治理能力现代化，加大改革力度，释放改革红利，发挥公共政策的引导作用。

1. 构建以就业为导向的现代职业教育体系

教育是民生之首。发展职业教育是改善民生的战略举措，对提升劳动者就业创业能力、产业素质和综合国力都具有重大意义。建立健全职业教育体系是目前职业教育界学者呼吁最多的话题，应着力于打通中职教育与高职教育之间的"立交桥"，促进中职教育和高职教育协调发展，以此适应产业结构调整与经济发展方式转变对高技能型人才的迫切需要。产业转型升级是一个动态、持续的过程，对人才的需求也存在各种不同层次，在这种新形势下，对职业教育提出了更高的要求。构建现代职业教育体系是近年来职业教育界呼吁最多的政策议题，应着力于推动职业教育的产教深度融合，推动中职和高职、高职和专业硕士相衔接，打通高技能型人才培养的层次通道，推动职业教育和普通教育相互沟通，培养更多符合产业转型升级的高技能型人才。在这方面，云南的高职院校完全可以先行先试，构建人才培养"立交桥"，为其他地区乃至全国的职业教育改革发展做出表率和示范。这项工作必须加强中高职统筹，推动职业院校办出特色、中职学校优化专业结构。强化中、高职沟通协调机制，可以先由一所高职院校牵头，联合若干所中职学校，开展中、高职衔接试点，在专业建设、课程体系、人才培养标准和方案、师资梯队建设等方面做到无缝衔接。积极探索，积累经验，通过深化管理体制改革，深化办学体制改革，深化评价制度改革，创新队伍管理机制，推进中高职一体化办学。在具体实施过程中，深化学分制改革，探索发展双专科教育，完善专转本招生考试制度，高职与本科院校合作培养人才，加强中、高职教育沟通和衔接，延展技能人才培养体系，贯彻终身教育的理念，增强职业教育吸引力（秦祖泽等，2013）。此外，还要开展多种类型和层次的职业教育，包括高职和中职教育、职前和职后教育、学历和非学历教育、学历证书和职业资格证书教育，形成各类职业教育互相衔接、互相沟通、互为补充的现代职业教育体系。

2. 创新职业院校办学体制

云南职业教育在资金筹集、对接产业、敏锐捕捉行业信息方面存在不足，这与职业院校的传统办学体制存在一定关联。一直以来，云南职业教育人才培养沿用的都是传统办学体制，即国家进行财政投入，学校严格执行国家人事制度、财政预算，所要进行的建设项目都要经过很长的报批程序，办学活力受到严重影响。市场经济是最富有活力的经济，它可让人才、资本、技术等各种要素充分发挥作用。如果职业院校能通过办学体制的改革，引入股份制形式，创新职业教育体制机制，将会大大提高办学的主动性和活力，十分有利于职业教育与产业转型升级之间的互动。

在具体操作上，职业院校可以通过与有相似或者相同行业背景的企业共同作为投资主体入股投资职业院校建设，探索发展股份制、混合所有制职业院校。一方面，从职业院校的办学角度来看，解决了资金来源问题，充盈了办学的"钱袋子"；另一方面，股份制引进后，职业院校的管理也会发生改变。多元的投资主体使用权与经营权分离，产生了股东，形成了董事会的决策和管理机构，而董事会恰恰由相关行业和企业的投资主体构成，改变了以往传统模式下"学校人"单方面管理学校、引导学校办学发展的模式。来自企业和行业的各种"利益相关者"参与学校管理，形成"校企利益一体化"，这样不仅可以引进好的管理技术和方法，带来职业院校所需要的企业文化，而且能够清楚地了解企业、行业对产业发展的动态，培养的人才更加有针对性和适用性。在学校办学方面，更加贴切产业转型升级的需要，而且更便于对老师的培训。此外，在民办职业院校的问题上，积极支持各类办学主体通过独资、合资、合作等形式举办民办职业教育。

2.2.2 构建有利于"产教互动"的可操作性机制

大的原则和主张定下来之后，起关键作用的是机制。在制度框架内，构建云南职业教育与产业之间紧密联系的机制，对于形成职业教育与产业转型升级互动有十分重要的作用。

1. 建立省级职业教育与产业发展联席会议交流平台

政府通常在研究专项政策时，都是就该政策来研究该政策，如在研究产业转型升级与职业教育这两大领域的问题时，都是分开讨论研究的，就产业政策而研究产业政策，就职业教育而研究职业教育。这就人为地将相关联的，并且有着千丝万缕联系的两大体系隔开了（赵惠娟和刘晓萌，2009）。目前政府统筹的沟通交流机制与联席会议制度未能有效建立，使专业与产业对接失去重要平台和有效机制，在这种机制下，政府、企业、学校之间难免产生信息不对称的情况，导致对接产业与职业教育发展不能适应、互动效果不明显等问题。实际上，在研究与政策主体关联紧密的问题时，可以共同研究，这样能够从源头上减少政策实施之后出现的次生问题。我国政府部署工作、出台政策、科学决策、工作动员时，往往都是通过会议的形式来统一思想，达成共识。我国政治制度具有集中力量办大事的优越性，定下来的事项，执行起来具有极强的行动力。因此，要使职业教育支撑产业转型升级问题真正受到重视，取得良好成效，必须在省级层面的议事程序的初始就要把握主动。要树立"跳出职教抓职教，立足产业抓职教"的观念，贯彻中央关于经济发展"转方式、调结构"的战略部署和大力发展职业教育的一系列方针政策，真正落实"对接产业（行业），工学结合，提升质量，推动职业教育深度融入产业链，有效服务经济社会发展"的职业教育发展战略。在省级层面，建立产业发展与职业教育发展联席会议制度，定期研究、协调解决产业转型升级、职业教育创新发展问题，在政策层面为企业与职业教育搭建交流沟通的平台。构建这个平台，必须充分发挥其应有的功能与作用。具体负责部门可以很好地发挥协调作用，将省教育厅、省工业和信息化委员会、省商务厅、省发展和改革委员会、工商等与产业转型升级相关的一些部门纳入会议平台，共同解决发展中的问题，打破部门界限与壁垒，让职业院校更好地把握区域经济特别是地方经济产业结构调整的方向，让企业、行业更好地了解职业教育发展现状，做到彼此相互了解，心中有数，共同构建有利于职业教育与产业转型升级互动的体制机制。

2. 支持职业教育建立企业减税机制

企业与职业院校之间进行合作对接原本是市场自发的行为，但要在社会上形成企业支持、参与高职教育的浓厚氛围，政府必须要有鲜明的政策导向，积极鼓励企业关注和支持职业教育。目前仍有一些企业对于职业教育不太支持。要打破这个局面就要充分利用云南沿边金融综合改革试验区的优势，积极利用政策杠杆，充分调动企业投入职业教育的积极性。可以出台免税政策，对与职业院校进行校企合作的企业，向职业院校教师培训、学生顶岗实习提供机会的企业免税。例如，山东省联合财政、国税、地税等部门联合下发《关于支持发展现代职业教育有关税收政策的通知》，进一步明确了发展现代职业教育在营业税、企业所得税、个人所得税等几个税种方面的优惠政策。根据云南的实际情况，可以让省级教育、财政、税收等部门牵头，出台有关政策。在税收政策上，可以在企业缴纳所得税之前就将其扣除，退给企业，让企业承担顶岗实习学生的报酬。企业在职业院校人才培养过程中为学生实习和实训建立的实训基地，政府应当按照公益事业的相关政策，让企业享受比较优惠的税收政策。在校企合作中企业给予职业院校的一些捐赠支出，可以对其在所得税方面予以优惠，或者采取捐赠退税制度。另外，在校企合作中，双方在研制新技术、新工艺时产生的研究开发费用，可享受企业所得税优惠政策。此外，设立专项资金和企业高级技术人员定期到职业院校从教津贴，鼓励企业技术人员参与职业教育，这样会增强企业支持职业教育的积极性，为加强职业教育与产业转型升级互动提供动力。

　　3. 构建职业教育与产业转型升级的动态反应机制

　　产业转型升级与职业教育形成良好互动，要有紧密而又灵敏的动态反应机制。一方面积极应对产业转型的变化，及时评估和判断对职业教育的影响，并根据具体情况迅速做出反应；另一方面，产业转型升级的企业可以根据职业教育发展调整人力资源结构，更好地适应转型升级。

　　一是建立人才需求与供给预测机制。劳动力市场的供求关系状况影响产业的发展，这是产业转型升级中不可忽视的重要问题。因此，立足长远，加强对产业高技能人才需求的分析判断，建立多方人才需求预测机制十分必要。根据现在的体制情况，职业院校可以联系所在行业或者主管的政府部门，对开办相关专业所涉及的产业转型升级状况需要的人才开展调查研究，其中必须要解决几个问题：目前该产业人力资源状况如何？涉及的高技能人才未来 2~3 年需求程度如何？目前职业院校培养的人才供给情况如何？能否适应当下的人才供给需求？可以使用"灰色系统预测模型"等先进的方法进行预测。每年发布人才需求与供给预测报告向社会通报，对一些人才需求过剩的专业及时发布信息提醒，对人才需求量大的专业在高校招生录取时可以适当多给予一些招生名额，科学确定招生规模，以便在劳动力供求上建立良好互动机制。此举既方便了学生就业，又方便了企业招工。

　　二是推动形成学科专业动态调整机制。云南教育部门要指导云南按照区域内产业结构调整和升级的需要统筹职业教育发展，调整高职院校和专业布局，加快构建具有云南特色的现代职业教育体系，以此更好地服务云南产业转型升级的经济活动。在具体操作过程中，云南教育部门可以根据每年形成的《云南省普通高等学校毕业生就业情况通报》的信息，对一些专业的就业情况进行监测，连续三年就业情况不理想的专业，可以"亮黄牌"警告，甚至取消该专业。对职业院校新设专业的数量与条件提出明确要求，规定专业设置必须有明确的就业岗位指向，逐步淘汰就业岗位指向模糊、就业率低的专业，切实防止学校专业设置盲目横向扩张。另外，可根据产业发展的实际需求、人才需求预测的情况，既要富有前瞻性地新设立一些需求专业，满足产业和经济发展需要，又要克服盲目性，及时开设新专业，调整旧专业，淘汰陈旧落后的专业，从源头上提高人才培养的针对性和有效性。

　　三是形成教学内容的更新机制。职业院校教师通过校企合作机制把从企业学习的技术应用到职业院校的人才培养中来，本身就是一种人才培养适应产业发展的有效方式。教师所掌握的最新技能，要应用到教学中才能发挥作用。要在打牢专业基础课的知识基础之上，敢于打破教材内容的限制，及时根据产业应用型技术的发展情况，与企业联合开发教材，更新教材内容，注重结合产业实际，加大与企业、行业共同开发校本教材的力度，让人才培养更符合产业需要。

四是建立项目建设监控督查机制。省级教育部门每年对职业院校投入的项目建设都是促进职业教育与产业转型升级的重要举措，项目建设情况如何直接关系到职业教育发展的重要布局。不少职业院校对项目"重申报、轻建设"，导致项目不能按时完成，造成投入经费的很大浪费。因此要建立项目建设监控督查机制，进一步加强已立项国家级、省级职业教育重点项目的建设和管理，严格按照项目的建设要求和建设方案推动项目建设。对不履行建设承诺，没有达到建设要求的项目，取消项目建设资格，并且取消其今后申报国家级和省级项目的资格，建立约束机制，保障职业教育有效发展。

4. 推进职业教育评价机制改革

目前，职业教育评价主要是教育内部的评价，学校评价以政府和教育行政部门为主，学生质量评价以学校为主。社会、行业、企业及第三方参与评价的方面并没有纳入评价工作中来。这种缺陷导致了评价具有局限性，不具有科学性。这种评价制度往往导致职业教育所培养的人才不适应产业转型升级的需要，与行业、市场、企业的人才培养需求相差甚远。要促进产业转型升级与职业教育的良性互动，必须改革目前的职业教育评价制度，可以尝试建立起政府、学校、行业、企业共同参与的职业教育评价机制。在具体操作上，通过有关行业、企业、职业院校，或者职业教育集团联合体，针对某一专业，开发设立专业建设标准与人才培养标准，以此作为职业院校对该专业技能教学的标准。让企业、行业对职业教育进行全面的评价。建立以企业对职业院校毕业生的满意度为职业教育评价核心指标的评价体系，操作中以企业为主对职业院校培养的人才是否符合行业、企业发展的需要进行评价。每年进行一次，由企业以用工情况为标准向专业委员会报告对各个学校的满意度。在此基础上，逐步建立质量评价报告制度。通过推进职业教育评价机制改革，能够引导职业院校与企业和市场紧密联系，在制定人才培养目标和教学模式上形成倒逼机制，以此大幅度提高学生的技能水平和职业能力。

进一步调整优化专业设置和布局结构，主动适应云南产业转型升级战略和区域经济社会发展需求。

加大高职教育专业调整计划实施力度。完善高职教育专业设置管理办法，进一步完善学院申报、教育行政主管部门审批、国家备案、信息公开的管理机制；完善以高职教育专业设置信息平台建设为抓手，整合发布全国、全省各高职院校专业设置、招生就业及各地、各行业劳动力市场供需等方面的信息，加强引导各职业院校根据国家和云南的产业政策导向、区域经济社会发展需求和毕业生就业等实际情况，及时调整专业设置，优化专业布局，主动适应市场需求。实施"云南省高等职业院校提升专业服务产业转型升级能力建设"项目，按照云南"十二五"规划部署，围绕现代农业、制造业、旅游业等产业转型升级重点方向，以及战略性新兴产业、生产和生活性服务业等重点领域与地方经济社会发展需要开展工作，支持 50 个左右紧贴产业转型升级需求、校企深度融合、社会认可度高、就业乐观的专业进行重点建设，推动高职院校创新体制机制，加快人才培养模式改革，整体提升专业发展水平和服务能力，为云南建设民族文化大省、绿色经济强省和面向西南开放的"桥头堡战略"输送大批高端技能型专门人才。

依托行业设置专业课程体系，根据产业转型升级的需求和趋势设置课程。职业院校要根据产业转型升级的需求设置课程。新设课程事先要进行科学的产业转型升级调查和预测。课程内容要注重反映产业转型升级实践的直接需要。新加坡、澳大利亚的职业院校的大多数课程，就专门反映企业遇到的生产技术问题和其所处的工作环境。除了根据产业转型升级的需求开设相关课程外，课程内容要强调贴近工作实践，能够反映学生将来工作的实际。在教学环节上，要突出教学环境与实际工作环境的一致性。德国的职业技术学院通过课程改革形成了一个全新的以公司为中心的课程结构。确保教学内容始终反映企业的实际需要。产业部门（企业）直接参与学校课程设置。充分发挥行业专家的咨询指导作用，依托产业内骨干企业专家、高级管理人员组成专业发展指导委员会，或定期邀请一些产业部门（企业）参与专业人才培养方案的制订和专业课程的建设。应让本行业的专家全程参与各专业的教学计划制订、专业课程体系设置、任课教师选择等环节，使各专业的人才培养方案较好地适应与满足职业技能教学和培养的需要，符合产业对专业人才培养规格的要求。同时，要对各专业近期的毕业生在工作岗位上的职业胜任状况进行全面的调查，充分把握各专业依托产业人才需求变化的特点和趋势。

依托产业建设实践教学体系。职业教育专业建设的重要性并不亚于普通高等教育。实践教学既是职业教育专业建设的主要特色所在，更是其生命力所在。职业教育的实践教学体系在内容上主要可以分为实验、实习、实训三个子体系。

实验教学方面，应根据职业教育的特点和区域产业转型升级状况，慎重地选择和审定所开展的实验项目，并通过充实实验内容、改进实验方法来加强和深化实验教学。第一，充实实验内容。结合产业转型升级的实例，改革或更新传统、陈旧的实验内容，对实验内容进行系统的优化组合，并结合教学、科研和生产的实际需要，有意识地设计、设置一些障碍性实验。此外，可以通过开设第二课堂、成立学生课外兴趣小组等形式配合实验教学，丰富实验内容；还可以用产业科技成果来充实或更新实验内容。第二，改进实验方法。充分利用产业转型升级的最新工艺和方法进行实验教学，改变传统的实验方法，培养学生独立思考、设计和操作等能力。实验课应理论结合实际（以产业实际案例为铺垫），边讲解理论知识边进行实际操作。此外，还可跨学科、跨专业或结合与产业界合作的科研课题、工程项目开展实验教学，拓宽学生的专业知识面。

实习教学方面，实习教学是学生接触生产实践和参与工程项目的主要实践环节，可通过加强产学合作、优化实习内容等途径，满足职业教育对学生实践能力培养的特殊需要。依靠产业背景并依托企业优势，成立由学校与产业界（企业）有关专家组成的专业指导委员会，共同审定和安排教学计划及实践教学环节等，并从以下几方面加强与产业界（企业）的合作。一是积极设立、巩固和发展校外实习基地，为学生实习提供实践场地，并聘请有专长和实践经验的企业技术、管理人员担任实习指导教师；二是依托产业界（企业）的职业技能鉴定与培训中心，为学生参加职业技能资格或岗位的培训与考核创造条件；三是建立专门的实习（实训）基地或相对稳定的实习点、实习网等，为学生毕业实习或毕业论文写作（设计）提供实践岗位或应用课题。为了促进实习教学与产业转型升级的深度融合，培养学生的创新意识和技术应用能力，可通过下列途径优化实习内容：其一，让学生参加岗位实践，实地了解企业的生产任务、技术设备、工艺方法、质量标准、运行管理、经营销售等环节或流程；其二，让学生了解工艺规程的制定或修改，参与新设备的设计，新技术和新产品的开发或应用，工程项目的设计、组织和实施等企业技术革新工作；其三，在条件许可的情况下或创造条件，让学生真题真做，独立完成产品设计和制作，或承接工程项目和应用课题等。

实训教学方面，职业教育的实践教学环节除安排学生参加实验室的实验和校办工厂、企业生产现场的实习外，还应进一步建立适合职业教育自身特点的实训基地。为学生提供仿真模拟训练的环境及生产实践、工程项目、科技开发的应用课题等，并通过开拓实训领域和提高实训水平等途径，强化和拓展实践教学的功能。校内实训基地建设可通过企业赞助等多渠道集资的方式建立实训中心，根据行业技术领域、职业岗位（群）和职业专业对技能、技术应用能力培养的要求，设置实训项目或建立实训工厂（模拟车间），并将部分课堂教学转移到实训现场。校外实训基地建设可通过产学结合、校企合作等办学形式，在职业教育专业对口的行业（企业）设立实训基地，或与其共建实训基地，学校负责理论教学环节，行业（企业）负责实践教学环节。为学生对口实习、顶岗实践等实训提供先进的生产工艺与设施。职业院校应与产业部门和科研单位协作共建专项实训室，实现优势互补，资源共享。实训基地应积极开展科技成果推广、生产技术服务、科技咨询和开发等科技工作及社会服务活动。在实践教学中不断提高教师的学术水平和专业实践能力，并将科研开发、生产实践和工程项目中的新技术充实到实践训练中去，提高实训教学技术水平，增强学生应用新技术的能力。

2.2.3　不断加强高职院校基础能力建设

为满足云南产业持续快速发展对技术技能人才的紧迫需求，既要从点上布局，又要从面上连线，立足长远，多做一些基础性和长远性工作，夯实职业教育专业建设、学科建设、教师队伍建设，加强高职教育的内部综合治理，为进一步对接云南产业结构调整、满足社会发展需求，促进自身能力的提升。

1. 启动示范性特色专业群建设，对接产业转型升级

职业教育的专业建设支撑着高职教育的发展，可以说专业建设情况是衡量高职教育水平的重要标志（赖先进和许正中，2010）。要适应未来云南产业转型升级的需要就必须加强专业建设，奠定扎实的基础。从产业转型所需的技术来看，产业转型的专业需求不是某一个专业就能完全满足的，还需要以该专业为核心的"外围技术"支持，而这种"外围技术"正是多种专业组合而成的，不是某一个单向独立的专业可以完成的。因此，除了课程的专业设计要符合产业转型升级的要求之外，更要在这种"设计"上符合未来学生职业生涯过程中的需要。省级教育部门要立足项目引导，以增强职业教育体系与现代产业体系的适应性为目标，以现有省级示范性特色专业为基础，以云南新兴产业发展和产业升级为导向，每年可以在中高职教育中各遴选10个左右与云南新兴产业、特色产业发展对接最紧密或需求最迫切的核心专业，建成省级示范性特色专业群。这是增强职业教育吸引力、提升其区域产业发展服务能力的基础。要通过项目的引领，充分发挥政策的杠杆作用，将资金、设备等要素集中在重点项目建设上，同时也要完善相应的配套制度建设，加强宏观管理制度建设，营造职业教育改革发展的良好环境，奠定学科专业建设的基础。在这个过程中，云南高职院校要善于选择重点项目，抓住重点项目不放，以重点带一般，促进学校整体水平提升，集聚高职教育自身的"硬通货"。

2. 启动校企合作共建实训基地建设项目

省级政府部门，要立项一批校企合作共建实训基地建设项目，鼓励和引导云南国有大中型企业参与职业教育，进一步推动校企合作育人、合作发展，加强品牌特色专业和专业群建设，加强高水平示范实训基地建设，深入推进校企合作、产教结合，支持建设与战略性新兴产业、地方支柱产业、特色产业紧密结合的高等职业教育"高水平示范性实训基地"。每年接收一定数量的职业院校教师到企业顶岗实践，学习企业最先进的技术技能，让教师更加了解产业在转型升级过程中，需要什么样的技术，并很好地掌握这些技能，更准确地教授学生，以此提高教学和应用的匹配度。省级教育部门可以在实训基地规模、效益等方面设计一定的考核指标，对于达到条件的项目省里将给予一定的专项经费支持，在此过程中，加大对企业的补贴和奖励力度。省级教育部门要深入引导学校开展"工学结合"的教学模式，学生在学校进行一段时间的专业技能学习，再到企业进行"顶岗实习"，由政府财政负担学生顶岗实习的费用，不给企业增加负担。在这一过程中，学生不断将在学校学习的知识与在企业学习的技能相结合，以提高应用能力。此外，还要大力鼓励企业与职业院校合作兴办技术创新机构，合作组建产学研联合体。中小企业应充分利用职业院校资源，可将研发基地、中试基地建在有条件的职业院校，共同开展项目研究。推行名师带徒制度，创建"技能大师工作室"，提高企业技能型人才的整体水平。鼓励规模企业设立"名师工作站"，为职业院校教师顶岗实践和开展应用技术研究提供便利条件，促进"双师型"教师队伍建设。同时，推进校企联合开展企业员工培训。企业应结合对高技能型人才的实际需求，与职业院校联合制订培训计划，选拔实习指导教师，组织学员参与技术攻关，鼓励企业依托职业院校对在职员工进行培训，加强企业与高职院校的融合。

3. 加强教师团队建设

教师在产业转型升级与高职教育互动方面起到基础性作用，教师具备的能力水平、专业素质，直接影响人才培养的质量，因此要把教师队伍建设作为一项基础性工作来抓，务求实效。要加快"双师型"结构教学团队建设，提高教师的专业化水平。建立职业院校教师职业资格认定制度，结合云南产业转型升级的实际，构建专业教师认证培训体系。规定中职学校新进专业教师必须具有与任教专业对口的本科学历，并取得"专业技能教学水平合格证书"，高职院校新进专业教师，必须具备与任教专业对口的硕士学位，并取得"专业技能教学水平合格证书"。不断完善职业院校专业教师培训与考核制度，在组织中职专业教师轮训的基础上，开展职业院校教师提高培训，切实提高教师的教学能力和实践能力。要构建有利于教师成长的制度环境，深化改革职业院校教师专业技术职务评审制度，完善优秀教师遴选制度，加大对年轻教师的培养力度，完善教师成长激励机制，创造优秀教师成长的环境。严格实施专业教师顶岗实践制度，积极开展学校本级培训，聘请企业专家和管理、技术骨干担任兼职教师。加大"双师型"教师队伍建设力度，鼓励职业院校设立"技师工作站""工程师工作站"，为"双师型"教师的培养创造条件。制定职业院校"双师型"教师的认定及管理办法，把实际教学成果和人才培养质量作为重点考察指标，建立健全职业院校教师企业实践制度，规定专业教师每两年必须有两个月参加企业岗位实践。同时，还要注意及时总结经验和典型，及时表彰一批在专业建设、教育教学改革和应用技术研究中发挥重要作用的"双师型"教师，引导整个工作的推进。加强骨干教师队伍建设也很重要，要注重充分发挥专业带头人、优秀"双师型"教师、优秀专业教学团队在专业教学中的引领带头作用。

4. 加强高职院校内部治理

治理，意味着改变以往单纯的管理形式，转变为多方共同参与的管理，加强高职院校内部治理，完善内部治理结构，这对于提高人才培养质量，更好地发挥职业教育深入对接产业的积极作用具有深远意义。要建立完善的依法办学、自主管理、民主监督、社会参与的现代学校制度，这是推进职业教育治理体系和治理能力现代化的基石。以高校教育管理和办学活动全面纳入制度化轨道为目标，建立科学决策和民主监督机制，充分发挥教师和行业、企业专家治校的作用，实行民主、开放、科学管理。不断完善学校内部治理结构，建立和完善高职院校的办学章程，推行中职学校校长负责制和高职院校党委领导下的校长负责制，推行校长任期目标责任制考核，实施教职工代表大会制度、校务会议制度、校务公开制度等工作制度，全面加强现代高职院校制度建设，为高职院校健全党委领导、校长负责、学术自由、民主监督的内部治理体系提供基本制度，以此提高高职院校领导层的治校水平、管理水平和引领发展的水平。全面开展高职院校规范性文件的清理，完善各项管理制度，形成以章程为核心的制度群。要加强教育教学常规管理。完善专业建设方案、专业教学标准、人才培养方案、学生学籍管理，加强实习实训，尤其是顶岗实习管理，全面提高职业教育人才培养质量。按照精细化管理的要求，加强教学管理制度建设，对各项教学常规管理制度查漏补缺，不断完善和修订各项制度，提高高职院校办学的运转效率和效能，推动建设一大批高水平示范职业学校。

西方发达国家的创业率远高于我国，原因之一在于其职业教育的发达，部分国家职业教育的发展甚至超过了学历教育。可以说，职业教育是实现大众创业、万众创新的重要基地。

职业教育注重应用技术人才的培养。创业不是纸上谈兵，而是提供实实在在的产品或服务，并且被市场接受，这就要求创业者具有专业的技术水平和丰富的实践经验。职业院校以专业技术、技能的培养为主，基础文化知识的教育为辅，更加注重学生的实践技能和实际工作能力。这与对创业者的素质要求不谋而合。

职业院校与企业的联系密切。应用技术的学习、实践能力的培养不能脱离市场的需求，因此职业教育紧跟当地产业的发展，校企合作频繁密切。职业院校的专家为企业员工提供培训、技术指导，企业为职业院校提供实验场所、实习基地，形成双赢的合作关系。这样的模式让学生真正走进企业，学习前沿的技术，了解市场的需求，为创新创业奠定一定的基础。

职业院校的教师有在企业工作、实习的经验。职业院校要求教师不仅要有理论知识，还要有较强的实践能力，部分教师曾在企业从业多年，是某个领域的专家。职业院校要求教师必须每年深入企业学习，其实践经历和经验能为创业实践或创业活动提供可靠的指导。

职业院校的学生创业意愿较强。麦可思研究院的调查数据显示，高职高专毕业生创业比例为 3.8%，高于本科毕业生创业率。虽然职业院校毕业生的就业率高于本科院校，但薪资待遇水平低于本科毕业生，使得职业院校的学生具有更强烈的创业意识，为职业院校培养创业人才提供了先天的有利条件。

2.2.4 综合统筹一般性职业教育的专业设置、调整专业结构

1. 强化政府主导，调整专业布局

云南省一般性职业教育的专业设置过于集中在第三产业，而与第一、第二产业相关的专业设置则明显不足，特别是与第二产业相关的专业发展更为薄弱，全省一般性职业教育专业结构极不平衡。要改变这种结构匹配严重错位的现状，需要大力发挥政府的统筹作用。

（1）调整第一产业专业内部结构。一方面，政府要根据市场需求调整专业结构的规模和数量；另一方面，要注重加强组织技术培养和培训工作，促进第一产业大量剩余劳动力的有效转移。

（2）扩大第二产业专业设置。从产业结构发展来看，第二产业对人才的需求缺口仍较大，专业设置不足已成为制约云南省经济发展的瓶颈。大力发展烟草、电力、能源、化工、生物产业等特色优势产业是云南省第二产业稳定发展的保障。与此同时，政府也必须提高对第二产业专业的重视程度，加强第二产业专业设置的力度，保证人力资源对第二产业的持续供应。

（3）控制第三产业专业发展规模。随着服务行业的发展，第三产业专业建设优势明显，但规模的盲目扩张易引发"就业拥堵"现象。政府要通过社会调研明确社会需求，为学校提供岗位、就业、人才需求预测等信息，扩展第三产业涉及的就业缺口较大的专业，如旅游服务与管理、酒店服务与管理、保安等，缩减市场需求接近饱和的专业，如计算机应用、汽车应用与维修、文秘等。通过政府的宏观导向作用，建立适应产业结构发展的专业结构布局。

2. 加大投入力度，发展支柱产业专业

支柱产业是推动经济发展的引擎，近年来云南省支柱产业的经济贡献率呈持续上升态势。而云南省一般性职业教育学校在支柱产业专业方面建设不足，专业建设实力匮乏，不能满足支柱产业发展的需要。为适应云南省大力发展支柱产业的经济形势，一般性职业教育学校在设置专业时，要加大投入力度，重点扶持支柱产业中电力、有色金属、化工、旅游业等相关专业的建设。要通过常年招生的方式确保支柱产业专业的招生规模，充分利用当地的资源禀赋，增强支柱产业与

专业设置的吻合度，同时加大校企合作力度，为支柱产业的发展提供充足的人力资源。

3. 依托区域经济，推进专业群建设

专业群是由一个或多个办学实力强、就业率高的重点建设专业作为核心专业，若干个工程对象相同、技术领域相近或专业学科基础相近的相关专业组成的集合。由重点专业辐射带动相关专业所形成的专业群建设有利于专业结构的优化配置。从前文的分析中可知，云南省一般性职业教育学校专业设置重复率高、聚集度低的现象普遍存在。因此，依托本省各区域主导产业，推进专业群建设很有必要。云南省要从行业和社会发展的实际需求出发，结合本省区域经济的特点，逐步构建以几个重点专业为核心，相关专业为支撑的专业群。实施专业群建设需要依据不同的专业筹建职业教育指导委员会，建立健全相应的组织机构，建立校企定期对话的机制，制定日常工作机制，推进课程与教学改革，创新专业教学方法，重点建设各区域主导产业的专业群，使之服务于云南省经济结构调整和产业升级的需要，服务区域经济社会发展。

4. 瞄准市场趋势，打造新兴专业

新兴产业是指随着新的科研成果和新兴技术的发明、应用而出现的新的部门和行业。新兴产业的发展有效地拉动了地区经济的发展，也产生了大量岗位需求。目前，随着云南省现代生物、光电子、节能环保、新材料、新能源、高端装备制造等产业的快速崛起，面向以生物工程、新能源开发利用、光电子、新材料、环保资源等为基础的专业亟待建设。因此，一般性职业教育学校要提高对新兴产业的敏锐度，适时抓住机遇，根据产业发展趋势，及时开设新兴产业专业，以有效弥补岗位需求。通过工学结合、校企合作实行订单式的培养是解决新兴产业发展与专业设置，实现学生对口就业的有效途径。以新兴产业带动新兴专业发展，培育新的专业领域，可以更好地协调专业设置与产业发展的问题（Martinus and Stephen，2006）。职业教育应充分体现出为地方经济发展服务的功能。一般性职业教育的专业结构通过影响人才结构的形成，最终作用于产业结构。主动调整一般性职业教育的专业结构、优化专业设置以适应产业结构的发展，是实现专业设置与产业结构紧密对接的前提。云南省一般性职业教育学校在专业设置上应该与产业结构相吻合。调整专业布局、突出支柱专业、推进专业群建设、打造新兴专业，可以使云南省一般性职业教育与当地经济之间达到最优化发展，真正起到服务社会的效果。

2.2.5　企业主动承担社会责任

职业教育是与经济结合最紧密的教育，而企业又是经济活动中的主体，企业

对职业教育的作用是很重要的一个方面（秦祖泽等，2013）。企业支持和资金投入对职业教育的发展起着关键性的作用。因此，企业必须忠实履行社会责任，完善企业内部治理结构，重视对员工人力资源开发。

1. 忠实履行社会责任

企业作为市场经济中的主体，在社会生活中不断创造价值和利润，这些都是在社会的生产实践中得来的，是社会综合作用的结果。从一定程度上说，企业创造的价值来源于社会。一个有责任感的企业或者企业家，会非常重视感恩社会，回馈社会，在社会生活中尽责。职业教育是民生教育，在经济社会发展中起基础性作用，又与企业休戚相关。因此，企业特别是国有企业必须高度重视国家"大力发展职业教育"的政策与决议，积极参与到职业教育中来。要强化国有企业的社会责任，国有企业根据自身的优势加大对相关职业院校专业建设的帮扶，为它们捐赠机器设备，提供见习岗位，与职业院校共建实训基地，加强与职业院校的合作，选派经验丰富的员工到职业院校担任兼职教师，为职业院校带去最先进的应用型技能，共同对技能进行攻关和研发，共同开发教材，共同培养学生，共同创造价值。这些工作，对于企业来说，不仅是对企业发展的投资，也是对社会的投资，做好这些工作，是企业良心所在。

2. 完善企业内部治理结构

目前，有些国有企业的治理模式，还存在计划经济时代的影子。企业和员工的生活、培训都包揽、包办，给企业的发展带来很重的负担。一个很重要的因素就是企业内部的治理结构没有理顺。所谓公司治理，就是指通过一整套包括正式的或非正式的、内部的或外部的制度来协调公司与所有利益相关者之间（股东、债权人、员工、潜在的投资者等）的利益关系，以保证公司决策的科学性、有效性，从而最终维护公司各方面的利益（童丰生，2010）。有些企业开设自己的员工培训机构，从教室的建设、教材的编写、设备的选购、教师的招聘等，均开展了相关工作，可以看做小规模的职业院校，每年所投入的成本很高，但是毕竟是企业办学，对教学教育的规律难免把握不准，因此，培训的效果在一定程度上大打折扣，也给企业的利益带来损失。创新公司内部治理结构很有必要，可以将企业培训的工作交给职业院校，或者由企业与职业院校共同来培训企业员工。这一过程中，企业可以选取优质职业院校进行合作，每年给职业院校投入一定的设备和资金，选派优秀的、富有经验的员工与职业院校教师一起担任培训教师。职业院校发挥长期办学所积累的经验和文教资源优势，企业从物质、资金、人力方面加大投入，把支持职业教育当成自己的事情。这样一来，相较于企业自己开办培训机构，成本大大降低，节省出来的资金可以投入研发等其他领域。同时也是对职业院校的支持，这正是职业院校所需的，通过企业的参与合作，职业院校的办学水平会大大提升。

3. 重视对员工人力资源开发

马克思主义认为，人是生产力发展中最活跃最具革命性的因素。"人"的作用十分关键。对人的开发不同于对物质的开发，人具有主观能动性，潜力无限，创造力无限，在很大程度上，人作为一种珍贵的资源可以保值增值，为企业创造更多价值。因此，企业要高度重视对员工人力资源的挖掘与开发，定期对员工进行"充电"。在完善企业内部治理后，可以与职业院校长期合作办学，既可把云南职业教育与产业转型升级中进行互动研究的员工放入职业院校联合进行培训，又可在职业教育中，联合制定人才培养目标，共同创办人才培养模式，一起研发教材，一起培养优秀学生，择优将具有优质潜力的学生送入企业进行工作。从职业院校选到企业中去与从企业放到职业院校来成为一种良性互动，不断对人力资源进行开发，为企业创造更优更富效能的价值。这对职业教育也是一个很大的鼓励与鞭策，其不仅履行了服务经济社会发展的职能，而且在实践中促进了自我提升，自我完善，向着职业教育更高层次发展。

2.2.6 引导社会正确认识职业教育

目前，社会上对职业教育的看法存在偏见，普遍更为重视传统高等教育的学历教育，轻视职业教育的技能教育，从根本上来说，既存在对职业教育的认识不全面，也存在对成才标准评价的不完善。要使产业转型升级与职业教育形成良性互动，就必须在社会上形成关心职业教育、支持职业教育的浓厚氛围。

1. 加大对职业教育理念的宣传

正因为很多人不理解职业教育，因此许多人对职业教育存在片面认识，导致偏见的产生（姜大源，2006）。目前，社会上很多人都不知道职业教育到底是什么教育，是为什么服务的教育，职业教育也缺少社会话语权。今后，职业教育界要更加注重社会上的"职业教育"话语权，多在媒体上发声，宣传职业教育的理念，让公众明白，经济社会发展需要高技能型、应用型人才，让社会公众知晓职业教育的目标是促进经济社会发展，经济社会发展过程中不能缺少职业教育。一些职业院校可适当设立学校"开放日"，选取一两天的时间，对学校进行全部开放，允许社会公众前来参观职业院校的教学活动、教学管理、学生活动、后勤工作，全方位地接受公众的参与和监督。此外，要注重及时选树职业教育服务区域经济发展，为产业转型升级创造丰厚价值的典型人和事，并在社会上广为宣传，让公众真正了解职业教育，正确看待和全面认识职业教育给社会带来的价值，不断提高职业教育的吸引力。

2. 要改变对"人才"的评价标准

以往社会大众对人才的评价标准往往是以学历论成败，许多人认为学历越高就越是人才，会读书就是人才，这是在高考指挥棒下长期积累所形成的错误观念。这就导致在社会生活中，重视学历，轻视技能，以学历论高低。社会中，不乏高学历的人，甚至是拥有博士学位的人，他们在社会生活中动手解决问题的能力很差，对社会的贡献不大，有的甚至成为社会的负担，正所谓"高分低能"。人们往往被高学历的光环蒙蔽，忽视其他方面的评价，"晕轮效应"随之产生。要及时改变对"人才"的评价标准，不能只看学历高低、职位的高低，而是要注重其在经济社会发展中对促进生产力发展发挥了何种程度的作用。社会需要方方面面的人才，缺少任何一方面的人才，都会导致社会无法运转，带来社会问题。有的人可能会研发、设计机器，但是不一定会组装机器，更不一定会解决机器运转中的小问题。"三百六十行，行行出状元。"因此，要改变对人才评价的标准，要巩固和树立人人皆可成才的观念，让人人都做出贡献、人人都能够成才，在社会上倡导尊重知识、尊重技能、尊重劳动的浓厚氛围，实现各类人才群体的协调发展，促进人的全面发展。

3. 职业院校的学生要提高自身人文素养

职业教育给人带来的印象，往往通过职业院校的学生给人带来的印象体现出来。目前，职业教育在教学和学生培养过程中，十分注重技能教育，所培养的学生对技能有着强烈的认知和认同，这是在职业院校中长期进行专业训练的结果。然而，许多职业院校长期忽视对学生人文素养的教育。许多学生毕业后走向社会，他们对文学、艺术、人文、社会科学、音乐、礼仪等方面的知识知之甚少，甚至非常陌生，不会欣赏高雅音乐，不懂体育运动的规则。而往往能够体现一个人的文化和素养的正是人文素质，人文素质缺失，在社会生活中的言谈举止就显得"没文化"，难免被人低看。因此，职业院校的学生要加大人文素养的积累，除了技能的进步之外，人文精神也要同时进步，做有文化、有品位的高技能型人才，以自己精湛的技能、较好的人文素养赢得大家的认可和尊重。

第3章 云南省职业教育计划管理信息平台 Power On 设计

3.1 项 目 背 景

3.1.1 系统建设的背景

2012 年 11 月，为促进职业教育改革创新，提高办学水平的世界银行贷款云南职业教育发展项目在云南正式启动。世界银行贷款云南职业教育发展项目是经过国务院批准，由云南省人民政府担保借用世界银行贷款，提高云南职业院校开展职业教育和培训整体能力的改革创新项目。该项目的实施，将提高项目院校开展职业教育与培训的整体能力，围绕专业群建设，提升项目院校办学水平，提高职业教育与培训的质量，满足相关行业发展的技能人才需求，服务云南的经济发展。

影响职业教育的因素有社会、政治、经济、文化、教育等多个方面，其中经济是影响职业教育的主要因素。经济因素主要包括国内生产总值（gross domestic product，GDP）增长状况、经济发展水平、经济发展模式、市场的理性化程度、产业结构、企业结构、劳动力市场模式、劳动力失业状况等。

当前正处于全产业的转型升级时代，在"互联网+"战略的推动下，现代职业教育制度的建立和职业教育规模的扩大，以及现代意义上的职业教育课程的设置，都与"互联网+"有着直接或间接的联系。职业教育在"互联网+"时代会是一个很大的热点，服务于企业转型升级。

根据问卷（见附录 1）调查结果可知，云南职业教育还存在一些问题，而解决问题的重要途径之一就是云南职业教育动态对接、匹配、支撑云南产业转型升级发展计划。这里重点探讨该计划的设计及实施管理问题。

3.1.2　系统建设的目标

云南职业教育动态对接、匹配、支撑云南产业转型升级发展计划设计及实施管理主要体现在将整个计划当做一个"大项目"来设计和实施，当云南产业转型、升级和发展出现特定的变化时，云南职业教育必须在"计划这一大项目"上动态对接、匹配和支撑。

教育机构利用现代信息技术，通过信息资源的深入开发和应用，完善职业教育，服务于产业发展，满足人才对经济发展的要求，加强人才结构与产业的对接，加强职业教育与产业发展沟通桥梁建设，加强职业教育与产业发展信息沟通，加强职业教育满足云南特色产业发展，培养特色人才。

3.2　系统规划原则

3.2.1　系统功能框架

云南职业教育计划管理信息系统的设计架构分为四个层次，即编码规则体系层、业务管理层、工作流控制层及协同平台和沟通中心层。

编码规则体系层：云南高职教育机构统一编码规则体系层，用以规划整个云南职业教育管理框架体系。建立贯穿及关联所有模块的整个职业教育的专业分解结构、组织和责任分解结构（organizational breakdown structure，OBS）、WBS、职业教育资源分解体系（resource breakdown structure，RBS）、教育经费体系（cost breakdown structure，CBS）、知识和文件分类体系（knowledge breakdown structure，KBS）。

业务管理层：包含培养目标、培养周期、教育经费控制、培养教学质量、风险管理、文档管理等功能模块。

工作流控制层：通过管理网络与业务处理流程预定义可以规范企业管理行为，按照规范化流程执行项目管理，实现"有源"的流程控制。

协同平台和沟通中心层：是职业教育相关干系人相互沟通和信息共享的门户。

该系统在物理架构方面，采用的是目前流行的 B/S 结构，即 browser/server（浏览器和服务器）结构，可以最大限度地发挥网络的优势，节约经费，实现企业即时信息的共享。

3.2.2　系统设计原则

云南职业教育计划管理信息平台要满足动态性原则。职业教育对接产业转型的信息化平台的建设绝非一劳永逸、一步到位的事情，而是一个不断循环的动态过程，它和整个教育的发展是相辅相成的。随着教育水平的提高和教育需求的不断增加以及云南产业转型的发展，该平台的功能和内容应该不断地完善和更新，以适应时代发展的要求。

云南职业教育计划管理信息系统要满足可扩展性原则。该平台的建设还是一个比较模糊的概念，它的理论和实践都还不够成熟，因此对它的设计不可能一蹴而就。很多模块的指标和逻辑关系还要进一步深入研究，系统要有二次开发的功能。

云南职业教育计划管理信息系统要满足规范性原则教育。该平台的建设必须符合教育教学的规律和特点，对学科、年级、资源种类、文件格式等进行定义时要遵循或参考统一的规范和标准，并结合实际建立一个标准化的资源库体系。

根据《云南职业教育的核心内涵及要素研究报告》，云南职业教育动态培养计划，即 WBS 结构设计，如表 3-1 所示。

表 3-1　WBS 结构设计

基线 WBS	基线相应指标	云南产业转型升级要素变化相应的 WBS/指标变动	WBS/指标定量变动值	云南产业转型升级要素变化相应的 WBS/指标变动的绩效评估
定位与目标		定位与目标变动	+/−	效率和效益要素评估
双师型师资队伍培养及建设		双师型师资队伍培养及建设变动	+/−	效率和效益要素评估
教学资源支撑体系		教学资源支撑体系变动	+/−	效率和效益要素评估
培养过程管控体系		培养过程管控体系变动	+/−	效率和效益要素评估
培养周期管控体系		培养周期管控体系变动	+/−	效率和效益要素评估
质量保障体系		质量保障体系变动	+/−	效率和效益要素评估
经费投入及创新投融资模式		经费投入及创新投融资模式变动	+/−	效率和效益要素评估
课程体系		课程体系变动	+/−	效率和效益要素评估
实践教学体系		实践教学体系变动	+/−	效率和效益要素评估
多层次学生发展模式		多层次学生发展模式变动	+/−	效率和效益要素评估
学生发展后评估体系		学生发展后评估体系变动	+/−	效率和效益要素评估
风险管控体系		风险管控体系变动	+/−	效率和效益要素评估

云南职业教育计划管理信息系统需要进行二次开发，在系统二次开发

前，需要对各模块涉及的业务流程和相应的指标进行调研和分析，厘清各模块之间的逻辑关系和各指标数据间的逻辑结构。根据现有研究的情况，Power On 系统的二次开发平台可以将系统的框架结构简易地搭建起来。

3.3　系统功能说明

3.3.1　培养目标

　　根据云南省的产业现状，云南省教育厅提出本年度职业教育目标，根据教育厅提出的职业教育目标，各级各类学校提出本年度的培养目标，再根据学校的培养目标提出课程与教学过程目标。培养目标管理、年度计划、管理类别具体如图3-1~图 3-3 所示。

作业代码	作业名称	原定工期	开始	完成
FQ 辅桥工程		1089d	04-05-01 A	07-04-24
FQ.D1 D1标（辅桥工程）		1089d	04-05-01 A	07-04-24
FQ.D1.01 专用航道桥施工		1058d	04-06-01 A	07-04-24
FQ.D1.01.003 打设钢护筒，搭设施工作业平台		144d	04-06-01 A	04-10-22
辅桥工程总控制计划（二级计划）		107d	04-06-01 A	04-10-22
STD1030	打设钢护筒，搭设施工作业平台	107d	04-06-01 A	04-10-22
D1标段控制计划（三级计划）		144d	04-06-01 A	04-10-22
D3010	78#墩平台钢桩插打	20d	04-06-01 A	04-06-20 A
D3020	78#墩搭设平台	40d	04-06-11 A	04-07-20 A
D3070	79#墩平台钢桩插打	20d	04-07-01 A	04-07-17 A
D3080	79#墩搭设平台	30d	04-07-08 A	04-08-06 A
D3030	78#墩第一台塔吊安装	15d	04-08-24	04-09-07
D3050	78#墩混凝土搅拌站安装	45d	04-08-24	04-10-07
D3060	78#墩钢护筒插打	50d	04-08-24*	04-10-12
D3090	79#墩第一台塔吊安装	15d	04-08-24	04-09-07
D3110	79#墩混凝土搅拌站安装	45d	04-08-24	04-10-07
D3120	79#墩钢护筒插打	50d	04-08-24	04-10-12
D3040	78#墩第二台塔吊安装	15d	04-10-08	04-10-22
D3100	79#墩第二台塔吊安装	15d	04-10-08	04-10-22
FQ.D1.01.004 钻孔灌注桩施工		146d	04-10-13	05-03-07
辅桥工程总控制计划（二级计划）		146d	04-10-13	05-03-07
STD1040	钻孔灌注桩施工	146d	04-10-13	05-03-07
D1标段控制计划（三级计划）		146d	04-10-13	05-03-07
D4010	78#墩钻孔桩施工	126d	04-10-13	05-02-15
D4040	79#墩钻孔桩施工	126d	04-10-13	05-02-15
D4020	78#墩桩身混凝土超声波检测	100d	04-11-18	05-02-25
D4050	79#墩桩身混凝土超声波检测	100d	04-11-18	05-02-25
D4030	78#墩桩基压浆	50d	05-01-17	05-03-07
D4060	79#墩桩基压浆	50d	05-01-17	05-03-07
FQ.D1.01.005 拆除施工平台		20d	05-03-08	05-03-27
辅桥工程总控制计划（二级计划）		20d	05-03-08	05-03-27
ST3-1050	拆除施工平台	20d	05-03-08	05-03-27
D1标段控制计划（三级计划）		20d	05-03-08	05-03-27
D5010	78#墩平台拆除	20d	05-03-08	05-03-27

图 3-1　培养目标管理

图 3-2　年度计划

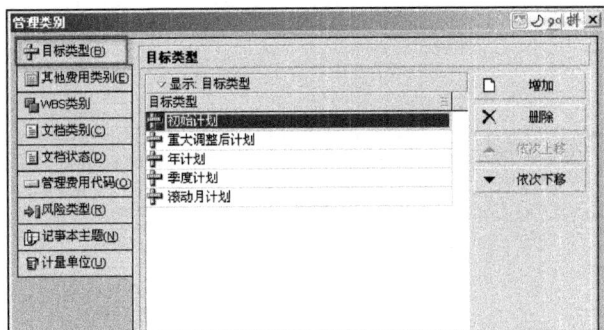

图 3-3　管理类别

Power On 系统培养目标管理具有以下功能。

（1）具有目标的建立、维护，以及将现行计划保留成为目标的功能。

（2）具有主要目标（培养周期、教育资源、教育经费）与培养计划结合功能。

（3）具有一个培养计划可以有多个目标项目对比的功能。

（4）具有可视化培养目标组合分析对比功能。

（5）具有目标监控值设置、定期监控功能。

（6）具有警示提醒功能，便于实施计划例外管理。

（7）具有关键培养目标信息可逐层汇总功能。

Power On 系统中定义的目标计划不仅包含时间目标，也包含资源目标和教育经费目标。

3.3.2　培养周期控制

在职业教育实现该培养目标的过程中，对各阶段的进展程度和该目标最终完成的期限所进行的管理及培养周期控制，是在规定的时间内，拟订出合理且经济的培养周期计划（包括多级管理的子计划），在执行该计划的过程中，要经常检查实际培养进度是否按计划要求进行，若出现偏差，要及时找出原因，采取必要的补救措施或调整、修改原计划，直至培养目标完成，目的是保证在满足其时间约束条件的前提下实现总体目标。

在制定培养周期时，必须以范围管理为基础，针对该目标涉及的范围和内容要求，有针对性地安排教学活动。

培养周期计划编制的主要依据是：培养目标的范围、培养周期的要求、培养目标的特点、教育环境的内外部条件、教学结构分解单元、对各项教学的时间估计、教育资源供应状况等。培养周期计划编制要与教育经费、培养学生质量、安全等目标相协调，充分考虑客观条件和风险预计，确保培养目标的实现。培养周期计划编制采用的主要工具是网络计划图和横道图，通过绘制网络计划图，确定关键路线和关键工作。根据总体培养计划，制订出教育资源总计划、教育经费总计划，把这些总计划分解到每年、每季度、每月、每旬等各阶段，作为控制职业教育培养目标实施过程的依据。

系统计划管理模块包括以下几方面。

（1）支持职业教育统筹计划结构的维护。能够新增、删除、维护教育厅高层计划的管理结构，支持高层计划的工作分解与关系设定，见图3-4。

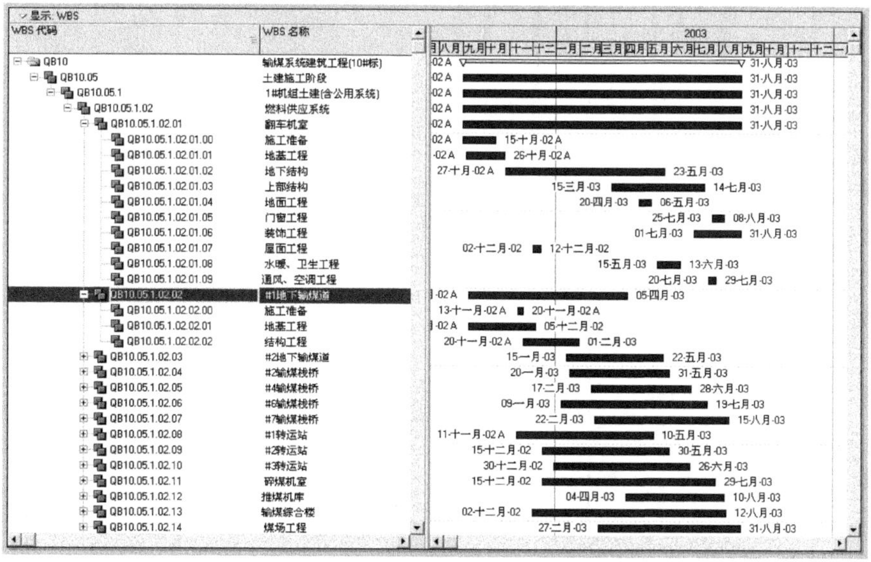

图 3-4　WBS 划分

（2）培养周期过程中任务的编制功能，支持新增、删除、修改作业及作业间逻辑关系等多种属性，支持作业的多种类型栏位，支持栏位排序，支持作业分组显示，支持作业各种时间、工期栏位的汇总计算，见图3-5。

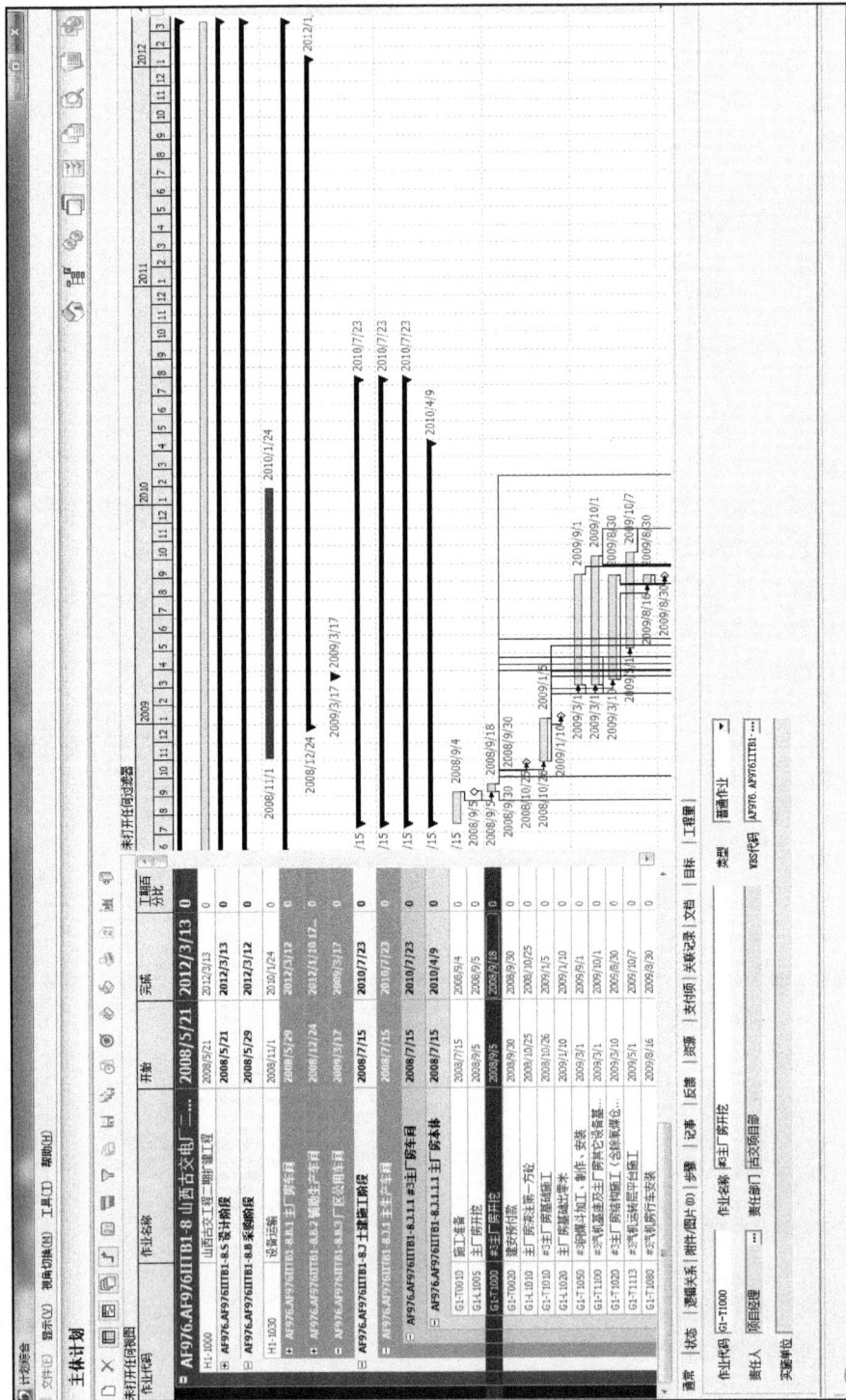

图3-5 培养周期

（3）支持培养计划进度计算功能，能够根据作业工期、作业类型、作业日历、作业逻辑关系、延迟、限制条件进行关键线路法（critical path method，CPM）计算，得出作业的最早与最晚时间、作业驱控关系、关键作业等时间参数，见图 3-6。

图 3-6　进度计算

（4）支持教育资源管理和教育经费管理。可查看单个或一组作业资源或费用的直方图，见图 3-7。

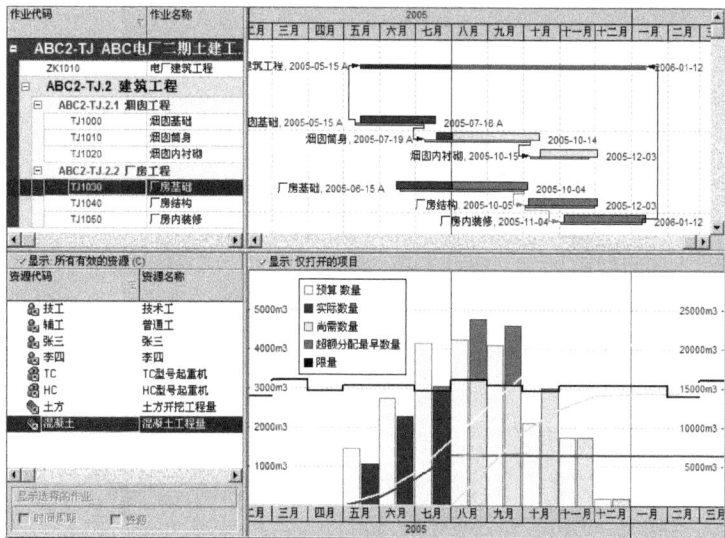

图 3-7　资源直方图

（5）支持培养计划多种图形展示功能，如甘特图、跟踪逻辑图、双代号网络图、直方图显示功能。在甘特图上支持分组具有汇总功能的作业横道图，能在图形上拖动、拉伸作业，编辑作业之间的复杂逻辑关系，见图3-8。

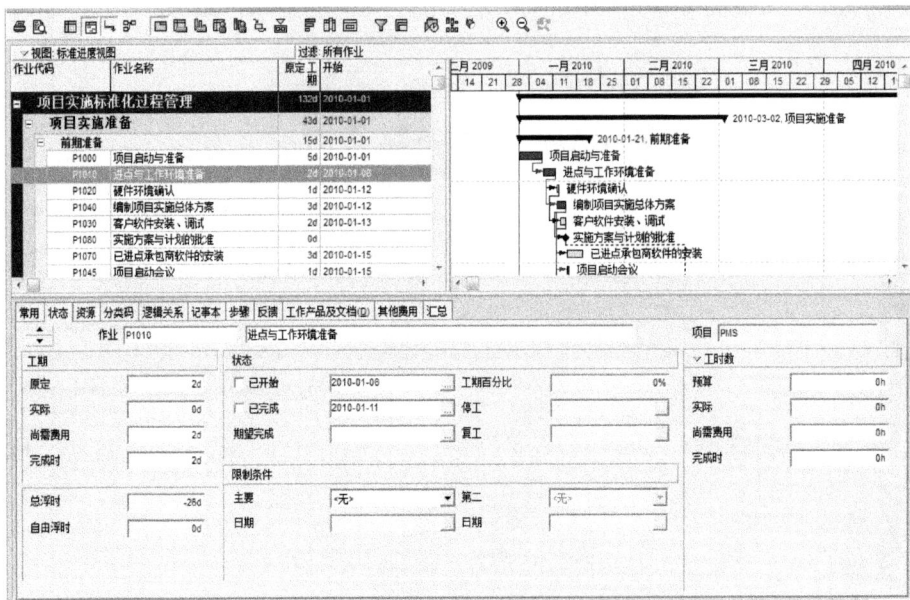

图 3-8　作业维护

3.3.3　教育经费控制

教育经费控制体系，就是以职业院校领导为第一责任人，各个管理层全员参与的教育经费控制网络系统。要真正落实教育经费管理，就必须明确各教学活动中各单位的具体责任。系统中每一个环节都担负着相应的教育经费内容，职业院校内部的各责任单位的具体行为要与总体管理目标协调一致。不论是职业院校的管理层，还是教职工等，都应明确具体职责，落实工作责任，掌握个人所管控的教育经费、目标和控制措施等。

教育经费动态管理的核心是如何实现动态控制，关键是采取何种方法。从具体步骤来说，预先需要对教育经费进行全面预测，做好计划控制；在教学培养周期中需要采取有效的方法，加强动态控制；目标完成后要及时跟进教育经费的考核奖惩。

1. 教育经费预先控制

在编制教育计划之前，预先采取规划、制度等措施控制教育经费，这就是教育经费的预先控制，也称为事前控制。如果不事先预防，一旦出现意外情况将对经费产生很大影响。预先控制首先要进行教育经费预测，提前估算好教育经费目标，由此编制出教育经费控制规划，提出具有可操作性的实施纲领及作业设计计划，同时完善相应的配套措施。

（1）建立教育经费控制机制。应结合实际制定经费控制和内部监督机制等与教育经费有关的规章制度，提升管理人员的职业素质和专业水平，加强业务指导和监督，保证教育经费控制质量。要加强制度执行检查，批评教育落实不力的部门、人员，确保奖惩机制落实到位，必要时调整人员岗位。

（2）强化教育经费预测。教育经费预测是形成科学合理的经费计划的前提条件。教育经费预测要求有一个切实可行、严谨科学的组织设计，与实际情况紧密结合，从而为教育经费预测提供指导。

2. 教学培养活动中的教育经费管理

在教育经费管控中，采用挣值法。挣值法以完成工作预算的挣得值为基础，全面反映和衡量完成目标的进展状况。传统观念中无视经费、进度两者之间的必然联系。例如，由于月度经费与进度并无联系，在进度严重滞后、经费严重超标的情况下，月度经费标准是按正常进度确定的，甚至可能反映经费的节约情况。

1）挣值法的应用步骤

挣值法是一种与作业经费法紧密相关的控制方法，以按工序、工段的经费分解和按工期进度计算的经费为分析基础，运用许多经费计划基准与实际经费的详细对比指标，分析经费控制中的具体问题，提出相应的解决措施，具体见表 3-2。

表 3-2　挣值法问题及应对处理

序号	参数关系	分析	措施
1	ACWP>BCWS>BCWP CV>0, SV>0	进度慢，效率低，投入超前	用高效机器、人员替换低效机器、人员
2	BCWS>ACWP>BCWP CV>0, SV<0	进度慢，效率低，投入拖后	增加高效人员、机器投入
3	ACWP>BCWP>BCWS CV>0, SV>0	进度较快，效率较低，投入超前	增加少量骨干人员，抽出部分低效人员
4	BCWP>ACWP>BCWS CV<0, SV>0	进度快，效率较高，投入超前	放慢进度，抽出部分人员、机器
5	BCWP>BCWS>ACWP CV<0, SV>0	进度较快，效率高，投入拖后	若偏离不大，可维持原状
6	BCWS>BCWP>ACWP CV〈0, SV〉0	进度较慢，效率较高，投入拖后	迅速增加人员、机器投入

首先，确定 WBS。在组织并定义整个项目经费范围的基础上，把项目工作分成较小且便于管理的多项工作，形成金字塔型的项目分解结构，每降低一个层次意味着对项目工作具有更详尽的规定。WBS 最底层的计划工作叫"工作包"（work packages），主要用于制定培养周期、估算经费、监测及控制。

其次，确定费用基线。费用基线大多会使用 S 曲线，是汇总按阶段估算的费用后形成的，横坐标指工程项目的进度时间，纵坐标指相应时间点的预算累积值。

最后，计算主要参数指标。三个基本参数为：①计划工作预算经费（budgeted cost for work scheduled，BCWS）。计划工作预算经费=计划工作量×预算单价经费。②已完成工作的预算经费（budgeted cost for work performed，BCWP）。已完成工作的预算经费=项目预算经费×项目实际完成工作量。这个指标就是挣得值。③已完成工作的实际经费（actual cost of work performed，ACWP）。已完成工作的实际经费就是项目给定部分的总支出。

几个重要指标：①项目进度差异（schedule variance，SV）=项目挣得值–计划经费。②项目经费差异（cost variance，CV）=实际经费支出值–项目挣得值。③进度绩效指数=挣得值/计划预算值。④经费绩效指数=挣得值/实际经费支出值。

2）挣值法的使用方法

使用步骤：比较计划工作及已完成工作的预算经费—比较已完成工作的预算经费及实际经费—分析费用进度的变动情况及原因。

对三个基本参数进行对比，就能准确地测定、衡量及监控建设项目费用及其进展情况，从而清晰地展现项目管理和技术水平的高低。

系统模块体现：

（1）预算教育经费登记。在编制计划阶段，可以编制该计划预算教育经费，预算教育经费包括对职业教育直接或间接的教师费用等，编制完成后，需要发起流程，送审批准，见图3-9。

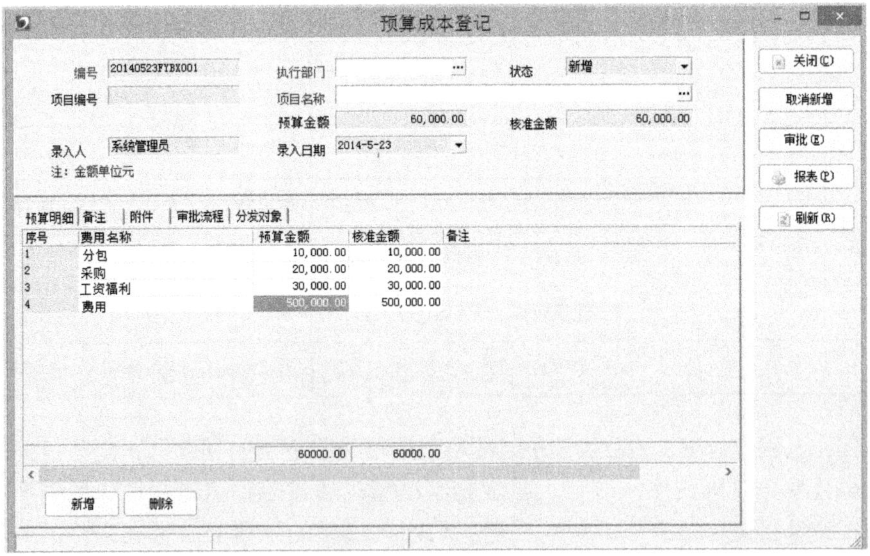

图 3-9　预算成本登记

（2）目标成本登记。在编制计划通过后，可以编制该计划目标教育经费，目标教育经费包括对职业教育直接或间接的教师费用等，编制完成后，需要发起流程，送审批准，见图 3-10。

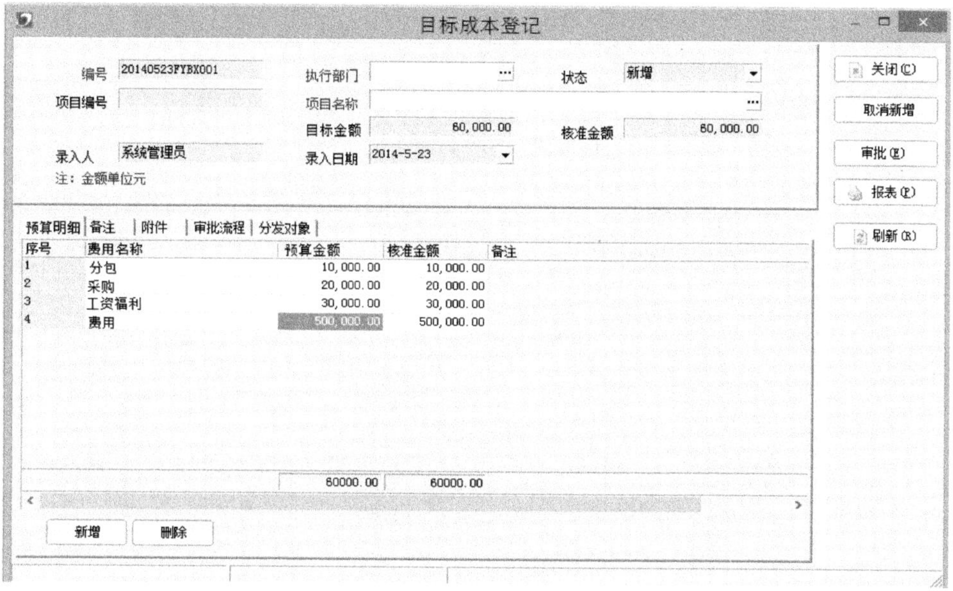

图 3-10　目标成本登记

（3）实际教育经费。实际教育经费包括：①人工费。根据每月发放的工资和福利统计实际人工经费，见图 3-11。②间接费。其他的必需费用，不是和教学直接相关的费用。实际教育经费可以由系统自动归集到项目，方便项目经费分析。

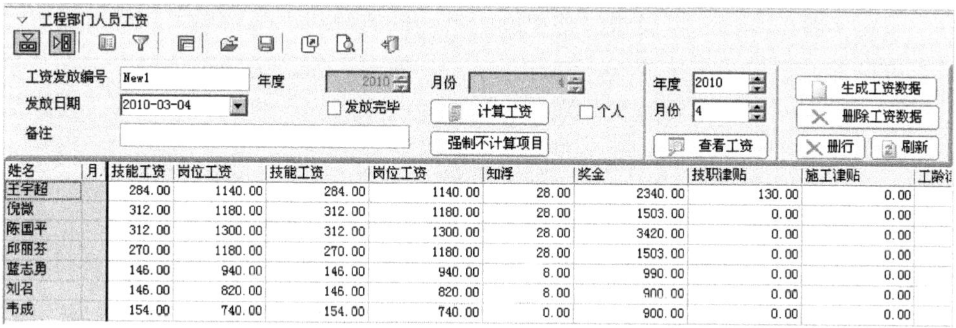

图 3-11　人工费登记

（4）教育经费控制。职业教育的经费控制采用"费用工作表"将所有涉及费用的业务工作有机地联系在一起，无论是收入或支出，无论是实际发生或即将发生，甚至是可能发生的费用，通过费用分摊全部反映到费用工作表中，通过过程管理达到教育经费控制的目的。

教育经费控制管理具备如下功能：

第一，可以针对每个教学活动，设置不同的教育经费控制模式，也可以对所有项目定义企业统一的费用控制模式（图 3-12）。

费用科目（支付项）	项目预算				项目合同				收入	支出	差值
	项目预算 A	已批准变更 B	待批准变更 C	目前项目预算 D=A+B	原承包合同 E	已批合同变更 F	待批合同变更 G	当前委托合同 H=E+F	实际收入 I	实际支出 J	实际费用差 K=I−J
AB00010	1000（万）	50（万）	0（万）	1050（万）	800（万）	0（万）	50（万）	800（万）	100（万）	80（万）	20（万）

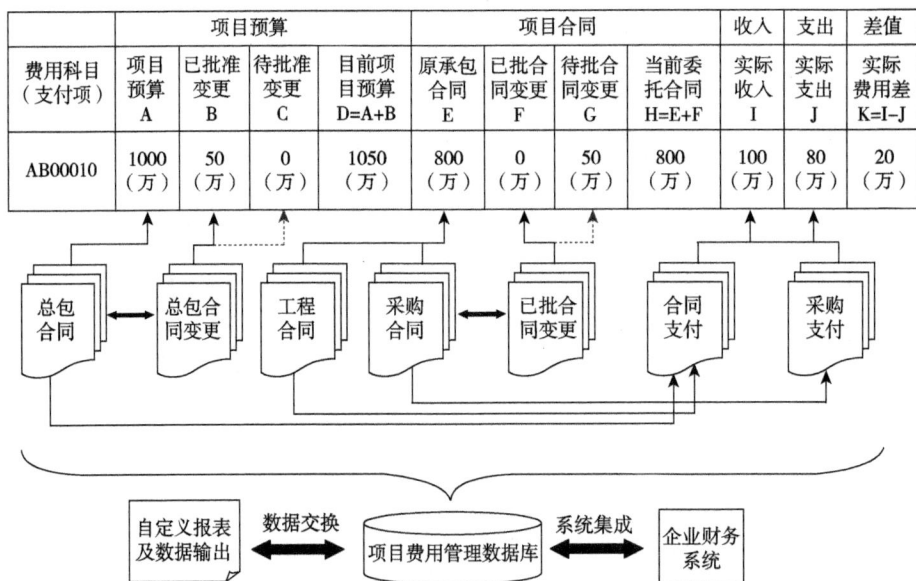

备注：通过扩展，便可方便地实现企业内部控制预算和项目内部控制预算。

图 3-12　经费管理

第二，费用工作表是教育经费控制的核心，系统提供的费用工作表可灵活定义，可自定义栏位及栏位字段间的计算关系。费用工作表中的栏位至少包括：预算经费、目标经费、实际经费、采购合同、应收入、实际收入、应支出、实际支出、控制差值、盈亏值等字段。工作栏设计如图 3-13 所示。

第三，系统中所有涉及钱的表单都必须具有分摊功能，能够把核准后的金额分摊到费用工作表上。分摊模式必须支持总值分摊、子项分摊、按比例自动分摊、手工分摊等模式（图 3-14~图 3-18）。

第四，对于没有办法通过表单进行费用分摊的数据，系统支持费用调拨功能，如把现场发生的管理费调拨到相应的费用科目和栏位上。

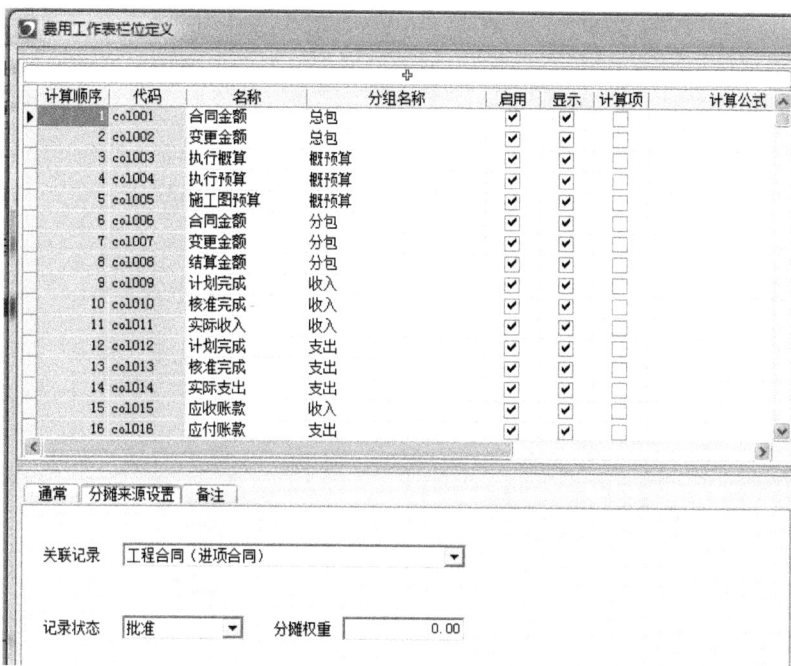

图 3-13　工作栏设计

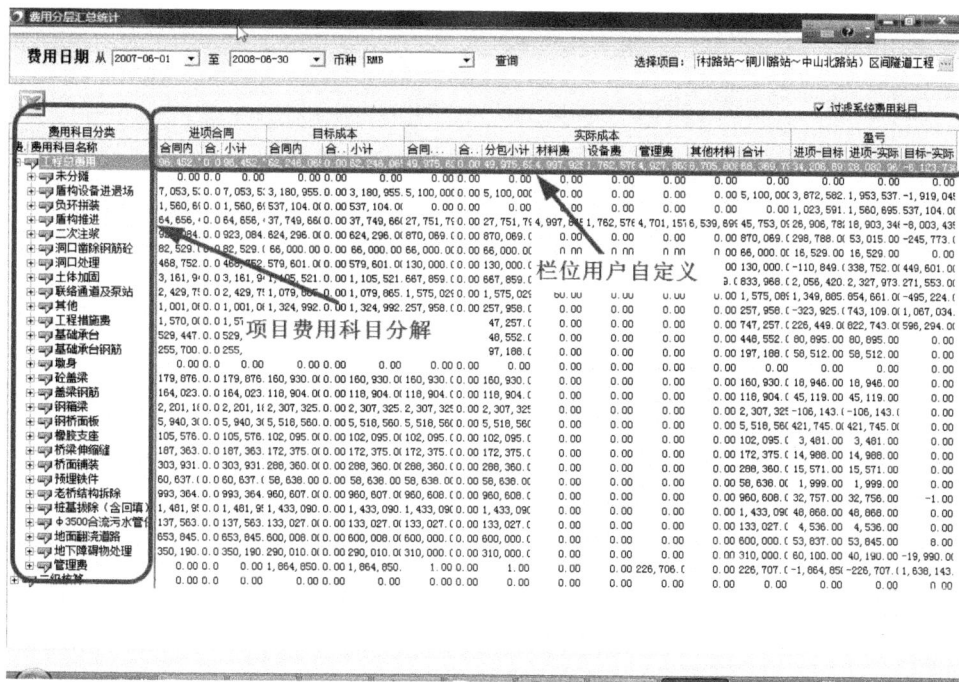

图 3-14　费用工作表（一）

费用科目分类		总包合同			目标成本			分包合同			采购合同			收入	
费用科目代码	费用科目名称	总包合同	合同变更	总包合同小计	初始目标成本	目标成本变更值		分包合同	分包合同变更	分包合同小计	采购合同	采购合同变更	采购合同小计	总包合同应收入	总包合同实际收入
2008ZJ市03	工程总费用	109989776	0	109989776	98990798	0		87834889	0	87834889	0	0	0	37826231	37826231
2008ZJ市03.	设计费	2000000	0	2000000	1800000	0		2000000	0	2000000	0	0	0	1538400	1538400
2008ZJ市03.	勘察费	0	0	0	0	0		0	0	0	0	0	0	0	0
2008ZJ市03.	土建费	67759776	0	67759776	60983798	0		0	0	0	0	0	0	10740775	10740775
2008ZJ市03.	安装费	0	0	0	0	0		0	0	0	0	0	0	0	0
2008ZJ市03.	设备费	0	0	0	0	0		0	0	0	0	0	0	0	0
2008ZJ市03.	材料费	0	0	0	0	0		0	0	0	0	0	0	-421667	-421667
2008ZJ市03.	其他费用	0	0	0	0	0		0	0	0	0	0	0	2000000	2000000
2008ZJ市03.	措施费	28280000	0	28280000	25452000	0		5834889	0	5834889	0	0	0	23033278	23033278
2008ZJ市03.	指定金额	8000000	0	8000000	7200000	0		0	0	0	0	0	0	730600	730600
2008ZJ市03.	暂定金额	3950000	0	3950000	3555000	0		0	0	0	0	0	0	204845	204845

图 3-15 费用工作表（二）

费用科目分类		采购合同			收入		支出							差值		收入-支出
费用科目代码	费用科目名称	采购合同	采购合同变更	采购合同小计	总包合同应收入	总包合同实际收入	分包合同实际支付	采购合同实际支付	其他费用	实际支出小计	分包合同应支付	采购合同应支付	应支出小计	控制差值（初始目标成本-实际支出小计）	合同差值（总包合同-分包合同-采购合同）	盈亏
2008ZJ市03	工程总费用	0	0	0	37826231	37826231	34962235	0	112064	35074299	34962235	0	34962235	63916499	22154887	2751932
2008ZJ市03.	设计费	0	0	0	1538400	1538400	2000000	0	0	2000000	2000000	0	2000000	-200000	0	-461600
2008ZJ市03.	勘察费	0	0	0	0	0	0	0	0	0	0	0	0	0	0	0
2008ZJ市03.	土建费	0	0	0	10740775	10740775	7868429	0	0	7868429	7868429	0	7868429	53115369	67759776	2872346
2008ZJ市03.	安装费	0	0	0	0	0	0	0	0	0	0	0	0	0	0	0
2008ZJ市03.	设备费	0	0	0	0	0	0	0	0	0	0	0	0	0	0	0
2008ZJ市03.	材料费	0	0	0	-421667	-421667	-717194	0	0	-717194	-717194	0	-717194	717194	0	295527
2008ZJ市03.	其他费用	0	0	0	2000000	2000000	1960800	0	112064	2072864	1960800	0	1960800	-2072864	0	-72864
2008ZJ市03.	措施费	0	0	0	23033278	23033278	9350200	0	0	9350200	9350200	0	9350200	16101800	22445111	13683078
2008ZJ市03.	指定金额	0	0	0	730600	730600	0	0	0	0	0	0	0	7200000	8000000	730600
2008ZJ市03.	暂定金额	0	0	0	204845	204845	0	0	0	0	0	0	0	3555000	3950000	204845

图 3-16 费用工作表（三）

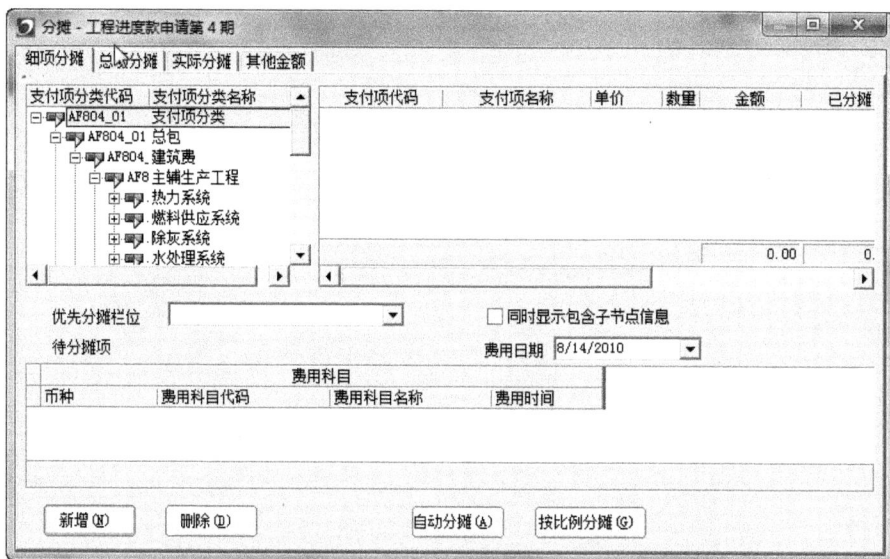

图 3-17 费用分摊的不同模式和自动分摊、按比例分摊

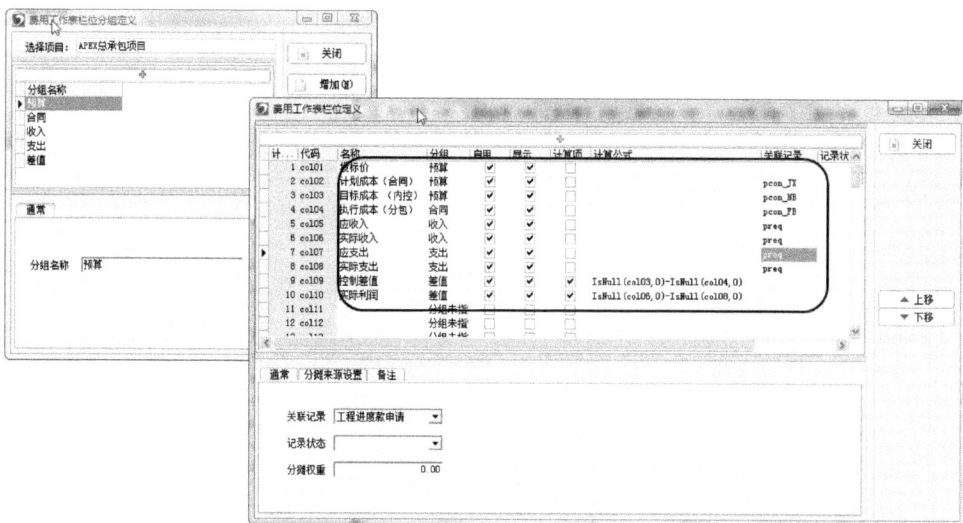

图 3-18 费用工作表栏位设置

（5）经费监控。对项目的经费进行监控（图 3-19），帮助用户分析偏差出现的原因、输入纠偏措施、分析纠偏结果、进行纠偏后变动的计划。从职业院校层面，基于"费用工作表管理"模块中定义的费用工作表，实施对项目费用的监控。结合项目的"预算教育经费""目标教育经费""实际教育经费"，按照一定的规则对项目进行"三算"对比（图 3-20），实现对教学活动执行情况的分析。

预览 - Untitled

工程项目产值统计表

合同类型：进项合同　　CBHS-表5-1

项目名称：　7号线5标 轨道交通7号线5标（新村路站~铜川路站~中山北　　截止日期：2008-04-09　　单位：元　　第1

序号	工程量清单细目（分类项目）		工程量清单 工程量	合同单价	合同合价	当月上报产值 工程量	合价	当月核批产值 工程量	合价	开工累计 工程量	合价	占合同合价
			1	2	3=1*2	4	5=2*4	6	7=2*6	8	9=2*8	10=9/3
合同内签证项目												
1	.7号线5标_PICODE95	盾构设备进退场	1	4569802.44	4569802					1	4569802	100
2	.7号线5标_PICODE96	负环拼装	1	826852.95	826853					1	826853	100
3	.7号线5标_PICODE97	盾构推进	1365	19763.46	26977123					1365	26977123	100
4	.7号线5标_PICODE98	二次注浆	1	432820.01	432820					1	432820	100
5	.7号线5标_PICODE99	洞口凿除钢筋砼	1	55018.62	55019					1	55019	100
6	7号线5标_PICODE100	洞口处理	1	468752.01	468752					1	468752	100
7	7号线5标_PICODE101	土体加固	1	1539003.9	1539004					1	1539004	100
8	7号线5标_PICODE102	联络通道及泵站	1	3982410.83	3982411					0.6102	2430067	61
9	7号线5标_PICODE103	其他	1	1222378.2	1222378					0.2949	360532	29
10	7号线5标_PICODE104	工程措施费	1	922500	922500					0.6911	637500	69
11	7号线5标_PICODE105	盾构设备进退场	1	4569802.44	4569802					0.5435	2483735	54
12	7号线5标_PICODE106	负环拼装	1	826852.95	826853					0.8875	733842	89
13	7号线5标_PICODE107	盾构推进	2609.6	19434.35	50715880					1938.8	37679318	74
14	7号线5标_PICODE108	二次注浆	1	817096	817096					0.6	490258	60
15	7号线5标_PICODE109	洞口凿除钢筋砼	1	55018.62	55019					0.5	27510	50
16	7号线5标_PICODE110	洞口处理	1	640578.07	640578							
17	7号线5标_PICODE111	土体加固	1	1850415.53	1850416					0.8771	1622937	88
18	7号线5标_PICODE112	联络通道及泵站	1	3620373.49	3620373							

图 3-19　项目经费监控

费用分层汇总统计

费用日期 从 2010-09-01 至 2010-09-30 币种 RMB 查询 选择项目：9号线R414A主变和主控地下结构工程

过滤系统费用科目

费用科目分类 费用科目代码	费用科目名称	XXX	总包合同 合同内	合同外	小计	目标成本 合同内	合同外	小计	合同内...	合同外...	分包小计
R414A2	二级核算	0.00	0.00	0.00	0.00	0.00	0.00	0.00	0.00	0.00	0.00
R414A	工程总费用	0.00	0.00	0.00	0.00	0.00	0.00	0.00	0.00	0.00	0.00
R414A. R414/	费用科目（修订版）	0.00	0.00	0.00	0.00	0.00	0.00	0.00	0.00	0.00	0.00
R414A. R4	成本中心A（基本措施费）	0.00	0.00	0.00	0.00	0.00	0.00	0.00	0.00	0.00	0.00
R414A	基本措施费	0.00	0.00	0.00	0.00	0.00	0.00	0.00	0.00	0.00	0.00
R414A. R4	成本中心B（主体工程）	0.00	0.00	0.00	0.00	0.00	0.00	0.00	0.00	0.00	0.00
R414A	成本中心B1（主变）	0.00	0.00	0.00	0.00	0.00	0.00	0.00	0.00	0.00	0.00
R41	防水工程	0.00	0.00	0.00	0.00	0.00	0.00	0.00	0.00	0.00	0.00
	顶板外防水	0.00	0.00	0.00	0.00	0.00	0.00	0.00	0.00	0.00	0.00
R41	基坑加固	0.00	0.00	0.00	0.00	0.00	0.00	0.00	0.00	0.00	0.00
	旋喷加固	0.00	0.00	0.00	0.00	0.00	0.00	0.00	0.00	0.00	0.00
	注浆加固	0.00	0.00	0.00	0.00	0.00	0.00	0.00	0.00	0.00	0.00
R41	降水工程	0.00	0.00	0.00	0.00	0.00	0.00	0.00	0.00	0.00	0.00
	承压井	0.00	0.00	0.00	0.00	0.00	0.00	0.00	0.00	0.00	0.00
	疏干井	0.00	0.00	0.00	0.00	0.00	0.00	0.00	0.00	0.00	0.00
R41	接地系统	0.00	0.00	0.00	0.00	0.00	0.00	0.00	0.00	0.00	0.00
R41	结构工程	0.00	0.00	0.00	0.00	0.00	0.00	0.00	0.00	0.00	0.00
R41	人防系统	0.00	0.00	0.00	0.00	0.00	0.00	0.00	0.00	0.00	0.00
R41	土方工程	0.00	0.00	0.00	0.00	0.00	0.00	0.00	0.00	0.00	0.00
R41	围护工程	0.00	0.00	0.00	0.00	0.00	0.00	0.00	0.00	0.00	0.00
R41	预埋系统	0.00	0.00	0.00	0.00	0.00	0.00	0.00	0.00	0.00	0.00
R41	支撑工程	0.00	0.00	0.00	0.00	0.00	0.00	0.00	0.00	0.00	0.00
R414A	成本中心B2（主控）	0.00	0.00	0.00	0.00	0.00	0.00	0.00	0.00	0.00	0.00
R414A	成本中心B3（暂列金额）	0.00	0.00	0.00	0.00	0.00	0.00	0.00	0.00	0.00	0.00
R414A. R4	管理费	0.00	0.00	0.00	0.00	0.00	0.00	0.00	0.00	0.00	0.00
R414A. R4	其他直接费	0.00	0.00	0.00	0.00	0.00	0.00	0.00	0.00	0.00	0.00
R414A. R4	税金	0.00	0.00	0.00	0.00	0.00	0.00	0.00	0.00	0.00	0.00

图 3-20　项目的“三算”对比

（6）经费预警。提供对经费分析横向和纵向的预警（图 3-21）。根据定义的预警设置，自动产生教育费用控制方面的预警信息，并以邮件、短信等方式通知相关责任人。

图 3-21　经费预警

（7）查询分析。系统提供了多种维度的经费查询功能，包括：采购经费统计查询，教职工统计查询，费用统计查询，预算、目标、实际经费对比查询及项目经费分析（图 3-22 和图 3-23），满足不同层次管理人员的查询要求，教育厅管理层能够直观地了解到各职业院校的经费情况。

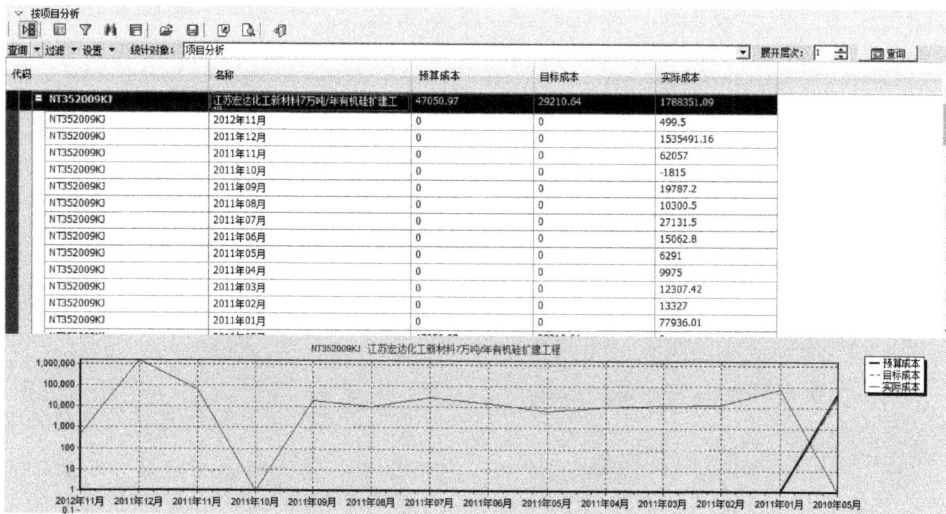

图 3-22　预算、目标、实际经费对比

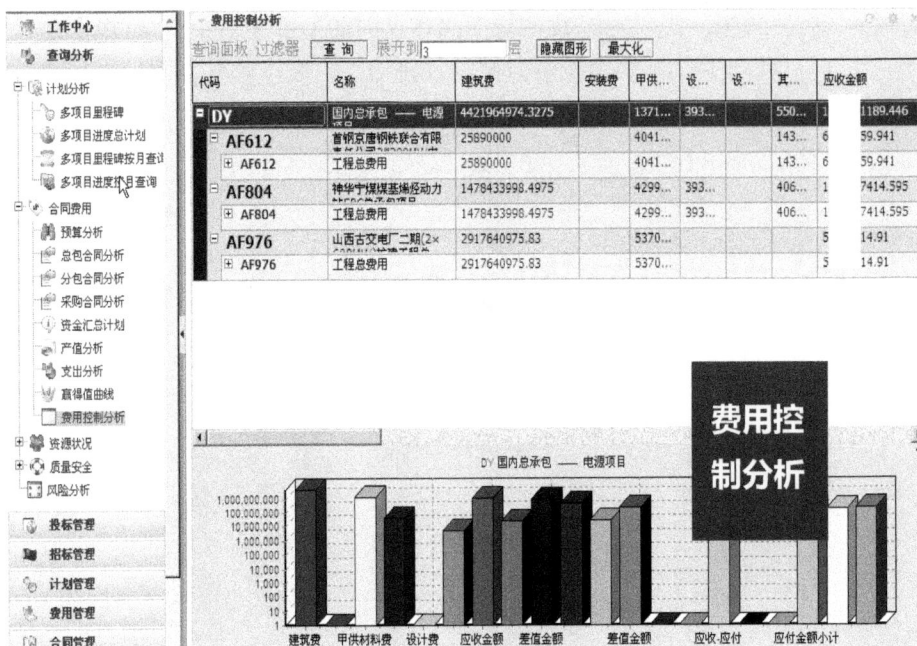

图 3-23　项目经费分析

3.3.4　质量控制

在教育厅层面，系统能方便地为各职业院校提供质量管理的规范、标准和体系文件，保证"三标"管理体系等质量管理文件在各项目中的执行。对于职业院校中出现的质量问题，系统内建立了标准的处置流程。通过系统建立的逐级上报的流程，教育厅可以对质量问题进行查询、监督并指导问题解决。在系统中，可以按流程对事故处理方案进行审批，对质量问题的处理进行跟踪，对相关的责任人进行问责和处罚等。另外，系统应能够汇总形成各个职业院校的质量管理数据供相关人员进行查询。系统还应具有数据统计与分析功能，支持质量管理文件自动归档。

教育厅层面的质量管理主要提供以下功能。

第一，质量体系发布：对各种质量体系文件进行登记管理，各职业院校领导及其他部门的人员能随时查询（图 3-24）。

第二，审查职业院校培养目标的重要方案、质量回访情况、学生满意度调查：通过审批流转到教育厅质量管理部门来管控质的相关事项（图 3-25）。

第三，查询职业院校质量管理情况：对职业院校的质量管理情况进行登记管理，通过质量奖惩情况统计及质量管理人员月份工作汇报统计，最终达到现场质量分析的目的（图 3-26）。

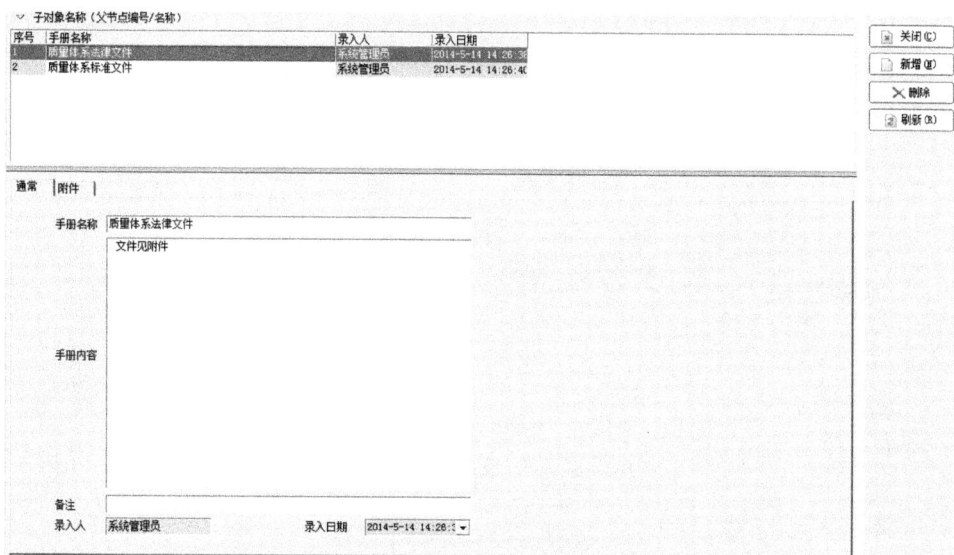

图 3-24 质量体系发布

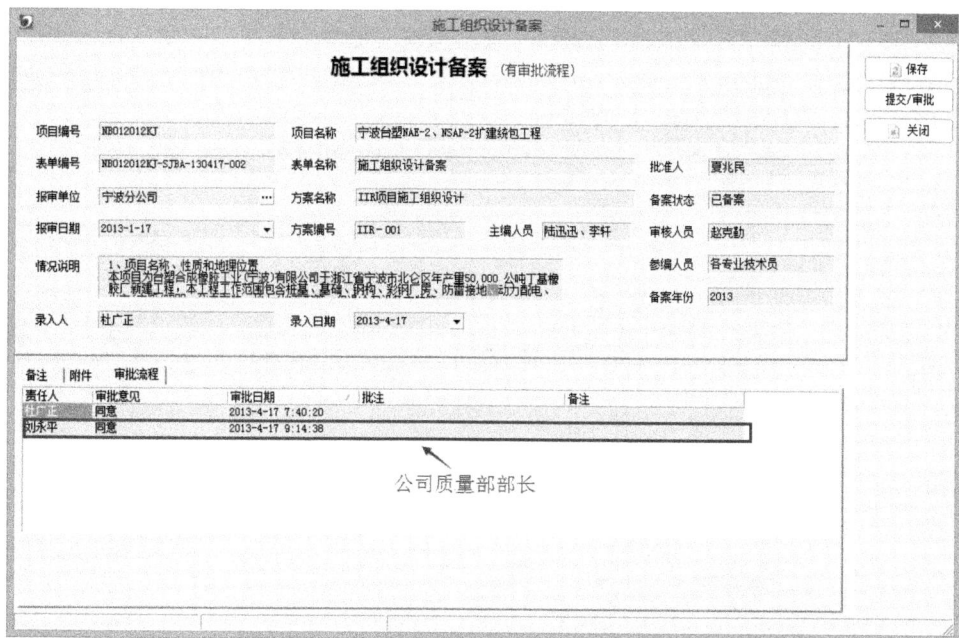

图 3-25 审查重要方案

职业院校层面的质量管理，包括对培养计划质量体系的运行情况进行监督管理。职业院校层面的质量管理主要提供如下功能。

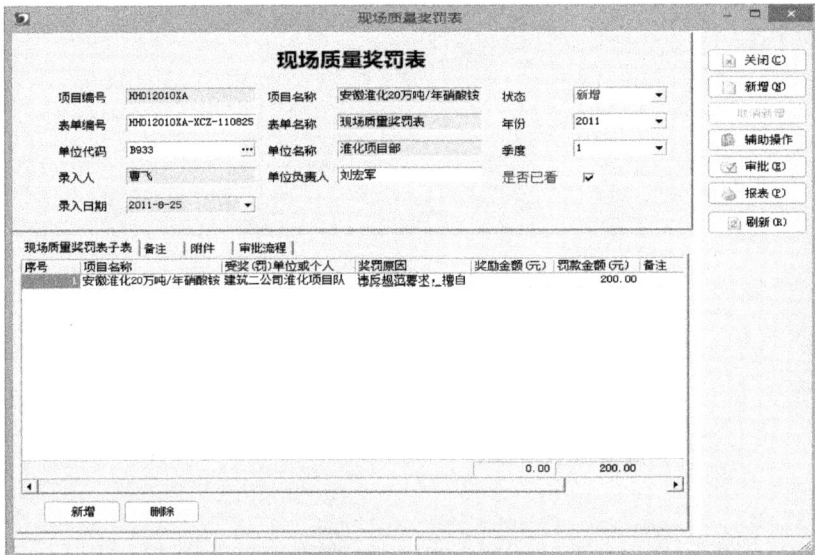

图 3-26　查询现场质量管理

　　第一，质量计划。建立培养计划的质量验收评定分类分解结构及质量检查项。质量分解结构（quality breakdown structure，QBS）中可以包含整个培养计划全部阶段的内容，见图 3-27~图 3-29。

图 3-27　质量验评分解结构

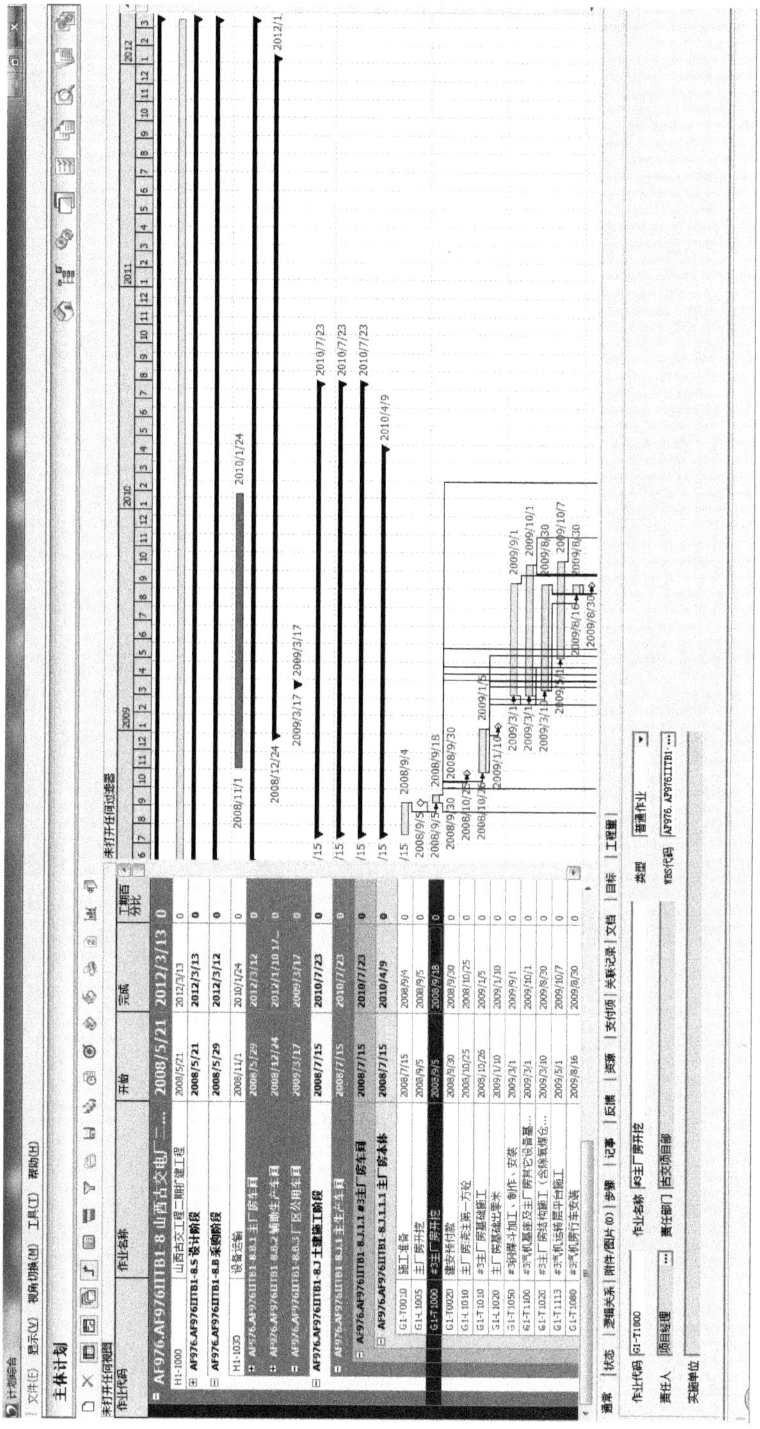

图3-28　编制质量月度计划

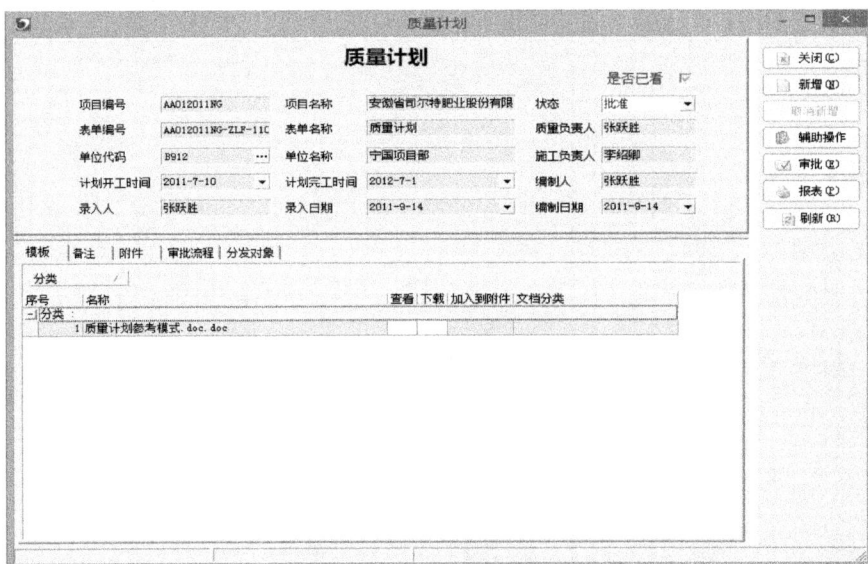

图 3-29　质量计划

可以给二级计划或者三级计划的作业加载 QBS 或质量检查控制项（quality item，QI），得到质量检查计划。设定质量检查计划的责任人及提前提醒的时间，系统可以提前提醒相关责任人。

对质量计划的登记管理是培养计划质量检验的指导依据。计划的详细内容可以附件形式保存。

第二，质量报验。主要包括质量三级报验、不合格项等，见图 3-30~图 3-34。

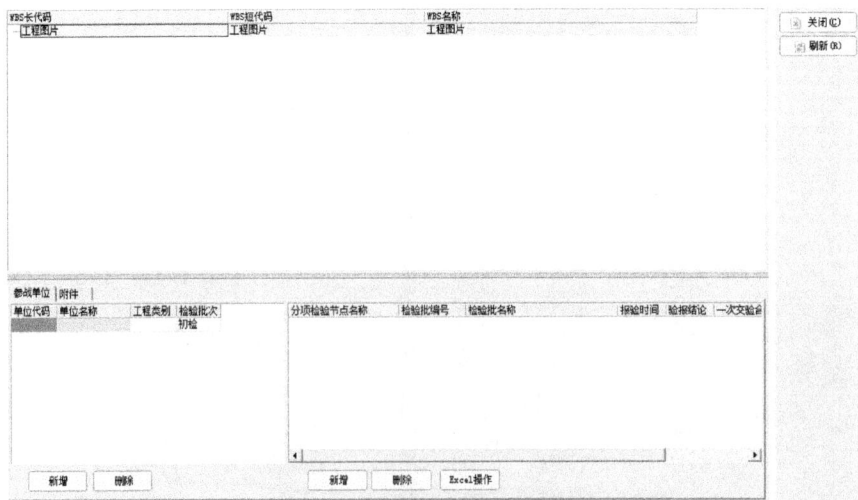

图 3-30　检验批定义及报验

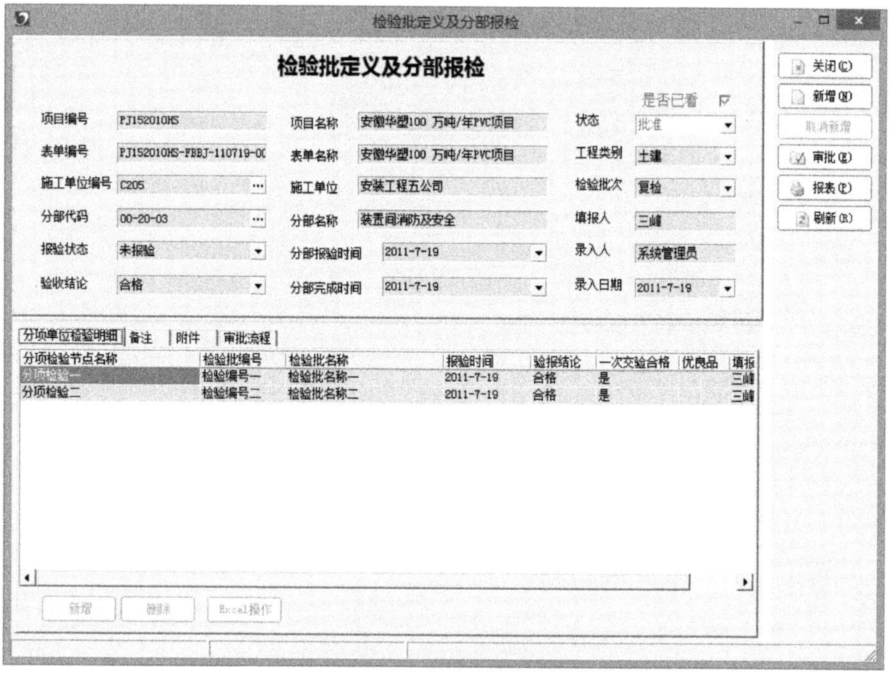

图 3-31　分部报验

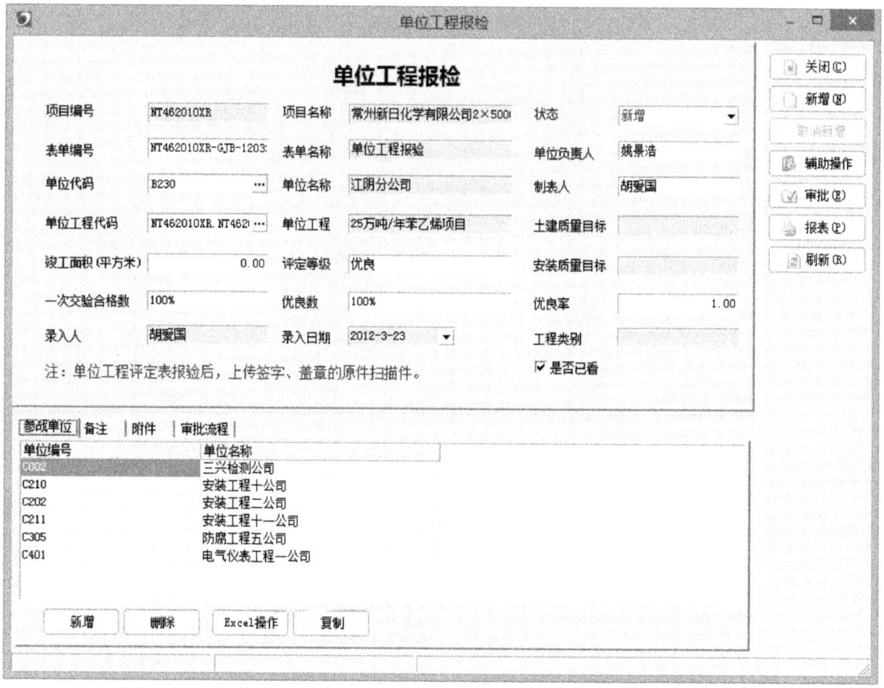

图 3-32　单位工程报验

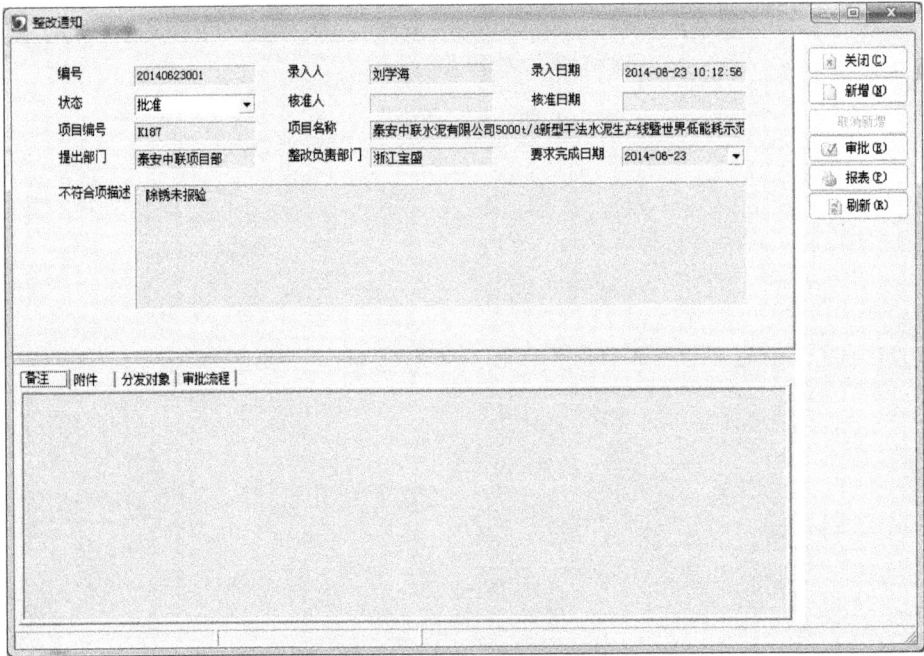

图 3-33 整改通知

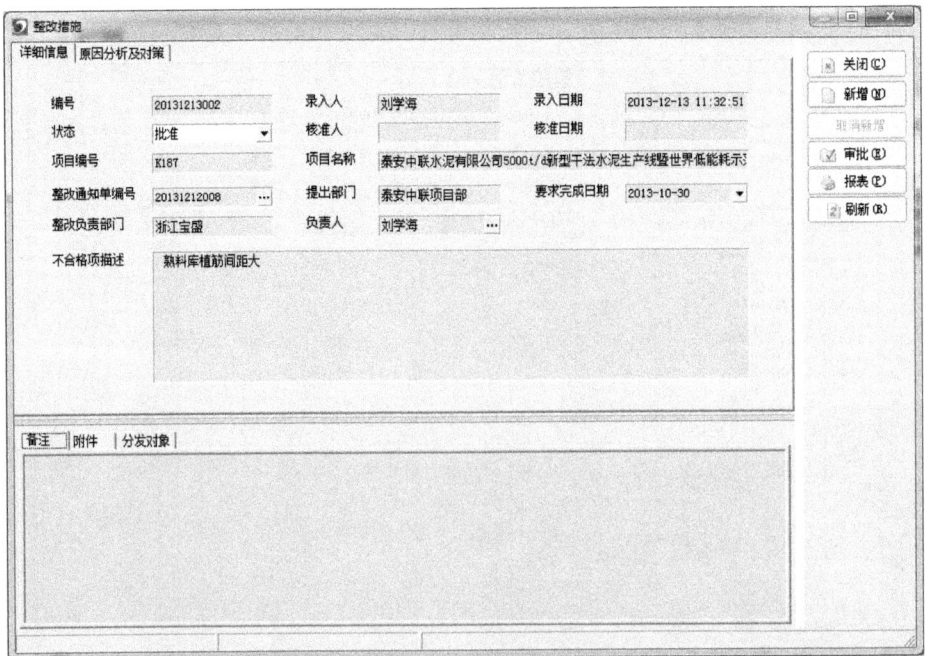

图 3-34 整改措施

第三，质量文件。登记职业院校教学活动执行过程中产生的相关文件，如质量文件、程序文件、管理规定等；可以以附件形式上传到系统中，方便查阅，见图 3-35。

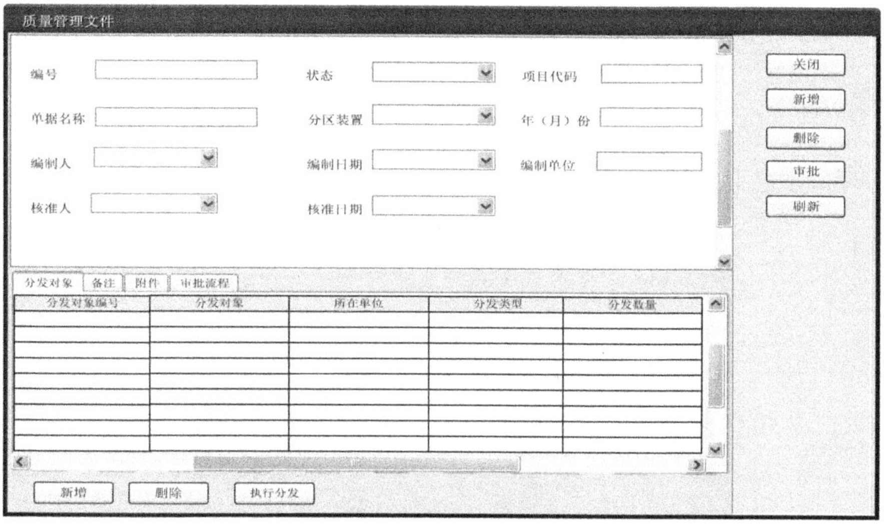

图 3-35　质量文件

第四，质量报表。质量管理人员月份工作汇报表：对质量管理人员每月工作的登记汇总，根据汇总材料统计职业院校每月的质量问题及解决情况，并上报教育厅相关管理部门，见图 3-36。质量统计分析：对职业院校各季度的质量统计分析，完善项目质量管理，见图 3-37。

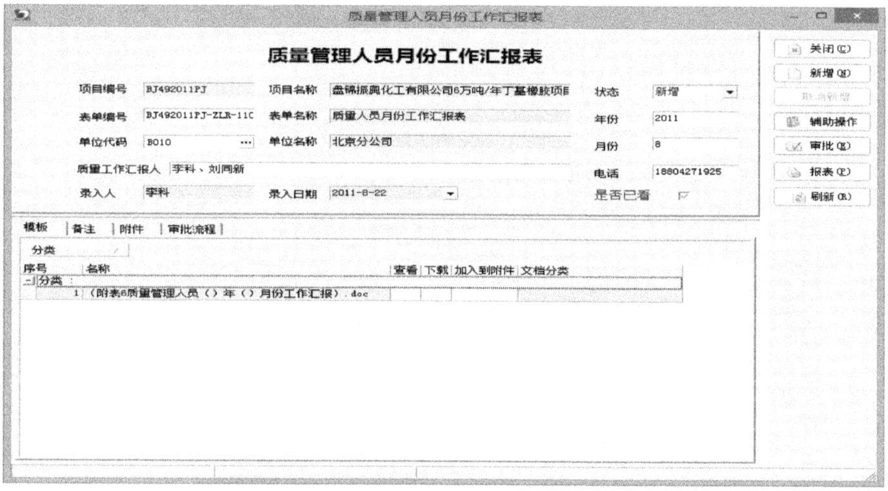

图 3-36　质量管理人员月份工作汇报表

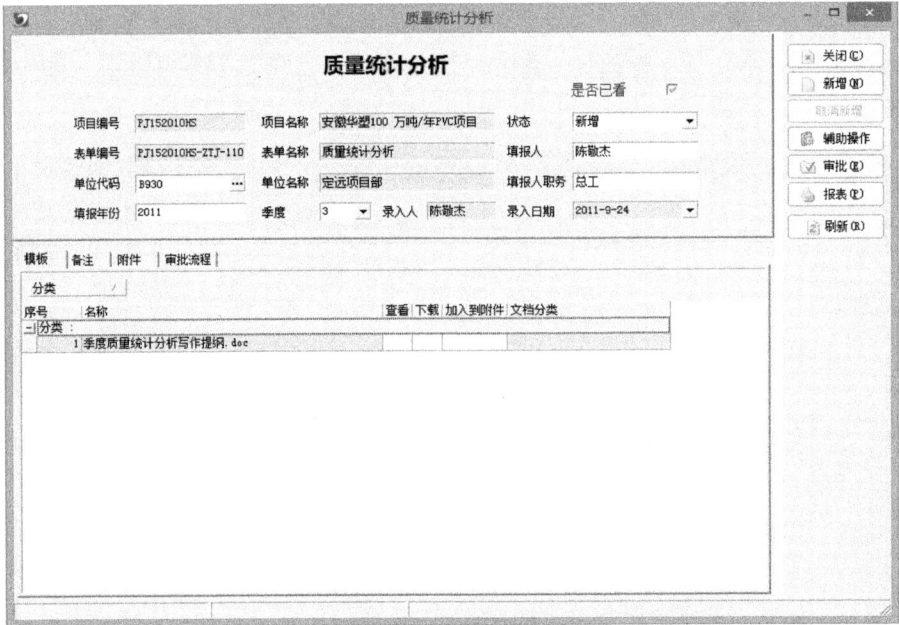

图 3-37　质量统计分析

第五，质量分析。质量信息汇总形成质量分析报表，可动态分析查询职业院校质量检查情况及处理结果，见图 3-38。

图 3-38　各个项目质量体系运行情况的统计分析

3.3.5　风险控制

Power On 风险管理（图 3-39）主要监控职业教育培养进度、教学活动、学生安全执行等环节存在的风险，及时给予提醒和预警。同时通过系统平台，贯彻执行教育厅制定的风险管理标准做法，自动收集各个职业院校的风险管理数据，进行汇总分析、评估。风险管理的应用，主要是从上到下，要求各个项目部彻底贯彻执行教育厅的项目风险管理规定，汇总各个职业院校在教学活动中可能存在的各种风险，进行综合分析，并及时给予预警。系统提供风险因素表格、风险类别定义（图 3-40）、风险识别与应对策略维护、全过程风险识别与控制框架等功能。系统要求风险报告的管理。同时，系统中通过预警参数设置，可以针对培养周期、经费执行等实行自动报警（图 3-41 和图 3-42）。用户可以通过邮件、手机短信息、系统警示与告示等方式，自动获取提醒信息。

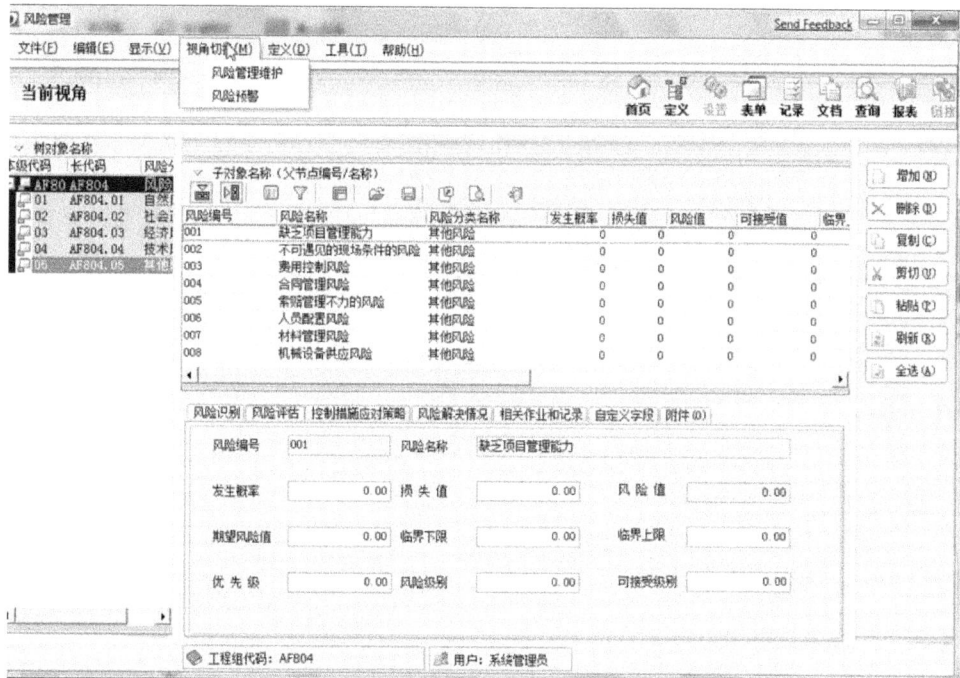

图 3-39　风险管理（识别、评估、应对措施、解决情况）

1. 风险定义

对可能在教学活动过程中产生影响的风险因素进行定义，产生风险源数据。风险源数据应包括项目执行过程中可能存在的各种风险（图 3-43）。

本级代码	名称
RISK	项目风险
RISK.01	项目启动与策划过程中的风险
RISK.01.01	项目投标（报价）风险
RISK.01.02	项目融资风险
RISK.01.03	项目环境风险
RISK.01.04	合同风险
RISK.02	项目实施与收尾过程中的风险
RISK.02.02	设计风险
RISK.02.03	采购风险
RISK.02.04	施工风险
RISK.02.05	开车、试运行风险
RISK.02.06	项目管理风险
RISK.02.07	项目收尾风险
RISK.03	项目环境风险
RISK.03.02	社会政治因素
RISK.03.03	法律因素
RISK.03.04	施工风险
RISK.03.05	经济因素
RISK.03.06	文化因素
RISK.03.07	自然地理因素
RISK.03.08	基础设施因素

图 3-40 风险类别定义

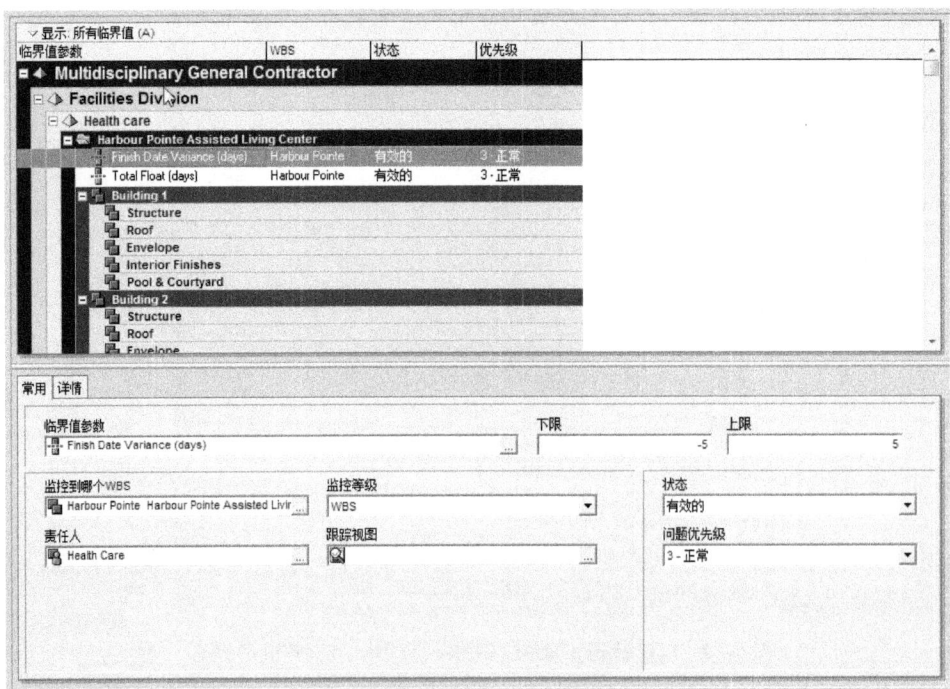

图 3-41 风险阀值、临界值设置

项目进度

- 印尼2*350MW电厂项目 完成 3.3%，预算正常，进度提前 0，(或0%)
- 安哥拉教育部项目 完成 15.3%，预算为 734，(或39.6%)，(预算超支)，进度滞后 26，(或7.5%)★
- 赤道几内亚输变电项目 完成 34.1%，预算为 68,556，(或99.5%)，(预算节余)，进度滞后 65，(或13.8%)
- 菲律宾马利万斯电站 完成 14.7%，预算正常，进度滞后 1，(或0.4%)

Project ID	Project Name	Schedule	Cost	Budget At Completion	At Completion Total Cost	Change	Forecast
CNMEG	中国机械工业集团公司			Y335,466,112	Y334,529,784		
ENDEPT	工程事业部			Y271,440,424	Y270,451,551		
#1	工程一处			Y110,661,182	Y112,869,139		
ED1001	安哥拉教育部项目		★	Y24,170,940	Y25,985,540		
ED1002	菲律宾马利万斯电站			Y24,170,940	Y24,194,090		
ED1003	菲律宾铁路项目			Y62,319,302	Y62,689,509		
#2	工程二处			Y98,845,102	Y98,070,608		
ED2001	赤道几内亚输变电项目	★		Y68,879,550	Y68,222,738	★	
ED2002	土库曼机车项目		★	Y28,443,491	Y28,556,764		
ED2003	印尼2*350MW电厂项目			Y184,012	Y185,812		
ED2004	印尼3*330WM			Y1,338,049	Y1,105,295		
#3	其他			Y0	Y0		

项目采购动态

- 土库曼机车项目完成采购金额50亿元，完成进度80%★
- 赤道几内亚输变电项目完成4大基站设备采购，采购金额20亿元
- 印尼2*350MW电厂项目完成主机、辅机采购
- 印尼3*330WM完成汽机本体和辅机采购，完成采购进度80%★

项目施工动态

- 土库曼机车项目完成施工现场四通一平，施工总进度完成5%，进度滞后1%
- 赤道几内亚输变电项目0~10标段施工，施工进度正常。
- 印尼2*350MW电厂项目完成主厂房集空楼施工，施工进度超前2%
- 印尼3*330WM完成汽机本体安装，完成安装进度80%，总进度滞后5%

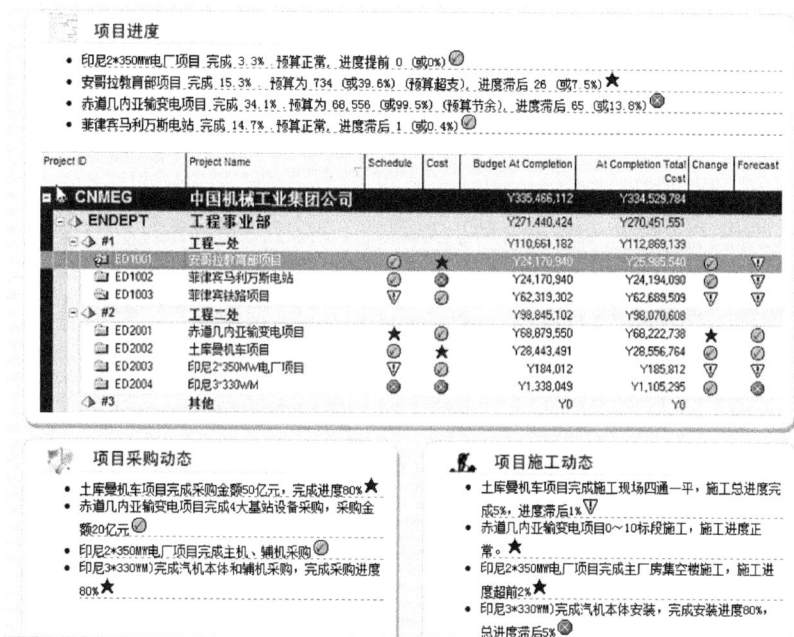

图 3-42　风险阀值及预警

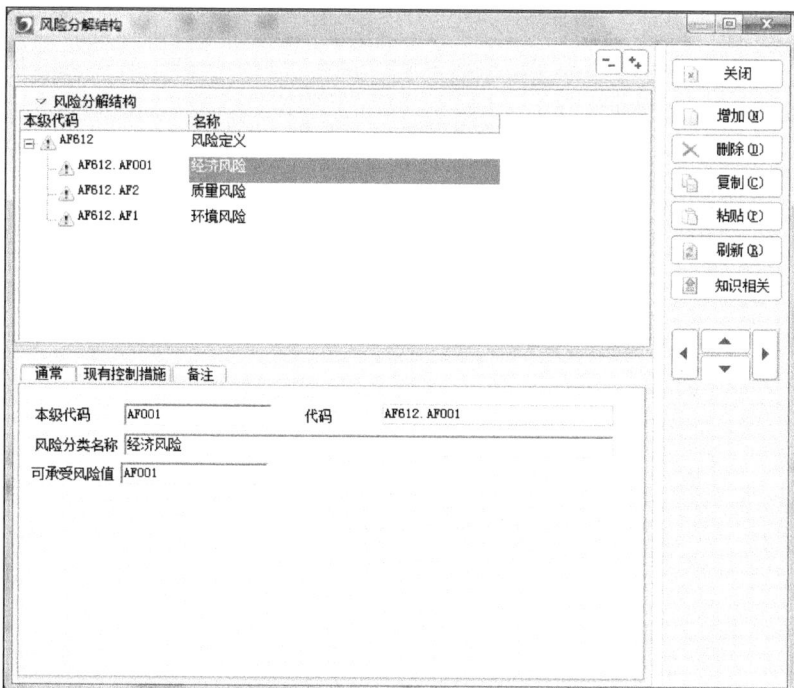

风险分解结构

关闭
增加(N)
删除(D)
复制(C)
粘贴(C)
刷新(R)
知识相关

▽ 风险分解结构

本级代码	名称
AF612	风险定义
AF612.AF001	经济风险
AF612.AF2	质量风险
AF612.AF1	环境风险

通常　现有控制措施　备注

本级代码　AF001　　　　代码　AF612.AF001

风险分类名称　经济风险

可承受风险值　AF001

图 3-43　风险定义

2. 风险计划

风险计划示意图如图 3-44 所示。

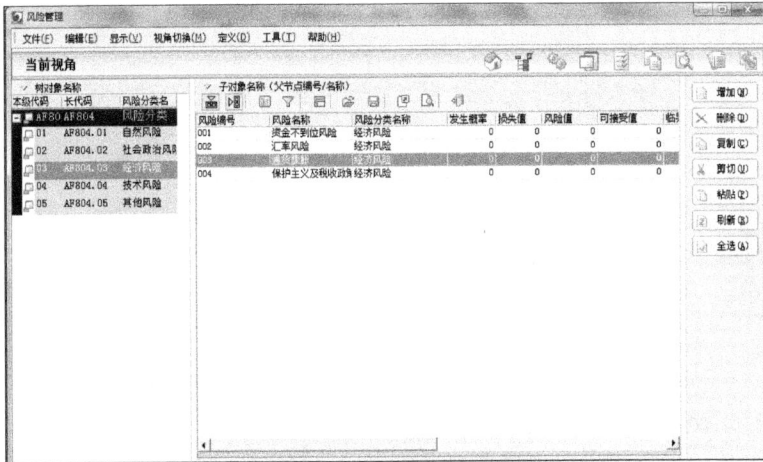

图 3-44　风险计划

3. 风险识别

风险识别（图 3-45）的工作在培养全周期中持续不断地进行，是对风险源进行动态、反复的识别的过程。按照风险计划，对风险源进行识别，辨别出风险源是否属于会对完成培养目标产生影响的真正风险。风险源的主要内容是执行过程中可能存在的一切风险。

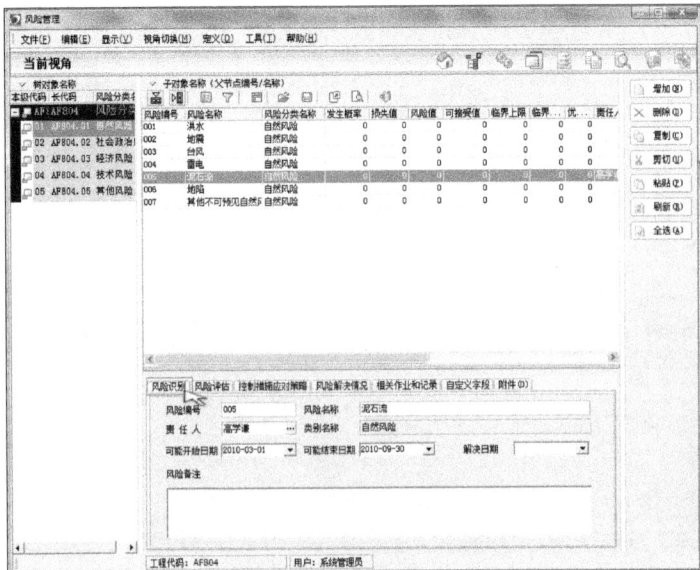

图 3-45　风险识别

在本子系统中，风险的识别可以从以下几方面开展。①通过在本子系统中输入相关待评估的风险源信息，选择相关评审专家后发起风险识别评审流程，经过风险评审专家评审的结果可自动归档到文档管理子系统中，以供相关人员查看。②通过召开风险专家组的讨论会议，在本子系统中形成会议纪要、风险评估报告等文档，并归档到文档管理子系统中。③通过流程分析法，将分析结果在本子系统中保存，以供相关人员查看。④通过资产财务状况分析方法，将相关分析结果在本子系统中保存，以供相关人员查看。⑤通过分解分析法，将相关分析结果在本子系统中保存，以供相关人员查看。⑥通过风险识别的其他方法，如保险调查、事故分析等，均可将识别风险的结果在系统内上传、评估、归档并可查看。文档资料统一保存在文档管理子系统中。

4. 风险评估

在风险事件发生之前或发生中，对风险可能给各方面造成的影响和损失进行评估，即评估某一事件或事物给正常教学带来的影响或损失的可能程度。在本子系统中，风险评估可以从以下几方面开展。

第一，是非判断法。在本子系统中发起评估流程，由风险专家组成员根据下列条件进行判断，最后向总承包项目经理反馈判断结果。凡符合下列条件之一者可判为重大风险因素（此方法为中国化学工程第三建设有限公司各团队基本采用的方法）：①违反职业健康安全法律法规和标准且易发生重大事故的；②曾经发生过事故，现今未采取防范、控制措施的；③直接观察到可能会导致危险的错误，且无适当控制措施的；④相关方产生强烈合理抱怨的。

第二，简单风险水平评估法（图 3-46）。系统采取 $D=LC$ 自动计算的方法，D、L、C 的值在系统中预先设置，应用时可根据实际情况进行修正。风险管理人员可以在系统中查看计算结果及风险严重类型（目前中国化学工程第三建设有限公司督导部采用此方法）。

D：风险值（危险等级）；

L：伤害（事故）发生的可能性；

C：伤害（事故）产生的严重性（后果）。

5. 风险应对策略

根据对以往风险的处理情况建立风险应对策略库，为以后遇到类似风险时提供参考。

根据风险评估结果，并参考风险应对策略库，完成风险的应对策略，同时自动更新策略（图 3-47）。

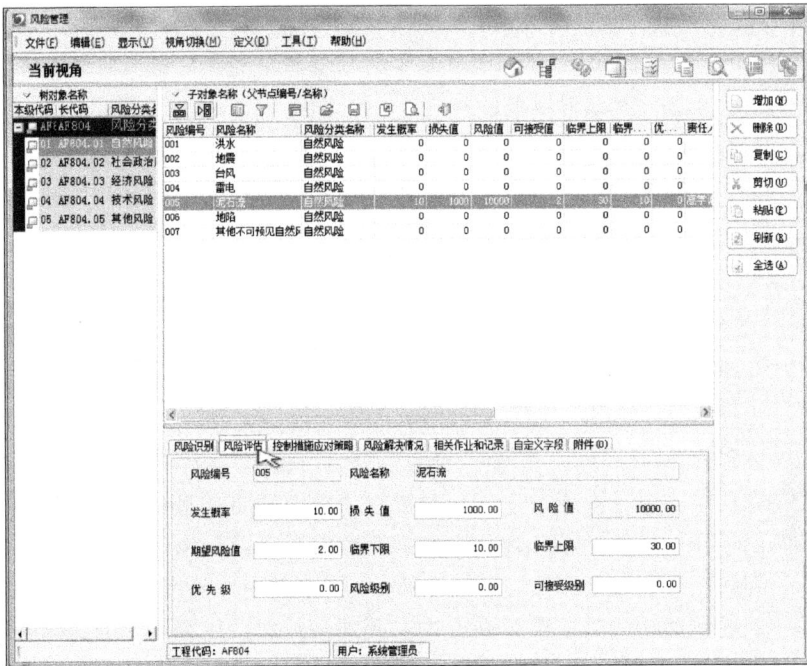

图 3-46　风险评估

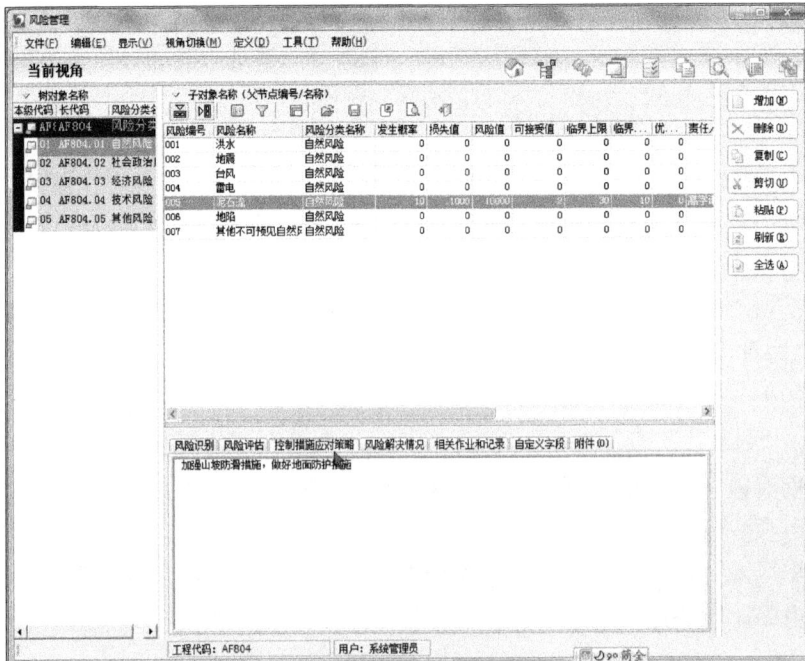

图 3-47　风险应对策略

6. 风险解决情况

在系统中记录风险的解决情况，统计项目风险的解决情况，方便查询（图 3-48）。

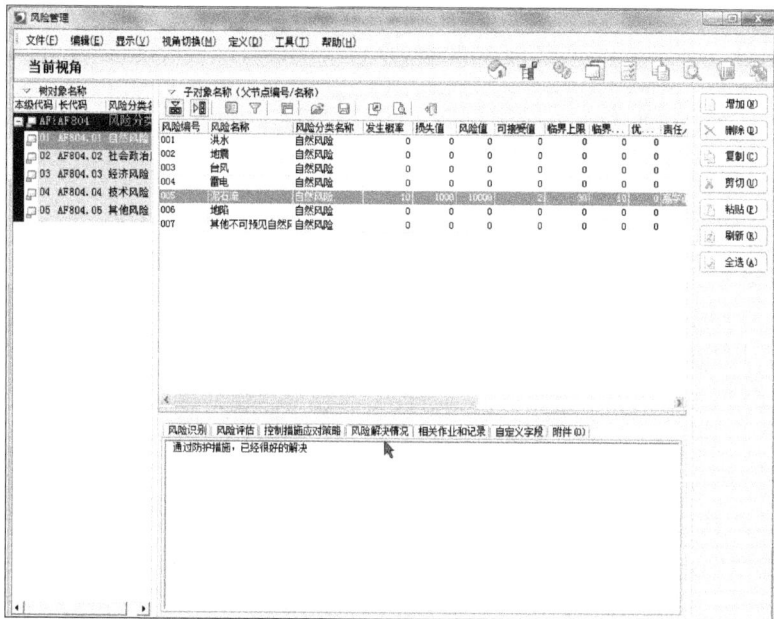

图 3-48　风险解决情况

7. 风险预警

1）培养周期风险预警

培养周期风险预警即进度风险预警。对培养周期调整可能造成无法按期完成的风险进行预警。通过邮件、手机短信息、系统警示或告示等方式通知相关责任人（图 3-49 和图 3-50）。

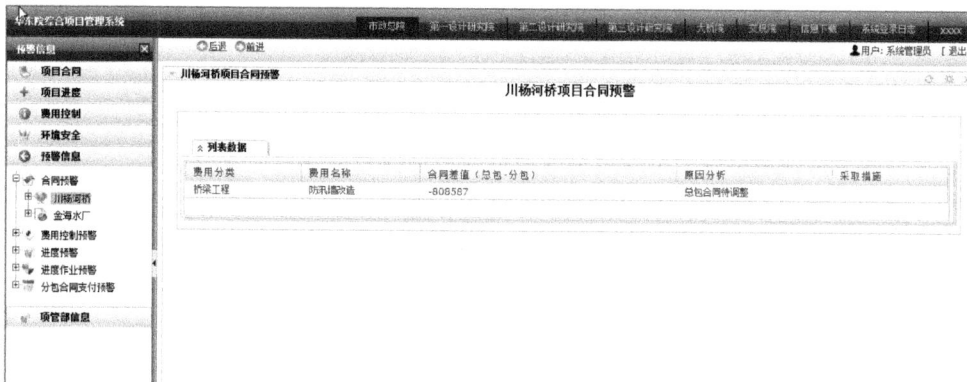

图 3-49　预警信息

图 3-50　进度风险预警

2）安全风险预警

对在各阶段可能产生的安全风险或安全隐患（来自安全计划）进行预警。通过邮件、手机短信息、系统警示或告示等方式通知相关责任人（图 3-51）。

3）质量风险预警

对在各阶段可能产生的质量风险（来自质量计划）进行预警。通过邮件、手机短信息、系统警示或告示等方式通知相关责任人（图 3-52）。

4）教育经费风险预警

通过分析财务收支和培养周期的进展情况，对可能产生的费用风险进行预警。通过邮件、手机短信息、系统警示或告示等方式通知相关责任人（图 3-53）。

5）其他风险预警

对执行过程中可能产生的其他风险进行预警，如环境（市场）风险预警。通过预警设置，对由于外部环境意外变化或市场结构发生意外变化引起的项目风险进行预警（图 3-54）。

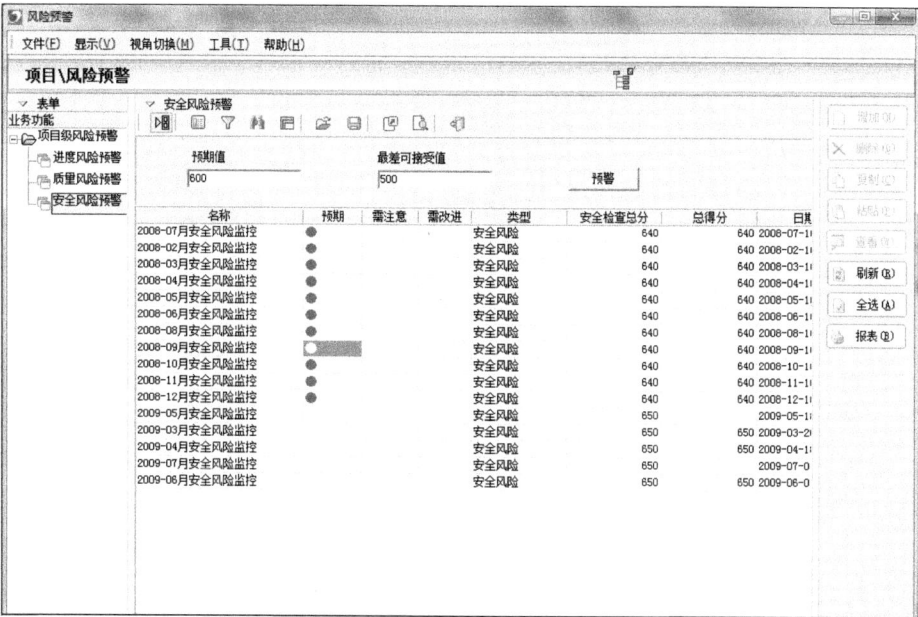

图 3-51 安全风险预警

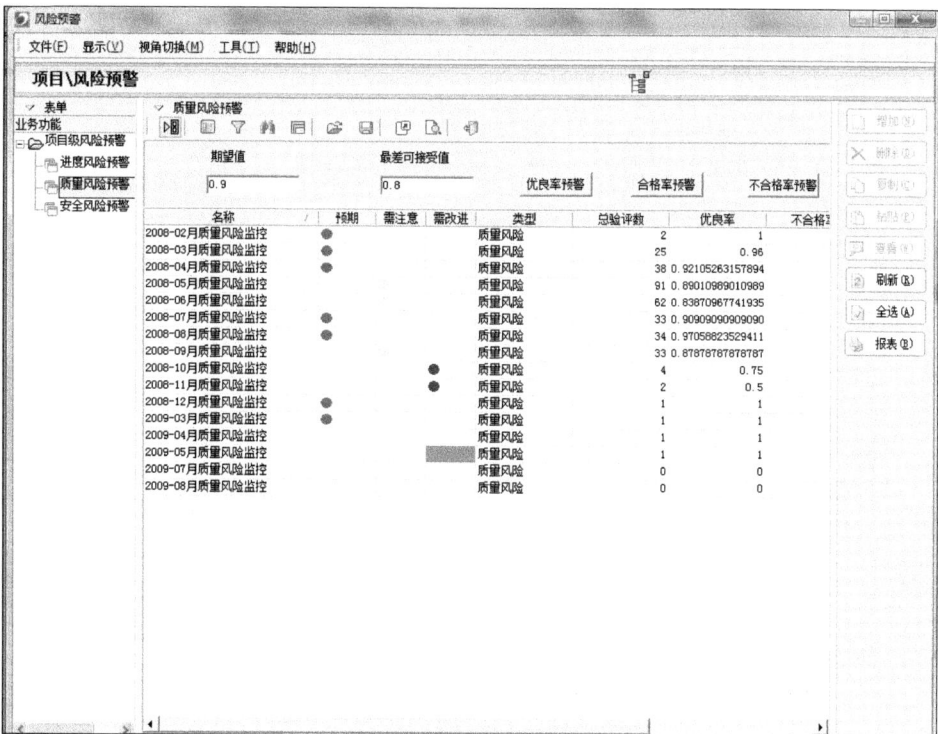

图 3-52 质量风险预警

项目\风险管理

费用风险预警

年月	累计计划收款	累计实际收款	本月计划收款	本月实际收款	本月应收金额	滞后计划收款
2006-11	11632133.3705	11632133.3705	11632133.3705	11632133.3705		0
2006-12	13562699.8505	13562699.8505	1930566.48	1930566.48	1930566.48	0
2007-01	13562699.8505	13562699.8505	0	0	0	0
2007-02	13562699.8505	13562699.8505	0	0	0	0
2007-03	14444798.5205	14444798.5205	882098.67	882098.67	882098.67	0
2007-04	15350382.4005	15350382.4005	905583.88	905583.88	905583.88	0
2007-05	15350382.4005	15350382.4005	0	0	0	0
2007-06	18672954.0205	18672954.0305	3322571.62	3322571.63	3322571.62	-0.01
2007-07	18672954.0205	18672954.0305	0	0	-0.01	-0.01
2007-08	18672954.0205	18672954.0305	0	0	-0.01	-0.01
2007-09	18672954.0205	18672954.0305	0	0	-0.01	-0.01
2007-10	18672954.0205	18672954.0305	0	0	-0.01	-0.01
2007-11	20029263.5805	20029263.5905	1356309.56	1356309.56	1356309.55	-0.01
2007-12	20029263.5805	20029263.5905	0	0	-0.01	-0.01
2008-01	26787542.5205	27485962.5505	6758278.94	7456698.96	6758278.93	-698420.03
2008-02	27202297.4805	27643994.3105	414754.96	158031.76	-283665.07	-441696.83
2008-03	29441094.7275	28623696.6505	2238797.247	979702.34	1797100.42	817398.08
2008-04	30502690.8675	29609193.9905	1061596.14	985497.34	1878994.22	893496.88
2008-05	33175713.2875	30999731.6405	2673022.42	1390537.65	3586519.3	2175981.65
2008-06	35008399.0475	31650765.7505	1832685.76	651034.11	4008667.41	3357633.3
2008-07	39672119.5975	32486133.9705	4663720.55	815368.22	8021353.85	7205985.63
2008-08	46558458.2175	33528003.3605	6886338.62	1061869.39	14092324.25	13030454.86
2008-09	53918180.8775	35803028.8105	7359722.66	2275025.45	20390177.52	18115152.07
2008-10	63195897.1975	38877991.1305	9277716.32	3074952.32	27392868.39	24317906.07
2008-11	74907234.7475	49559285.8005	11711337.55	10681294.67	36029243.62	25347948.95
2008-12	86455992.1875	59166312.2105	11548757.44	9607026.41	36896706.39	27289679.98
2009-01	102251105.7675	63274230.8005	15795113.58	4107918.59	43084793.56	38976874.97
2009-02	117992377.9975	68129770.8505	15741272.23	4855540.05	54718147.2	49862607.15
2009-03	131456728.8575	72044752.2205	13464350.86	3914981.37	63326958.01	59411976.64
2009-04	148825194.4175	77997349.6905	17368465.56	5952597.47	76780442.2	70827844.73
2009-05	164050786.8875	96118460.3705	15225592.47	18121110.68	86053437.2	67932326.52
2009-06	182520698.2575	106343900.8305	18469911.37	10225440.46	86402237.89	76176797.43
2009-07	197769346.7775	117559217.6405	15248648.52	11215316.81	91425445.95	80210129.14
2009-08	207707375.0675	127448894.7505	9938028.29	9889677.11	90148157.43	80258480.32
2009-09	217678051.1575	134105605.5605	9970676.09	6656710.81	90229156.41	83572445.6

图 3-53　教育经费风险预警

风险管理

文件(F)　编辑(E)　显示(V)　视角切换(H)　定义(D)　工具(T)　帮助(H)

当前视角

子对象名称（父节点编号/名称）

● 超出预期　● 和期望相符　提前预警天数 0　　预警查询
● 低于期望但未到失控程度
● 问题严重需要采取纠正措施

风险编号	风险名称	预警状态	临界下限	风险值	期望风险值	临界上限	可能开始日期	风险分类名称	发生概率	损失值	优先级

图 3-54　其他风险预警

3.3.6 文件管理

在云南职业教育适应云南产业转型过程中会产生大量的文件，而纸质信息的查找和保存非常困难，Power On 为教育厅及各个职业院校的文件资料集中管理提供统一的平台（图 3-55）。

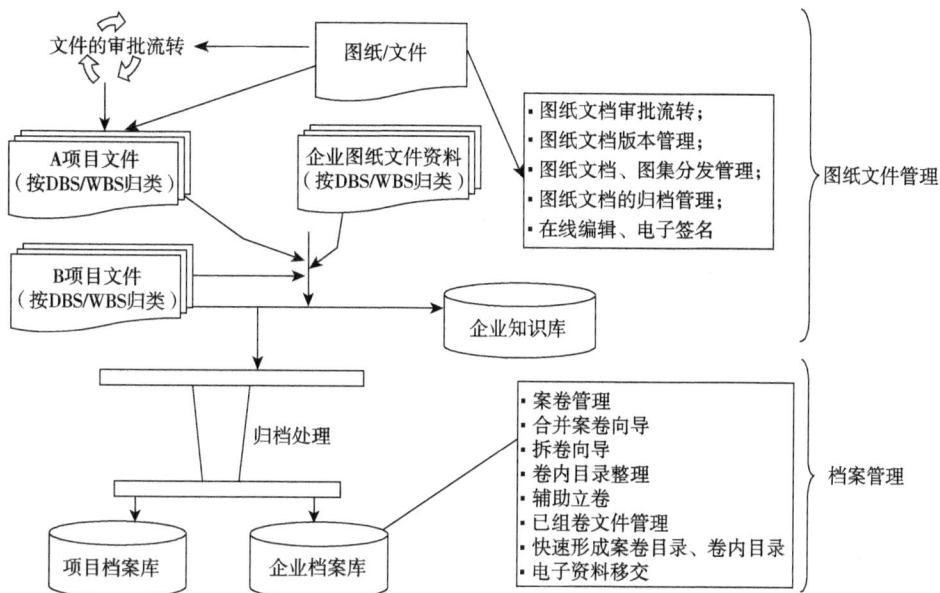

图 3-55 图纸文件和竣工资料、档案管理、知识管理一体化模型

文件管理包含以下步骤。

（1）定义项目的图纸文件分类。可以涵盖所有需要归类管理的文件，如图 3-56 所示。

（2）增加文件。有三种增加文件的方法：一是手工逐个增加，二是直接从资源管理器把一个或多个文件拖放到程序界面，三是批量从 Excel 文件导入。文件的附件都是加密压缩后上传，附件有严格的权限控制，包括是否允许下载、是否允许查看、是否允许删除、是否允许编辑等，Word 和 Excel 类型的附件支持在线编辑和电子签名。附件的查看支持以不可复制的方式有效浏览 2 000 多种格式的文件，可以有效地保护企业的知识产权。

编制文件需求计划：通过把图纸文件与作业/WBS 关联得到的。文件的审批流转：通过管理作业来实现文件的审批流转。这个功能在项目中大量应用，可以基本满足教育厅和职业院校的办公自动化的要求，同时也是沟通管理的需要。

文件的归档：通过把文件标志为需要移交和批准两个属性，在档案管理模块就可以看到该文件，再进行后续的归档操作。

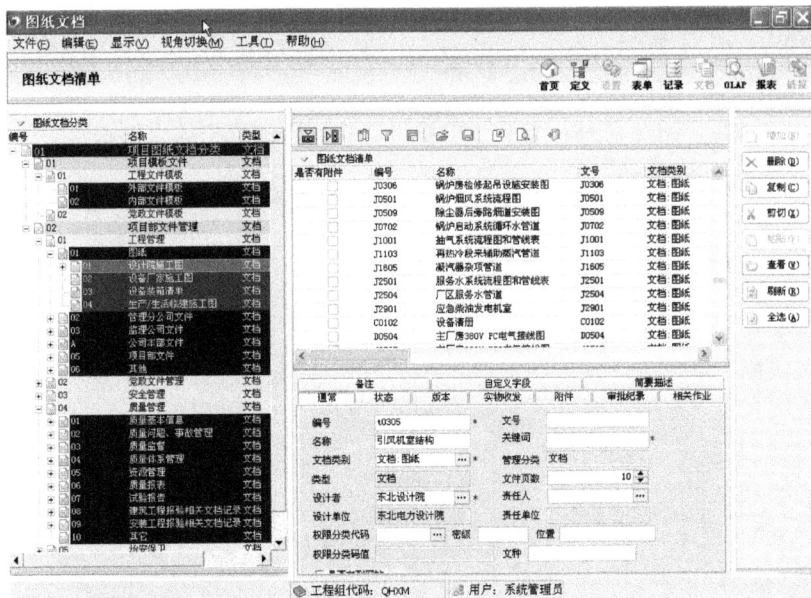

图 3-56　DBS

文件管理的功能包括以下方面。

第一，每个职业院校都可以定义自己的图纸文件资料分类（图 3-57）。

图 3-57　项目图纸文件分类目录

第二，用户可以使用非常简单的方式（如单个、多个文件、文件夹的拖放）实现图纸和文件的录入工作；文件的上传机制采用 FTP 而非 http 的模式，保证大附件上传的速度与效率。

第三，针对单个或多个图纸和文件，能够进行分发操作，能够启动审批流程（图 3-58）。

西北电力设计院兰铝项目部文件处理单

文件编号：CZ-NWEPDI208LV[2007]ZH-J602　　文件名称：2007年全国电力建设安全生产监查第三组监查工作方案

流程编号	责任人	职务	意见	批注	电子签名	审批日期
1	陈涛	项目秘书	送交上级	请马总阅示		2007-08-01 9:54:00
2	郭雁	部长	送交上级	呈马总审阅		2007-08-01 15:04:56
3	马驰	常务副经理	同意	请齐总阅，安健环部负责做好迎检验部署，包括现场和文件两部分。		2007-08-04 16:49:26
4	齐元屏	副经理	同意	已阅		2007-08-04 17:31:10
5	李玉明	部长	同意	已阅，正在按要求进行布置和准备。		2007-08-04 18:01:13
6	马驰	常务副经理	同意	请归档。		2007-08-05 11:04:50
7	陈涛	项目秘书	同意			2007-08-06 8:26:33

图 3-58　审批完成后打印的文件处理单

第四，图纸或文件的实体附件，单独保存在文件服务器上。附件有权限控制，如允许下载、允许查看等；附件能够实现在线编辑、电子签名（图 3-59）。

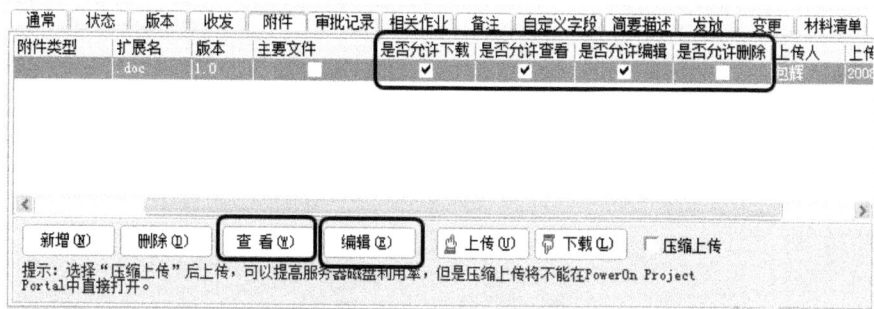

图 3-59　针对附件的操作

第五，对于需要归档进行竣工资料移交的文档，用户可以进行"需要移交"的属性标记。

　　第六，能够对图纸和文件资料分开处理，图纸按卷册进行管理。

　　第七，教育厅能够汇总各个职业院校的文件资料，进行集中的查询和检索。对于未经压缩加密存储在文件服务器上的文件，Power On 能够与 Google 的桌面搜索引擎做整合，显示所有文件按关键字的全文检索，检索的结果依据用户的访问权限进行过滤，再呈现给用户。

第4章　云南省职业教育对接产业转型升级 PPP 发展方案

4.1　云南省职业教育对接产业转型的 PPP 模式发展概况

进入"十三五"时期，云南省在产业转型升级方面提出了更高的要求和目标，产业发展也面临新的机遇和挑战。要实现产业的调结构、促转型，需要政策、资金、技术、人才等多方面的配套支撑，其中，人才培养是不可或缺的关键环节。发展职业教育，培养产业发展需要的技术工人、科研人员和管理人才，是云南省产业健康发展、转型升级的必要条件。

目前，云南省的职业院校与区域产业转型升级的对接已经有了初步的对接平台，这就是职业院校与企业之间建立的校企合作平台，以及职业院校+企业+行业组成的职业教育集团。在这些平台中，已经形成了政府主导、行业指导、校企合作、互利共赢的人才培养机制，在具体做法上主要有以下几个特点。

一是政府层面，积极搭建平台。针对云南省"两型三化"社会建设对技术技能型人才大量又紧迫的需求，省级教育主管部门先后与有关单位合作，举办了一系列活动，这一系列校企面对面的沟通，推动云南省内职业院校与多家企业签订了合作框架协议，促进了校企共生发展、合作共赢。

二是企业层面，积极合作。目前，云南省不少企业向职业院校提供了最新的仪器设备和技术支持，共建校内生产性实训基地。一些企业将部分主机配套产品安排到有条件的职业院校的校内生产性实训基地生产，为职业院校生产性实训提供相关的项目载体。此外，一些企业还接纳职业院校教师进入企业与职工一起工作，让他们了解、适应、熟悉一线生产的生产经验和实际情况，促进"双师型"教师更快更好的成长。在学生教学方面，企业提供实训岗位，进行顶岗实习，让学生在大学期间就对未来的职业环境和职业技能要求有直观的感受。

三是学校层面，积极对接。云南省许多职业院校主动在企业、行业中寻找战略合作伙伴，积极组建职业教育集团，抱团式发展（张学英和王璐，2012）。目前，云南省部分企业和区域内的职业院校还联合开展应用技术研究和项目合作，共同攻克应用技术难关，此举极大地促进了"双师型"教师队伍建设。此外，云南省许多职业院校与企业通过校企协同创新，开发了一批新技术、新工艺、新产品，打造了一批技术信息交流平台，增强了企业产品的核心竞争力，提升了产业发展内涵。

在发展的新时期，新的经济社会发展形势对职业教育以人才培养质量提升为核心的内涵式发展提出了新的更高的要求。但是，云南省从业人员的素质尚不能满足产业要求，劳动者的技能、经验、知识结构与劳动力市场需求不相适应，特别是高技能型人才严重短缺，不能完全满足产业优化升级的需要。有效应对经济社会需求的转变，是当前职业教育面临转型挑战的根本压力所在，同时也是职业教育发展的最好机遇。应对挑战、抓住时代赋予的宝贵机遇，以新思路、新举措深化教学改革、全面提升人才培养质量，以创新性思维推动职业教育迈上新的台阶是职业教育面临的一项紧迫而重要的任务。

4.2 云南省职业教育对接产业转型 PPP 模式设计

4.2.1 PPP 模式简介

PPP 模式是政府与私营经济战略合作伙伴关系式的项目融资及发展战略，它是公共部门与私人企业、营利性企业、非公共企业及外资等社会投资者之间以某项目为基础而形成的相互合作的关系模式（王松江，2015）。PPP 模式不仅可以吸引各方社会投资者参与，缓解云南省各级政府财政支出的压力，减少云南省各级政府的财政补贴，而且可以借鉴和吸收国内外的科学管理方法和先进技术，改善项目的经营管理水平和科学技术含量。此外，PPP 模式还有利于盘活现有公共产品的存量资产，优化资源配置，实现国有资产的保值增值，加快相关企业的改革步伐，缓解新建项目中资金短缺的压力，有利于云南省国民经济持续、稳定、快速发展，并提供了对国有经济进行战略性调整的历史契机。在这种合作模式下，云南省各级政府不会把责任全部转移给社会投资者，责任和融资风险由各方共同承担，最终实现政府和社会资本的双赢或多赢。

4.2.2 应用 PPP 模式的必要性和优势

1. 必要性

职业教育领域推进 PPP 模式有利于政府职能转变,提升服务水平和管理效率。长期以来,在我国职业教育领域,公办职业院校一直占据职业教育供给市场的主导地位,而政府既是各级公办职业院校的举办者、管理者,更是事实上的办学者,直接参与职业院校中教育、教学、培训、人事管理等相关的具体事务,导致职业院校缺乏自身应有的自主权,失去了办学动力和发展活力。在职业教育领域开展 PPP 模式,有助于改善职业教育领域政府与市场的关系,更好地发挥市场在资源配置中的决定性作用。

有利于提升职业教育服务的供给水平和管理效率。现阶段我国职业教育的办学体制仍然主要以国家为主体,民办职业院校的数量及其招生数量、在校生数量逐年减少。公办职业院校治理主体单一,缺少决策、运营、监督等不同主体之间权力的相互制衡,导致内部主要由行政班子控制,管理模式存在单向性、约束性、垂直性的弊端。在这种行政化的管理模式下,管理主体缺少更新与变革的内在动力,导致多年来公办职业院校发展模式僵化、效率低下、缺乏活力,难以适应市场变化的需求。社会资本具备专业化管理能力且追求经济效益最大化。通过吸引社会资本管理职业院校,一方面可以充分发挥社会资本在技术和管理方面的专业优势,为职业院校注入更专业化的管理,提升职业院校的公共服务供给水平;另一方面可以有效实现办学主体的多元化,促进决策、执行、监督等不同主体之间权力的相互制衡,从而构建更加高效的现代化治理结构。

有利于职业教育全方位对接行业发展需求。职业院校的办学关键在于能够在确定办学方向、制定培养目标、专业设置、课程体系设计、教学实践开展、招生就业等环节切实从行业需要出发,贴近行业实际,培养出受企业欢迎的人才。然而,我国大多数职业院校,尤其是公办职业院校,多年来面临的突出问题就是缺乏企业参与办学的利益纽带连接,尽管在职业教育领域校企合作已开展多年,但由于缺乏有效的激励机制,多数企业参与度并不高,校企合作难以在教学改革、学生实践、师资培训等领域深入开展,职业教育切实所需的"真实生产环境"和"双师"结构普遍难以真正实现,最终导致大部分职业教育的教学内容难以真正对接社会需求。

通过开展政府与社会资本合作,吸引有实力的企业共同参与职业院校培养目标、教学计划、课程设置、教学过程等方面内容的确定,并依托企业平台为职业院校学生提供更加切合实际的实践场所,从而实现教学内容与行业实际需求的全过程对接。同时,在 PPP 模式下,由于管理效率的提高及与行业实际需求的高度对接,更易于办学主体根据市场需求及时对教学内容进行调整与改革,为职业院校的可持续发展注入新的活力。

有利于拓宽融资渠道，完善职业教育的经费保障机制。职业教育经费投入是职业教育事业发展的前提和物质基础。在我国职业院校中，传统融资渠道主要包括财政经费拨款、学杂费收入、金融机构贷款、校办企业收入、社会捐赠收入、个人资助以及科研服务等其他收入。其中，仍以财政经费拨款和学杂费收入为主，多渠道筹措职业教育经费的能力不强。截至 2013 年，整个职业教育收入体系中，财政经费拨款所占比重接近 74%，而社会投入仅占 1%。这种两极分化的趋势在中职教育领域尤为明显。中职教育领域的经费中政府投入占比由 2008 年的 65%增长到 2013 年的 86%，而社会投入占比由 2008 年的 1.2%下降至 2013 年的 0.66%，社会投入的规模萎缩了近 50%，高职教育经费投入也存在上述趋势。显然，我国职业教育经费投入结构严重失衡，政府经费拨款所占比重一家独大，社会投入规模和占比尤其低，且差距呈逐年扩大的趋势。

尽管近年来财政对职业教育的经费投入持续加大，但与职业教育的发展需求相比尚存在较大差距，虽然职业教育经费投入逐年递增，但职业教育经费投入占全国教育经费总投入的比重在 2009 年达到峰值后一直在下降，2013 年的占比为 11.36%。在职业教育领域开展 PPP 模式，向社会资本开放基础设施和公共服务项目，可以拓宽融资渠道，形成多元化、可持续的资金投入机制，有利于整合社会资源，盘活社会存量资本，激发民间投资活力，从而有效缓解制约我国职业教育事业发展的资金瓶颈问题。

2. 优势

20 世纪 90 年代末以来，国家高度重视职业教育发展，相关法律制度框架初步形成。2014 年，《国务院关于加快发展现代职业教育的决定》提出要支持各类办学主体举办民办职业教育，明确职业教育领域推行 PPP 模式、引导社会力量兴办职业教育的发展方向。与此同时，相关领域 PPP 模式实践经验的积累、财政预算管理制度的改革、职业教育办学模式的完善都为促进职业教育领域 PPP 模式提供了有利的现实条件。但同时也应当看到，在职业教育领域推行 PPP 模式仍然面临一些挑战和问题。

1) 国家高度重视职业教育发展，相关法律制度框架初步形成

以 1996 年第一部《中华人民共和国职业教育法》正式颁布实施为标志，我国职业教育进入了法制化、正规化发展时期。以此为基础，国家出台了一系列促进职业教育发展的制度和政策，进一步明确了职业教育的发展目标与方向的同时，初步建立了职业教育法律制度框架。推进职业教育校企合作的发展模式。职业教育实行校企合作模式，是培养应用型、技能型人才的基本做法，国家围绕校企合作先后出台了一系列政策文件。《国务院关于大力发展职业教育的决定》、《中共中

央办公厅国务院办公厅关于进一步加强高技能人才工作的意见》（中办发〔2006〕15 号）、《中共中央、国务院关于实施科技规划纲要增强自主创新能力的决定》（中发〔2006〕4 号）等文件，以及 2010 年颁布的《中等职业教育改革创新行动计划（2010—2012 年）》中，均大力倡导了职业教育校企合作模式，推进了我国职业教育校企合作的深入开展。明确构建现代职业教育体系的目标，引导支持社会力量兴办职业教育。2014 年出台的《国务院关于加快发展现代职业教育的决定》（国发〔2014〕19 号）中明确提出，"创新民办职业教育办学模式，积极支持各类办学主体通过独资、合资、合作等多种形式举办民办职业教育；探索发展股份制、混合所有制职业院校，允许以资本、知识、技术、管理等要素参与办学并享有相应权利"。《现代职业教育体系建设规划（2014—2020 年）》进一步明确，"充分利用社会资本发展现代职业教育""建立政府、行业、企业、个人、社会共同参与的基础能力建设多元投资机制"。在全面深化改革的背景下，引导支持社会力量兴办职业教育，有利于破除公办职业院校的体制弊端，促进办学形式多样化、办学主体多元化，增强办学活力，提高办学效益，健全政府主导、社会参与、办学主体多元、办学形式多样、充满生机活力的办学体制；有利于吸纳更多社会资本投入职业教育，缓解职业教育办学经费的短缺；也为在职业教育领域推行 PPP 模式奠定了良好的基础。

2）教育领域 PPP 模式已积累了丰富的实践经验

尽管 PPP 模式在职业教育领域尚未大规模开展，但公共部门与民营部门在教育领域的合作早有开展，包括教育股份制、教育券实验、公办托管、国有民办、民办公助、名校转制、公建民营、租赁托管、中外合作等多种形式。这些模式既有某些相似之处又各具特色且实践效果显著，为在职业教育领域引入 PPP 模式规范管理提供了有益的借鉴。

3）职业教育集团快速发展，为推进 PPP 模式提供了市场和社会基础

我国职业教育集团产生于 20 世纪 80 年代，经过十多年的探索，21 世纪初职业教育集团化办学在全国广泛兴起。教育部的统计数据显示，截至 2014 年底，全国已组建职业教育集团 1 048 个，成员单位有 4.6 万个。其中，中职学校 7 200 所，高职院校 950 所，本科高等院校 180 所，行业协会 1 680 个，企业 2.35 万个，政府部门 1 630 多个，科研机构 920 个，其他机构 1 450 个。作为办学模式突破的一种选择，职业院校、相关企业、科研机构、中介组织甚至政府部门通过契约、资源等联结方式形成联合组织，开展集团化办学，在促进校企深度合作、达成资源共享、提升职业教育育人质量和社会服务水平方面做出了显著贡献。2015 年出台的《教育部关于深入推进职业教育集团化办学的意见》（教职成〔2015〕4 号），强调要充分认识深入推进职业教育集团化办学的重要意义，加快完善职业教育集团化办学的实现形式，全面提升职业教育集团的综合服务能力，不断强化职业教

育集团化办学的保障机制。由此可见，集团化已成为职业教育发展的趋势。在职业教育集团化办学的大背景下，在推进职业教育领域 PPP 模式的过程中，现有职业教育集团可以作为社会资本参与其中，充分发挥职业教育集团在资源整合、办学经验、运营管理、资金筹措等方面的优势，保障 PPP 模式的顺利开展。同时，通过管理模式的创新也为职业教育集团的发展注入新的活力。另外，目前我国多数职业教育集团仍主要定位于行业内或区域内，成员单位多数在本区域范围内，部分职业教育集团已不满足在本区域内的龙头地位，急需拓展市场范围，进一步做大做强，成为跨区域的教育集团，也因此具有了作为社会资本参与其他区域职业教育 PPP 模式的强烈需求。这为推进职业教育 PPP 模式奠定了良好的市场基础。

4.2.3 PPP 模式设计

1. 原则

1）服务企业原则

为企业服务是职业院校办学的指导思想之一，也是打开职业教育对接产业发展大门的前提和基础，决定着合作的成败和成功率的高低。职业院校主动深入企业调研，了解企业的人才需求状况、用人标准、技术需求，积极为企业开展人才培训，急企业之所急。

2）校、企互利原则

校企合作双方互利是职业教育对接产业发展的基础。企业有权优先选拔留用学生，有权根据学生的能力对学生进行部分淘汰。

3）统一管理原则

校企合作是双项活动，校企双方的利益与责任必须高度统一，必须统一领导、统一管理、统一规划、统一实施、统一检查考评。

4）校企互动原则

职业院校定期组织专业理论教师到企业进行现场培训，请企业高级技师或能工巧匠来学校做讲座。通过校企互动，学校教师在企业学到了实践知识和能力，企业技术人员增长了理论知识，从而实现理论与实践互补，实现理论与实践一体化。

2. PPP 模式设计

1）模式一："校中厂"发展模式

引进来，把工厂引入学校，把企业的生产场所引入职业院校，建立"校中厂"。以培养学生实践技能、提高就业竞争力为目的，以自建为主，新建和改扩建"校企合一"的校内生产性教学实体。以"共建、共享、共赢"的理念，推行校企共建实训基地，积极引进实力强、社会信誉度高的企业，建立以企业为主经营、学院参与管理的经营实体——"前厂后校"式生产性实训基地。这种发展模式既可以提高教师的专业技术水平，又为学生搭建了校内生产性实训平台，提高专业技能，为更好地实现职业教育支撑产业发展提供高质量、高技术的专业人才，促进产业转型升级。

　　2）模式二："厂中校"发展模式

　　走出去，把教室搬到工厂，创办"厂中校"。职业院校与企业进行合作，联合开设专业班，学生在校内学习一年后，即将"教室"搬到合作公司。理论教学主要由学院教师负责，实践教学主要由企业兼职教师承担，学生"边学边做、学工交替"直至毕业。

　　通过创办"厂中校"，实践教学更加贴近企业岗位需求，强化学生动手能力和职业经验的获取，提高学生适应企业工作的能力，实现学生实训、就业与企业零距离对接。这种模式可以使企业得到自己急需的人才，学校也因此解决了相关教学资源不足的问题，学生实现了预就业，真正达到了企业、学校、学生三方受益的目的。

4.3　云南省职业教育对接产业转型 PPP 模式的框架结构

　　基于上文中提出的两种 PPP 模式，即 "校中厂"发展模式和"厂中校"发展模式，都是产教融合、校企合作的表现形式，其框架结构基本一致，因此以下不再对其结构分别进行设计。当云南省职业院校以此方案进行试点建设时，再对"厂中校"和"校中厂"发展模式的具体方案进行补充。

4.3.1　投资结构

　　PPP 模式的投资结构就是特殊项目公司（special purpose company，SPC）的组建形式。其职业院校（"厂中校"或"校中厂"）的投资结构通常由投资决策分析来确定，在确定时要考虑项目的产权责任、产品分配形式、决策程序、债务责任、现金流量、税务结构和会计处理等内容。

　　根据云南省职业教育对接产业转型发展的两种 PPP 模式的特点，按照公司型合资结构，SPC 的股东由云南省教育厅（投融资平台）和社会投资者组成。"厂中校"或"校中厂"的资本金主要来源于投融资平台、社会投资者的出资及股权投资基金、产权投资基金和私募资金等。根据职业院校（"厂中校"或"校中厂"）SPC资本金来源于社会资本和投融资平台的投资比例，确定职业院校（"厂中校"或"校中厂")项目公司由政府控股还是由社会资本控股。SPC遵守国家的政策、方针及与教育厅签订的专门的PPP协议,股东以出资额为限对SPC承担有限责任,以资本金所占比例为限对其债务承担责任,按照出资比例和PPP协议的约定享受权益、承担义务,并共同对职业院校("厂中校"或"校中厂")的重大活动进行决策。

4.3.2　融资结构

融资结构是项目融资的核心部分。在PPP模式中,政府投融资平台和社会投资者共同组成SPC,职业院校("厂中校"或"校中厂")建设的一切开支(如设计费、建设费、咨询费等)均由SPC负责管理。双方共同出资职业院校("厂中校"或"校中厂")总投资的一定比例作为SPC的资本金,还可通过股权投资基金、产权投资基金和私募资金等筹集SPC资本金,SPC资本金一般占项目总投资的30%,但根据项目实际规模大小,可对资本金的占比做适当的上浮调整。其余投资以职业院校("厂中校"或"校中厂")为主体向银行和金融机构进行债务融资,债务融资的资金占比一般为总投资的70%,但由于银行债务融资的流程较复杂且门槛高,其债务融资可多元化。保证社会资本和金融资本的共同进入,在引进社会资本的同时,辅佐金融资本的进入。SPC双方以出资占比承担相应的债务,享受收益。职业院校("厂中校"或"校中厂")建成后,SPC通常在一定期限内拥有学校的经营权,经营期满,经营权转交给教育厅,也可以不移交,继续由SPC共同对学校进行管理运营,具体可根据实际情况而定。

具体投融资结构见图4-1。

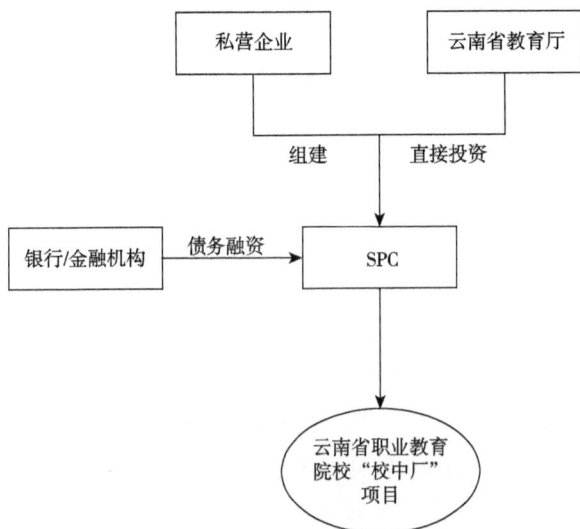

图4-1　"校中厂"发展模式投融资结构

4.3.3　资金结构

在 PPP 模式下，项目的资金运作是一个复杂的系统，云南省教育厅（投融资平台）和社会投资者以一定比例的投资（资本金一般为总投资的30%，其比例根据实际规模可作上浮调整）作为 PPP 模式 SPC 资本金直接对项目投资，构成职业院校（"厂中校"或"校中厂"）的直接融资部分。另外的部分（一般为总投资的70%，融资可多元化）可来自银行/金融机构的债务融资，或是以租赁和其他方式筹集的资金，构成项目的间接融资部分。直接融资部分与间接融资部分共同组成总投资，用于投资职业院校（"厂中校"或"校中厂"）建设和运营所必需的固定资产、流动资产和无形资产。在项目运营过程中获得的收入扣除当期的运营成本和税金，构成当期的利润。税后利润按照资金规划进行分配，包括偿还银行贷款和向 SPC 的主体分配红利等。根据资金特点，资金运作流程见图 4-2。

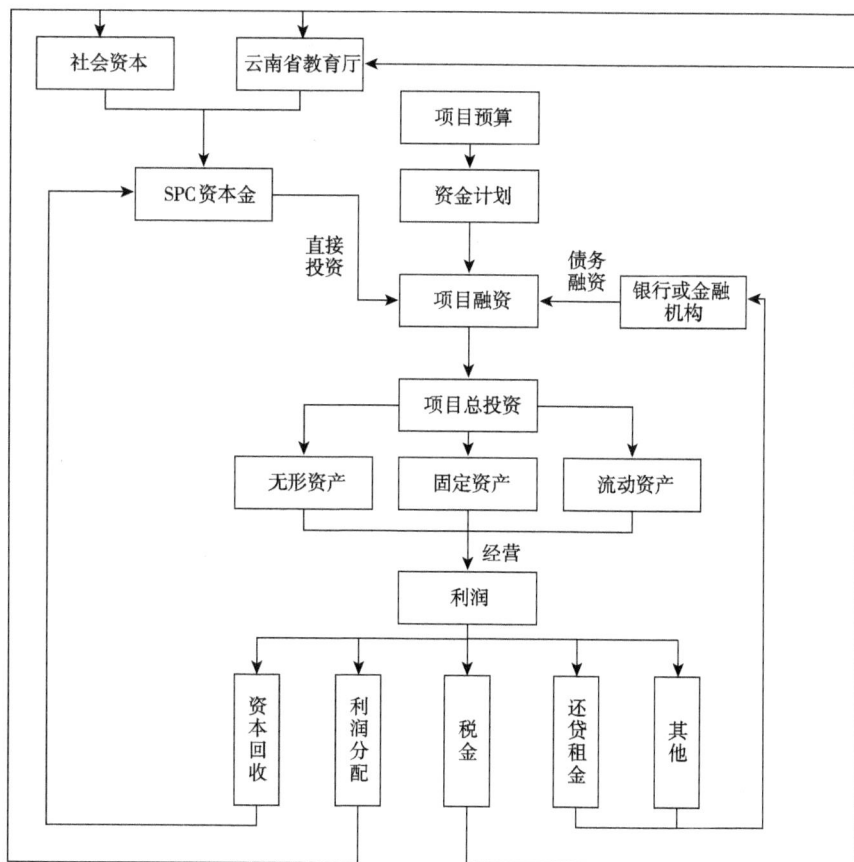

图 4-2　资金运作流程

4.3.4　信用保证结构

项目的安全性来自项目自身的经济强度、保险、担保三方面。为了分散风险，增强项目的安全性，各方往往会要求对方提供诸多担保，PPP 模式涉及的担保形式有保证、抵押、质押等。职业院校（"厂中校"或"校中厂"）主要的担保包括：政府对项目公司的安慰函、补贴保证、税收优惠保证等；投资者向政府提供的投标担保、履约担保、移交担保等；SPC 向银行贷款提供的抵押担保；在项目建设期，由于项目无法产生收益，投入巨大，风险极高，银行一般都要求投资者提供完工担保，投资者或者 SPC 也可向承包商转移完工担保，至少可以分担一部分；此外，承包商和供应商出于商业目的也会为银行贷款提供担保。信用担保结构见图 4-3。

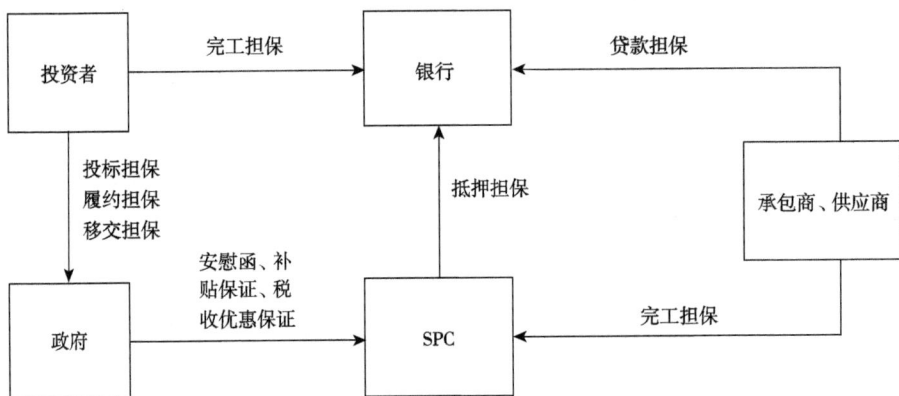

图 4-3　信用担保结构

4.4　云南省职业教育对接产业转型
PPP 模式的运作流程

PPP 模式的一般运作流程如图 4-4 所示，针对不同项目可根据实际情况来执行。

4.4.1　项目识别管理

1. 项目发起

PPP 模式由政府或社会资本发起，职业院校（"厂中校"或"校中厂"）建设项目以政府发起为主。

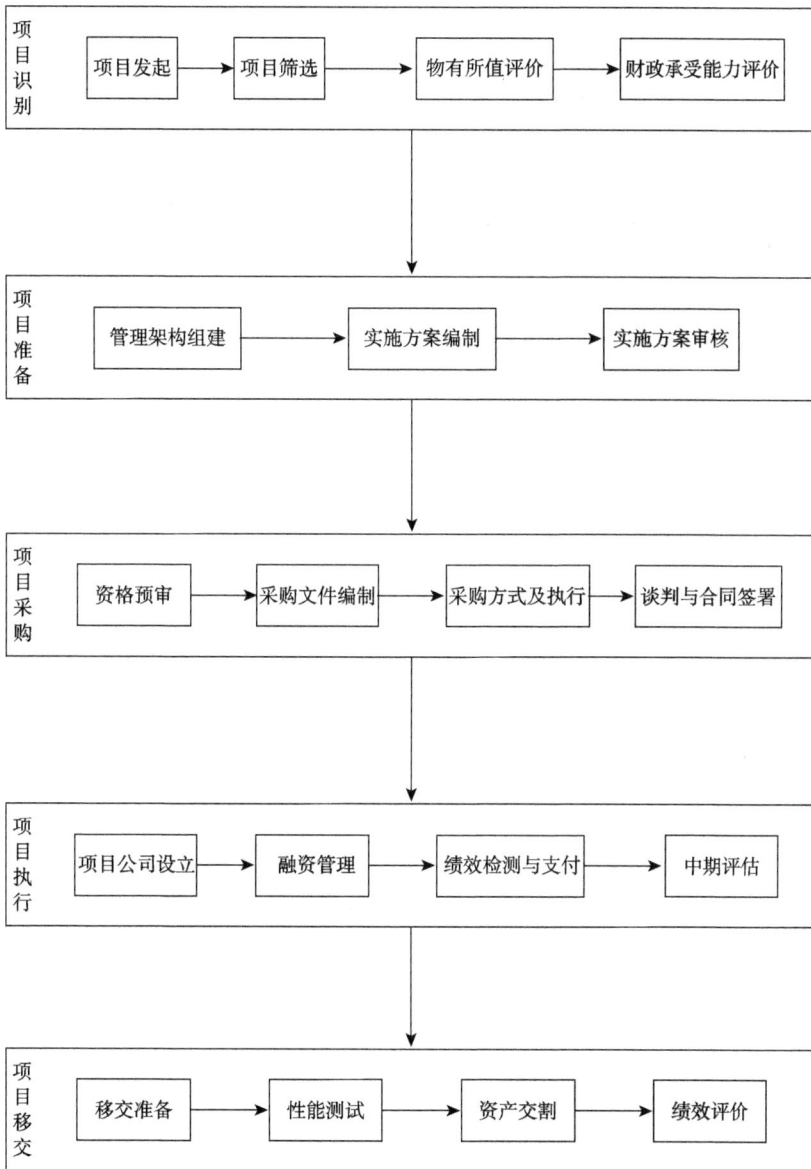

图 4-4 PPP 模式一般运作流程

2. 项目筛选

教育厅对潜在适合 PPP 模式的职业院校（"厂中校"或"校中厂"）建设项目进行评估筛选，确定备选项目。教育厅应根据筛选结果制订项目年度和中期开发计划。对于列入年度开发计划的项目，项目发起方应按要求提交相关资料。新建、改建项目应提交可行性研究报告、项目产出说明和初步实施方案。

3. 物有所值评价

教育厅从定性和定量两方面开展物有所值评价工作。定性评价重点关注项目采用 PPP 模式与采用政府传统采购模式相比能否增加供给、优化风险分配、提高运营效率、促进创新和公平竞争等。定量评价工作由各地根据实际情况开展。定量评价主要通过对云南省职业院校（"厂中校"或"校中厂"）建设项目的全生命周期内政府支出成本现值与公共部门比较值进行比较，计算项目的物有所值量值，判断 PPP 模式是否能够降低项目全生命周期成本。

4. 财政承受能力分析

为确保财政中长期可持续性，财政部门应根据项目全生命周期内的财政支出、政府债务等因素，对部分政府付费或政府补贴的项目，开展财政承受能力分析，每年的政府付费或政府补贴等财政支出不得超出当年财政收入的一定比例。

4.4.2 项目准备管理

县级（含）以上地方人民政府可建立专门协调机制，主要负责项目评审、组织协调和检查督导等工作，达到简化审批流程、提高工作效率的目的。教育厅可作为项目实施机构，负责项目准备、采购、监管和移交等工作，如图 4-5 所示。

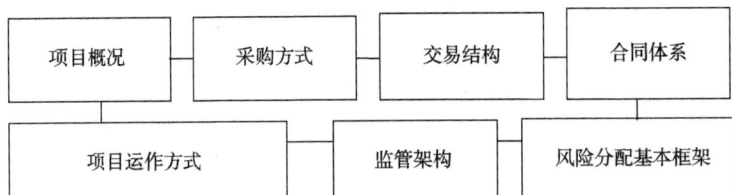

图 4-5　PPP 模式的项目准备情况图

PPP 模式的项目准备情况主要包括以下七个方面。

（1）项目概况。项目概况主要包括基本情况、经济技术指标和项目公司股权情况等。基本情况主要明确项目提供的公共产品和服务内容、项目采用 PPP 模式运作的必要性和可行性，以及项目运作的目标和意义。经济技术指标主要明确项目区位、占地面积、建设内容、资产范围、投资规模、资产价值、主要产出说明和资金来源等。项目公司股权情况主要明确是否要设立项目公司及公司股权结构。

（2）风险分配基本框架。按照风险分配优化、风险收益对等和风险可控等原则，综合考虑政府风险管理能力、项目回报机制和市场风险管理能力等要素，在政府和社会资本之间合理分配项目风险。原则上，项目设计、建造、财务和运营维护等商业风险由社会资本承担，法律、政策和最低需求等风险由政府承担，不可抗力等风险由政府和社会资本合理共担。

（3）项目运作方式。项目运作方式主要包括委托运营、管理合同、建设–运营–移交、建设–拥有–运营、转让–运营–移交和改建–运营–移交等。具体运作方式的选择主要由收费定价机制、项目投资收益水平、风险分配基本框架、融资需求、改扩建需求和期满处置等因素决定。

（4）交易结构。交易结构主要包括项目投融资结构、回报机制和相关配套安排。项目投融资结构主要说明项目资本性支出的资金来源、性质和用途，项目资产的形成和转移等。项目回报机制主要说明社会资本取得投资回报的资金来源，包括使用者付费、可行性缺口补助和政府付费等支付方式。

（5）合同体系。合同体系主要包括项目合同、股东合同、融资合同、工程承包合同、运营服务合同、原料供应合同、产品采购合同和保险合同等。其中，项目合同是最核心的法律文件。项目边界条件是项目合同的核心内容，主要包括权利义务、交易条件、履约保障和调整衔接等边界。权利义务边界主要明确项目资产权属、社会资本承担的公共责任、政府支付方式和风险分配结果等。交易条件边界主要明确项目合同期限、项目回报机制、收费定价调整机制和产出说明等。履约保障边界主要明确强制保险方案及由投资竞争保函、建设履约保函、运营维护保函和移交维修保函组成的履约保函体系。调整衔接边界主要明确应急处置、临时接管和提前终止、合同变更、合同展期、项目新增改扩建需求等应对措施。

（6）监管架构。监管架构主要包括授权关系和监管方式。授权关系主要是政府对项目实施机构的授权，以及政府直接或通过项目实施机构对社会资本的授权。监管方式主要包括履约管理、行政监管和公众监督等。

（7）采购方式。项目采购应根据《中华人民共和国政府采购法》及相关规章制度执行，采购方式包括公开招标、竞争性谈判、邀请招标、竞争性磋商和单一来源采购。项目实施机构应根据项目采购需求的特点，依法选择适当的采购方式。公开招标主要适用于核心边界条件和技术经济参数明确、完整、符合国家法律法规和政府采购政策，且采购中不作更改的项目。

4.4.3 项目采购管理

1. 资格预审

项目实施机构应根据项目需要准备资格预审文件，发布资格预审公告，邀请社会资本和与其合作的金融机构参与资格预审，验证项目能否获得社会资本响应和实现充分竞争，并将资格预审的评审报告提交财政部门（政府和社会资本合作中心）备案。项目有 3 家以上社会资本通过资格预审的，项目实施机构可以继续开展采购文件的准备工作；项目通过资格预审的社会资本不足 3 家的，项目实施机构应在实施方案调整后重新组织资格预审；项目经重新资格预审合格社会资本仍不足 3 家的，可依法调整实施方案选择的采购方式。资格预审公告应在省级以上人民政府财政部门指定的媒体上发布。资格预审合格的社会资本在签订项目合同前资格发生变化的，应及时通知项目实施机构。

资格预审公告应包括项目授权主体、项目实施机构和项目名称、采购需求、对社会资本的资格要求、是否允许联合体参与采购活动、拟确定参与竞争的合格社会资本的家数和确定方法，以及社会资本提交资格预审申请文件的时间和地点。提交资格预审申请文件的时间自公告发布之日起不得少于 15 个工作日。

2. 采购文件编制

项目采购文件应包括采购邀请、竞争者须知（包括密封、签署、盖章要求等）、竞争者应提供的资格、资信及业绩证明文件、采购方式、政府对项目实施机构的授权、实施方案的批复和项目相关审批文件、采购程序、响应文件编制要求、提交响应文件截止时间、开启时间及地点、强制担保的保证金缴纳数额和形式、评审方法、评审标准、政府采购政策要求、项目合同草案及其他法律文本等。采用竞争性谈判或竞争性磋商采购方式的，项目采购文件除包括以上提到的内容外，还应明确评审小组根据与社会资本谈判情况可能进行实质性变动的内容，包括采购需求中的技术、服务要求及合同草案条款。

3. 采购方式及执行

项目采用公开招标、邀请招标、竞争性谈判、单一来源采购方式开展采购的，按照政府采购法律法规及有关规定执行。采用竞争性磋商采购方式开展采购的，按照采购公告发布及报名、资格审查及采购文件发售和相应文件评审等程序进行。

4. 谈判与合同签署

项目实施机构应成立专门的采购结果确认谈判工作组。按照候选社会资本的排名，依次与候选社会资本及与其合作的金融机构就合同中可变的细节问题进行合同签署前的确认谈判，率先达成一致的即为中选者。确认谈判不得涉及合同中不可谈判的核心条款，不得与排序在前但已终止谈判的社会资本进行再次谈判。

确认谈判完成后，项目实施机构应与中选社会资本签署确认谈判备忘录，并将采购结果和根据采购文件、响应文件、补遗文件与确认谈判备忘录拟定的合同文本进行公示，公示期不得少于 5 个工作日。合同文本应将中选社会资本响应文件中的重要承诺和技术文件等作为附件。合同文本中涉及国家秘密、商业秘密的内容可以不公示。

公示期满无异议的项目合同，应在政府审核同意后，由项目实施机构与中选社会资本签署。需要为项目设立专门项目公司的，待项目公司成立后，由项目公司与项目实施机构重新签署项目合同，或签署关于承继项目合同的补充合同。项目实施机构应在项目合同签订之日起 2 个工作日内，将项目合同在省级以上人民政府指定的媒体上公告，但合同中涉及国家秘密、商业秘密的内容除外。

4.4.4　项目执行管理

1. 项目公司设立

谈判结束宣布中标结果以后，中标的社会投资者与云南省教育厅（投融资平台）共同组成职业教育（"厂中校"或"校中厂"）SPC，双方在一定时间内处理好SPC 成立的相关事宜，包括按照事先的约定出资、召开有关会议、制定公司章程、到工商税务部门注册、在银行开设账户等。SPC 正式注册以后，开始组织有关项目参与者进行"厂中校"或"校中厂"的建设等。

2. 融资管理

"厂中校"或"校中厂"项目的融资由社会资本或项目公司负责，社会资本或项目公司未按照项目合同约定完成融资的，政府可提取履约保函直至终止项目合同。当项目出现重大经营或财务风险，威胁或侵害债权人利益时，债权人可依据与政府、社会资本或项目公司签订的直接介入协议或条款进行维权。

3. 绩效监测与支付

项目合同中涉及的政府支付义务，财政部门应结合中长期财政规划统筹考虑，纳入同级政府预算。应定期监测项目产出绩效，编制季报和年报，并报财政部门的政府和社会资本合作中心备案。另外，政府有支付义务的，项目实施机构应根据项目合同约定的产出说明，按照实际绩效直接或通知财务部门向社会资本或项目公司及时足额支付。

4. 中期评估

中期评估工作重点关注合同修订、违约责任和争议解决等工作。项目实施机构应每 3~5 年对项目进行中期评估，重点分析项目的运行状况及项目合同的合规性、适应性和合理性；及时评估已发现问题的风险，制定应对措施，并报财政部门的政府和社会资本合作中心备案；同时，云南省教育厅相关职能部门应根据国家相关法律法规对项目履行行政监管职责，重点关注公共产品和服务质量、价格和收费机制、安全生产、环境保护和劳动者权益等。

4.4.5　项目移交管理

1. 移交准备

项目合同中应明确约定移交形式、补偿方式、移交内容和移交标准。补偿方案没有约定或约定不明的，项目实施机构应按照"恢复相同经济地位"原则拟订补偿方案，报政府审核同意后实施。

2. 性能测试

性能测试应组建项目移交工作组，制订资产评估和性能测试方案。委托具有相关资质的资产评估机构，按照项目合同约定的评估方式，对移交资产进行资产评估，作为确定补偿金额的依据。性能测试结果不达标的，移交工作组应要求社会资本或项目公司进行恢复性修理、更新重置或提取移交维修保函。

3. 资产交割

社会资本或项目公司应将满足性能测试要求的项目资产、知识产权和技术法律文件，连同资产清单移交项目实施机构或政府指定的其他机构，办理法律过户和管理权移交手续。社会资本或项目公司应配合做好项目运营平稳过渡相关工作。

4. 绩效评价

对项目产出、成本效益、监管成效、可持续性、PPP 模式应用等进行绩效评价，并按相关规定公开评价结果。

4.5　云南省职业教育对接产业转型 PPP 模式物有所值定量分析及财政承受能力分析

PPP 模式的物有所值定量分析及财政承受能力分析涉及大量的财务数据，因此云南省职业教育对接产业转型发展 PPP 模式试点成立后可根据情况进行推进。

4.5.1　物有所值定量分析

物有所值定量分析的主要步骤如下：①根据参照项目计算 PSC 值；②根据实际报价计算 PPPa 值；③比较 PSC 值和 PPPa 值，计算物有所值量值和物有所值指数，得出定量分析的结论。若 PPPa 值小于 PSC 值，则证明 PPP 模式能够为政府节约成本，即该项目可以采用该方案进行 PPP 模式操作，反之则不宜采用 PPP 模式运作。

4.5.2　教育厅财政承受能力分析

为科学地评估项目实施对当前及今后年度教育厅财政收支平衡状况的影响，并为 PPP 项目财政预算管理提供依据，需要对项目的各项财政支出责任清晰地识别和测算。

1. 责任识别

在 PPP 项目全生命周期内的不同阶段，政府相应承担不同的义务，财政支出责任主要包括股权投资支出责任、运营补贴支出责任、风险承担支出责任、配套投入支出责任。

（1）股权投资支出责任。股权投资支出责任是指在政府与社会资本共同组建项目公司的情况下，政府承担的股权投资支出责任。

（2）运营补贴支出责任。运营补贴支出责任是指在项目运营期间政府承担的直接付费责任。

（3）风险承担支出责任。风险承担支出责任是指项目实施方案中政府承担风险带来的财政或支出责任。由于项目风险支出的数额和概率难以准确测算，按照项目的全部建设成本和全生命周期内的运营成本的一定比例确定风险承担支出。

（4）配套投入支出责任。配套投入支出责任是指政府提供的项目配套工程等其他投入责任，通常包括土地征收和整理、建设部分项目配套措施、完成项目与现有相关职业院校和教育事业的对接、投资补助、贷款贴息等。

2. 支出测算

采用一定的折现率，计算出政府累计支出现值。

3. 财政承受能力分析结论

根据《政府和社会资本合作项目财政承受能力论证指引》第二十五条，"每一年度全部 PPP 项目需要从预算中安排的支出责任，占一般公共预算支出比例应当不超过 10%"。通过比较，PPP 项目的年度支出责任未超过教育厅年度公共预算支出的 10%，研究结果认为政府财政能力"通过论证"，项目适宜采用 PPP 模式。

4.6　云南省职业教育对接产业转型
PPP 模式的合同体系构建

在 PPP 项目中，项目参与方通过签订一系列合同来确定和调整彼此之间权利和义务的关系，构成项目的基本合同体系（图 4-6）。根据项目的不同特点，相应的合同体系也不同，具体请参阅 4.2.2 小节。

PPP 模式的合同体系主要分为六大合同体系：①PPP 项目合同（即特许经营合同）；②建设合同［包括工程承包（分包）合同、原材料供应合同、项目采购合同］；③征地合同；④经营合同；⑤移交合同；⑥其他合同（如融资合同、保险合同、争议违约合同）。

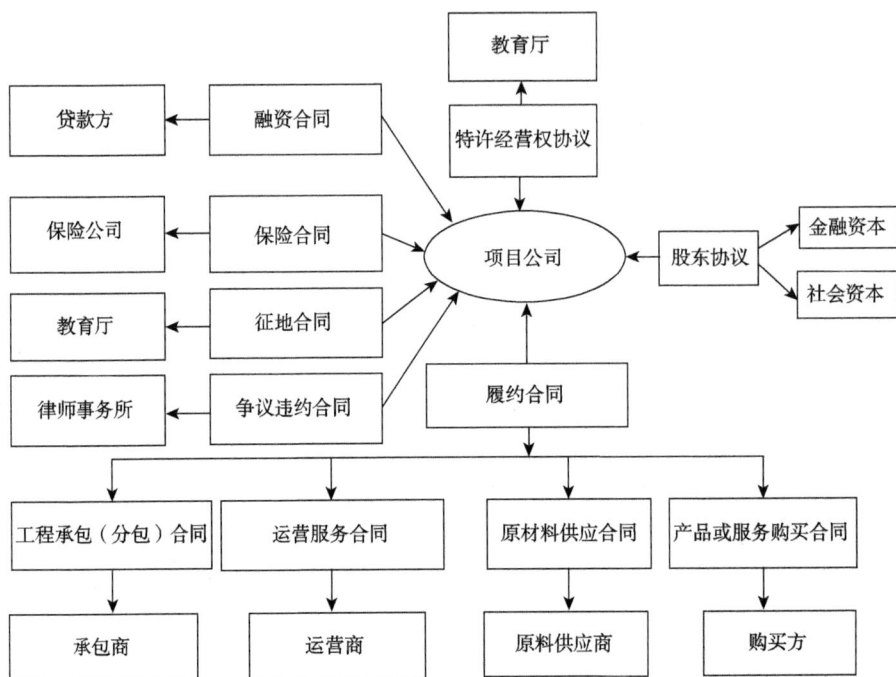

图 4-6 PPP 项目基本合同体系

其中，PPP 项目合同是整个项目合同体系的基础和核心，各个合同之间并非完全独立、互不影响，而是紧密衔接、相互贯通的，合同之间存在着一定的传导关系，了解 PPP 项目的合同体系和各个合同之间的传导关系，有助于对 PPP 项目合同进行更加全面准确的把握。

首先，在合同签订阶段，作为合同体系的基础和核心，PPP 项目合同的具体条款不仅会直接影响项目公司股东之间的协议内容，而且会影响项目公司与融资方的融资合同及与保险公司的保险合同等其他合同的内容。此外，PPP 项目合同的具体约定，还可能通过工程承包或产品服务购买等方式，传导到工程承包（分包）合同、原材料供应合同、运营服务合同和产品或服务购买合同上。

其次，在合同履行阶段，合同关系的传导方向可能发生逆转。例如，分包合同的履行出现问题，会影响总承包合同的履行，进而影响 PPP 项目合同的履行。

4.6.1 项目合同

云南省职业教育院校（"厂中校"或"校中厂"）PPP 项目合同是云南省教育厅（投融资平台）授予项目公司经营特定项目权利的法律文件，是项目的法律基础，也是其他合同的核心和依据，能够协调 PPP 项目各种合同的关系。

PPP 项目合同包括政府投融资平台与项目所在地之间的主要权利义务关系、

项目运营转让等环节的内容。

1. 合同结构的主要内容

（1）特许权的范围，主要包括以下三个方面的内容：一是权力的授予，明确在项目中由哪一方来授予主办方在运营方面的特权。实践中一般由项目所在地政府或其公营机构授予私营机构某种特权。二是授权范围，即规定项目所在地政府授予项目主办者主办项目权利的范围，包括项目的运营、维护和转让，有时授予该主办者经营其他项目的权利等。三是特许期限，即项目所在地政府许可主办者运营合同设施的期限，通常是特许协议的一条核心条款。

（2）项目的融资方式，主要规定项目将如何进行融资、融资的利息水平、资金来源、双方将同意采用什么方式来进行融资等。

（3）项目的运营及维护，规定主办者运营和维护合同设施的方式和措施等。

（4）合同设施的收费水平及其计算方法，这也是非常难以谈判和确定的条款，直接关系到项目的成功与否。此条款主要规定协议双方将如何确定和同意主办者对合同设施的收费水平、主办者所提出和建议的收费水平是如何计算的、主办者将如何向该合同设施的用户收取服务费及用什么货币来计价等内容。

（5）项目的移交，本条款主要包括项目移交的范围、运营者如何对设施进行最后的检修、合同设施的风险在何时何地进行转移、合同设施移交的方式及费用如何负担、移交的程序如何协商确定等。

（6）协议的通用条款，是指在一般的经济合同或涉外经济合同中通常也具有的那些条款，如合同的适用法律条款、不可抗力条款、争议的解决条款等。

（7）合同义务的转让等，这是 PPP 项目条款的特殊之处。在一般的经济合同中，按照普遍的国际商法原则，在一个合同关系成立后，合同的任何一方在未经另一方同意时，不得擅自将其在本合同项下的任何权利、义务转让给第三方；或者即使允许转让，转让的权利和范围也应该是相互对等的。因此，在合同义务的转让规定方面，实践中通常规定：项目的主办者一方通常不得将其在本协议项下的合同义务转让给第三方，而项目所在地政府则可根据其具体情况，如由于政府机构改革和公营机构合并等而将其在本协议下的合同义务转让给其法定的继承者或第三方。当然，项目所在地政府合同义务的转让，应事先通知对方并做好相应的准备工作等。

2. 合同的主要内容和条款

（1）定义与解释；

（2）特许权期间甲方的权力和责任；

（3）特许权期限内乙方及项目公司的权力和责任；

（4）项目所在地和运作方式；

（5）项目的特许权授予；

（6）项目的特许期限；

（7）项目设施的所有权及土地使用权；

（8）生效日和特权；

（9）项目的运行和维护；

（10）项目的服务费用和收入分配；

（11）转让所有权；

（12）赔偿责任；

（13）甲方的一般义务；

（14）项目公司的一般义务；

（15）环境保护；

（16）法律、法规的变化及协议的延续性；

（17）争议解决；

（18）项目特许权合同的终止；

（19）不可抗力；

（20）保险等。

4.6.2　建设合同

建设合同主要包括工程承包合同、原材料供应合同、项目采购合同。

1. 工程承包合同

工程承包合同是项目参与各方的重要合同之一，应与其他合同保持一致的协调。

1）工程承包合同的种类

项目公司一般只作为融资主体和项目运营管理者而存在，本身不一定具备自行设计、采购、建设项目的条件，因此可能会将部分或全部设计、采购、建设工作委托给工程承包商，签订工程承包合同。项目公司可以与单一承包商签订总承包合同，也可以分别与不同承包商签订合同。

工程承包合同通常采用交钥匙合同形式，以使承包商负完全和职能型的责任。交钥匙合同的定价方法有：总价（固定价格）、成本加费用（可报销成本+费用）、计量单价或以上三种的组合。可以选择总价交钥匙合同。

2）工程承包合同的要求

（1）债权人的要求。

债权人通常要求以总价交钥匙合同为基础来进行施工。

为了鼓励承包商按时或提前完成工作，债权人将规定适当的保函和违约保证条款。

为了保证承包商不受妨碍的按时在预算内完成工作，债权人需限制项目公司更改工作范围。所以，任何指定项目管理组织的职责都必须严格加以定义，承包商要求对不可抗力进行补偿的情况也要加以限制和严格定义，并以特许权合同相协调。

债权人通常要求承包商承担完工和履约风险。除了施工的惩罚条款外，还有与设施的运营相关的惩罚条款。此外，债权人还要求有保证金和担保。

（2）政府的要求。

项目所在地政府要求项目战略框架和施工的采购规划与标准都被执行；要求施工在技术规范、预算和预定的时间内完成；要求工程承包合同与特许权合同保持完全的一致协调。

3）工程承包合同的重要要素

（1）时间。项目应按照计划的工期进行。

（2）质量。工程承包合同中应对质量保证的措施加以说明，预期质量的标准应严格加以定义。

（3）运行。

（4）定价和支付。

（5）分包。分包应在政府和项目公司同意的前提下进行。

（6）零配件的可用性。要求承包商编写一个需要保证供应的备件目录。

（7）承包商索赔。工程承包合同应该提供一个机制，可以应付承包商提出的任何类型的索赔，必须明确指出索赔通知的程度和最后期限。

2. 原材料供应合同

项目公司将直接或间接地通过施工承包商与提供设备的供货商谈判，形成有约束力的供应合同。

原材料供应合同主要包括以下条款。

首先，原材料供应合同的一般条款：①当事人双方的名称或姓名、住所；②标的物名称、规格、型号、生产厂商、产地、数量及价款；③质量要求；④包装方式；⑤交货的时间、地点、方式；⑥检验标准、时间、方法；⑦结算方式；⑧违约责任；⑨解决争议的方法；⑩其他条款。

其次，原材料供应合同中的特殊条款：①原材料、燃料、零部件的长期供应；②对拥有量、质量、价格的承诺，包括不能满足这些条件的适当惩罚；③考虑通货膨胀和汇率变化因素的合理涨价公司；④与项目产出相匹配的供应，降低原材料的供应量和费用与对产出的需求和价格之间的市场差价风险。

3. 项目采购合同

根据《政府和社会资本合作项目政府采购管理办法》的规定，PPP 项目采购，是指政府为达成权利义务平衡、物有所值的项目合同，遵循公开、公平、公正和诚实信用原则，按照相关法规的要求完成 PPP 项目识别和准备等前期工作后，依法选择社会资本合作者的过程。

项目采购合同的条款如下。

（1）服务内容：具体内容、时限、衡量成果的标准、验收。

（2）甲乙双方的权利和义务。

（3）以上内容经政府采购监督管理部门审核并经甲方确认采购和乙方中标承诺情况一致且不得改变或放弃。

乙方在定点采购有效期内，若发生单位资质变更、人员调整及人员资质变动等与投标人中相关承诺不一致时，必须在 15 个工作日内书面告知甲方，甲方将视情况进行处理。

（4）验收及验收标准。

（5）服务费和收费标准：服务费、履约保证金、非国库支付、国库集中支付、服务费的支付方式。

（6）服务的变更。

（7）违约责任。

（8）不可抗力的延迟。

（9）争议解决办法。

（10）合同期限。

（11）生效、续签、终止。

（12）协议不可分割部分及解释顺序：①协议书及附件；②中标通知书；③中标人投标文件及澄清或谈判文件；④招标文件。

4.6.3　征用土地合同

当"厂中校"或"校中厂"的建设方案为新建或扩建时，将会涉及土地征用事宜。征用土地合同主要包括征地协议书、征用土地补偿合同和征用土地补偿补充合同。

征用土地补偿合同的条款如下：

（1）合同双方；

（2）合同内容；

（3）征用土地补偿价款（包括土地补偿费、青苗费、地上附着物补偿、安置补助费用等一切费用）；

（4）界定方式；

（5）补偿款支付方式；

（6）双方责任；

（7）违约责任；

（8）合同履行争议解决；

（9）征地补偿补充合同；

（10）合同附件（与合同同具法律效力）。

4.6.4　经营合同

经营合同（即特殊经营合同）生效后，中标者将组建新的组织结构，进行项目的生产经营和维护活动。在项目运营期间，项目公司将回收投资、偿还债务、赚取利润。经营合同规定了项目公司和运营者在日常运行方面的责任和义务。经营合同应与项目的其他合同条款相一致，并互为补充。主要内容有：①经营的风险分担；②设施运行；③设施的维护；④技术和培训；⑤补偿；⑥财务记录和预算；⑦争端；⑧中止。

经营合同的条款主要如下：

（1）公司的主要义务；

（2）政府的主要义务；

（3）项目安全技术原则；

（4）项目维护基金；

（5）项目维护中的失误；

（6）公共安全；

（7）项目原材料供应；

（8）项目用电供应、购电费用；

（9）项目财务和财务管理；

（10）项目的保证和担保；

（11）项目补偿；

（12）合同违约责任；

（13）项目的错误和补救；

（14）项目期限和合同的终止；

（15）不可抗力；

（16）保险；

（17）争议解决；

（18）法律；

（19）协议的生效与终止；

（20）协议的补充。

4.6.5 项目移交合同

项目移交合同是项目主办者和政府约定在特许经营期满后，项目主办者将设施移交给项目所在地政府或政府指定的主管部门的合同。

项目移交合同的条款如下：

（1）移交日期；

（2）移交程序；

（3）移交范围；

（4）移交日期前的维护和监督；

（5）移交日期前对项目设施的全面检查；

（6）备件；

（7）保修；

（8）风险转移；

（9）技术的移交；

（10）项目保证书的移交；

（11）项目技术档案的移交；

（12）移交成本和批准；

（13）项目合同的终止与转让；

（14）风险的转移；

（15）维护保证金的退还；

（16）移交的效力；

（17）保险；

（18）法律；

（19）协议生效与终止；

（20）协议的补充。

4.6.6 其他合同

其他合同主要包括除上述五大合同体系外的合同，如融资合同，保险合同，项目争议、违约合同等。

1. 融资合同

从广义上讲，融资合同可能包括项目公司与融资方签订的项目贷款合同、担保人就项目贷款与融资方签订的担保合同、政府与融资方和项目公司签订的直接介入协议等多种合同。其中，项目贷款合同是最主要的融资合同。项目贷款合同是为了维护各方的权利和义务，在筹资的过程中，贷款人将与债权人签订项目贷款合同。

项目贷款合同的条款主要如下：

（1）借款金额与期限；

（2）借款用途；

（3）利率与利息；

（4）借款交付；

（5）借款展期；

（6）借款担保；

（7）还款方式；

（8）双方的权利、义务；

（9）违约责任；

（10）争议解决；

（11）合同的生效、变更与解除。

2. 保险合同

保险合同是投保方与保险方约定保险权利和义务关系的协议。保险合同的分类如下：

（1）按保险标的分：主要有财产保险、责任保险、保证保险和人身保险；

（2）按保险的方式分：主要有强制保险和自愿保险；

（3）按利益的归属分：主要有利益归己的保险和利益归第三人的保险。

保险合同的主要条款如下：

（1）保险人名称和住所；

（2）投保人；

（3）被保险人名称和住所及人身保险的受益人的名称和住所；

（4）保险标的；

（5）保险责任和责任免除；

（6）保险期间和保险责任开始时间；

（7）保险价值；

（8）保险金额；

（9）保险费及支付办法；

（10）保险金赔偿或者给付办法；

（11）违约责任和争议处理；

（12）订立合同时间。

3. 项目争议、违约合同

由于项目涉及的参与方众多、利益关系复杂、项目期限较长，在项目所涉及的合同中，需要规定争议解决条款，就如何解决各方在合同签订后可能产生的合同纠纷进行明确的规定。

1）争议的解决方式

争议的解决方式通常有：协调、调解、仲裁、诉讼。

（1）协调，即协商谈判。协调解决争端，双方的商业关系不受损害，甚至还可以体现出彼此愿意合作的友好气氛。通过互相做出适当的让步，在双方均可接受的基础上达成谅解，争端各方可节省大量耗费在法律程序上的时间和金钱，可以说是一种最令人满意的解决方法。

（2）调解。倘若协商无效，就可以邀请双方都同意并共同尊重的调解人（一般为经济或法律专家）提出公正合理的解决方案供争议双方选择，直到达成双方都可以接受的协议。调解人一般都是做说服劝解工作，促使当事人妥协，并不裁决争端。

通过调解解决争端，能使双方保持良好关系，所以应用越来越广泛。

（3）仲裁。仲裁是合同双方在争端发生之前或发生之后签订书面协议，自愿将争端提交给双方同意的仲裁机构进行裁决。仲裁机构是一种民间团体设立的组织，不是国家权力机关，受理争端案件以当事人自愿为基础。但仲裁做出的裁决具有约束力，争端双方必须遵照执行。

（4）诉讼。如果双方既不能通过协调、调解解决争端，又没有在合同中载入仲裁条款或不同意提交仲裁，就只能通过诉讼最终解决争端。

2）争议的避免

为了减少争议的出现，应将下列事项纳入项目的整体策略中：①采用与项目目的一致的合同形式；②订立清晰且反映各方真实意图的合同；③提供一个非对立、能促进合作的工作安排和环境；④实施能将争议消除在萌芽状态的程序。

3）项目争议、违约合同的条款

违约的补救条款如下：

（1）过程：①由政府引起的终止；②由公司引起的终止；③终止意图的通知和终止通知；④投资者的权力；⑤政府的权力；⑥终止的一般结果；⑦终止的赔偿；⑧抵消；⑨其他补救方式。

（2）违约赔偿：①赔偿；②责任的免除；③缓和；④由受害方造成的部分损失；⑤无相关损失；⑥补救的累计。

（3）责任和补偿：①交叉补偿；②环境污染；③责任的存续；④共同责任；⑤抗辩。

争议解决条款如下：

（1）释义：①合同文本；②协议的整体；③修改和变更；④可分性；⑤优先顺序；⑥解释。

（2）争议解决：①协调委员会达成的和解；②专家组的调解；③仲裁；④多方争议的解决，如合并仲裁；⑤争议解决中的履行；⑥其他。

4.7　云南省职业教育对接产业转型PPP 模式的风险管控机制

云南省职业教育对接产业转型升级发展鼓励和引进社会资本模式，应用 PPP 模式的风险控制与管理进行研究。根据项目周期理论，在对项目进行风险分析时引入项目风险管理体系 V 模型（图 4-7），使风险管理更加系统化、流程化。

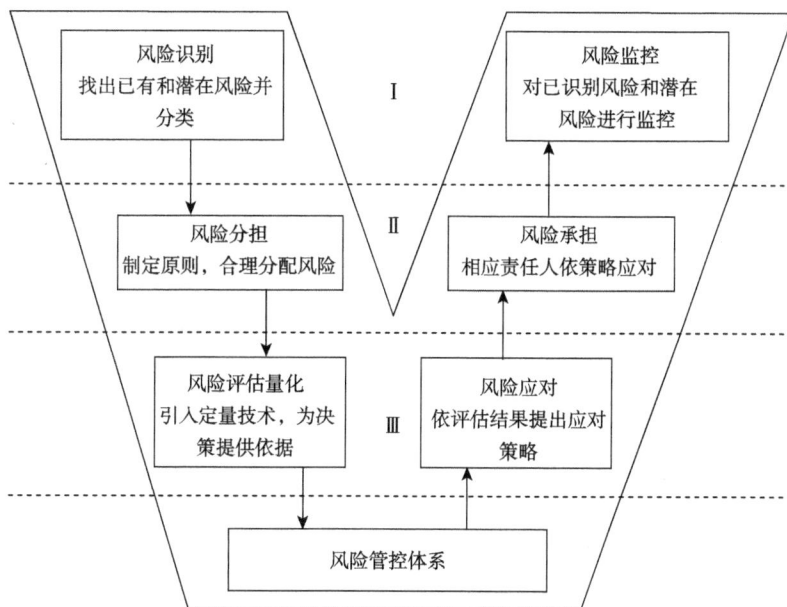

图 4-7　项目风险管理体系 V 模型

项目风险管理体系 V 模型的左边是风险识别、风险分担和风险评估量化，右边是风险应对、风险承担和风险监控，从上至下，每一层都是一一对应的。第一层，主要是针对具体的风险因素；第二层，主要是分担框架、分担矩阵的制定和实施；第三层，主要是针对应对策略的制定和实行。

风险识别是找出已有和潜在的风险，并对风险因素进行分类；风险分担是制定原则，在项目利益相关者之间合理分配风险；风险评估量化是引入定性、定量技术对各种风险因素进行评估，为风险管理决策提供依据；风险应对是按照评估结果，提出风险应对策略；风险承担是各利益相关者按照合同及应对策略承担相应风险；风险监控是监控已识别风险，关注潜在风险。

项目的风险管理贯穿整个项目生命周期，除了在项目初期进行整体的风险识别、分担、评估、管理之外，还要在不同阶段不断地进行风险再识别、再分担、再评估、再管理。因此，项目风险管理过程中，风险管理体系是若干个 V 模型的叠加循环，贯穿整个项目过程。

结合案例调研和对云南省职业教育院校（"厂中校"或"校中厂"）的特点、投融资体系、优势、PPP 模式机制及合同体系构建的系统研究来进行风险管控机制研究。项目周期长、投入大，涉及融资、建设、运营等多个阶段，使得云南省职业院校（"厂中校"或"校中厂"）建设的过程中会出现各类风险，因此，如何防范、规避、降低风险就成为项目研究的重点之一。全面识别风险，进行合理分担和应对是社会资本及金融资本参与项目获得成功的关键因素。

4.7.1 风险识别

根据两大项目类别和四种模式的现状，对其存在的风险进行分析，并相应提出有效的项目风险防范策略。风险识别的过程如图 4-8 所示。

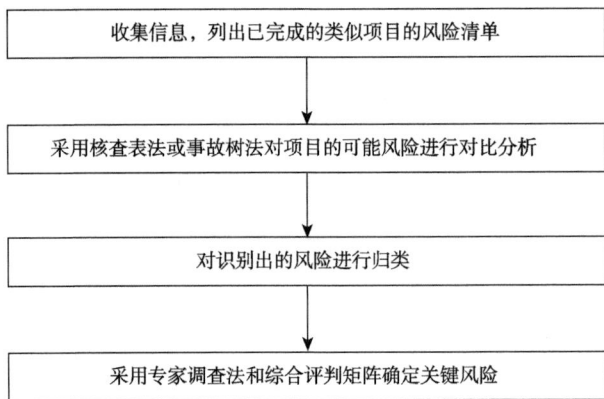

```
┌─────────────────────────────────────┐
│  收集信息，列出已完成的类似项目的风险清单  │
└─────────────────────────────────────┘
                  │
                  ▼
┌─────────────────────────────────────┐
│  采用核查表法或事故树法对项目的可能风险进行对比分析  │
└─────────────────────────────────────┘
                  │
                  ▼
┌─────────────────────────────────────┐
│         对识别出的风险进行归类          │
└─────────────────────────────────────┘
                  │
                  ▼
┌─────────────────────────────────────┐
│  采用专家调查法和综合评判矩阵确定关键风险   │
└─────────────────────────────────────┘
```

图 4-8 项目风险识别及分析过程

云南省职业教育（"厂中校"或"校中厂"）项目建设——PPP 模式开发应用风险研究应着重识别以下几点。

1. 金融风险

金融风险是指对金融体系稳健运行构成威胁的事件，一旦金融市场或金融机构在交易活动中出现风险，对于引入社会资本和金融资本的项目本身而言，会出现项目成本增加等建设资金供应不足问题，或者来源终端会导致项目工期拖延甚至被迫终止，或者利率、汇率变化导致融资成本升高。其中包括利率风险、外汇风险、通货膨胀风险等。

2. 建设风险

建设风险存在于项目设计、项目施工、施工管理等各关键阶段。项目设计阶段，违反设计规范、标准会造成质量问题；项目施工阶段，从业人员对设计有重大认识错误，擅自改变设计会造成质量事故问题；施工管理阶段，不重视关键部位和关键过程的跟踪、检查、处理，对一些容易影响安全的问题处理不及时，会造成质量隐患。其中包括工程运营变更风险、工程质量风险、地质条件风险等。

3. 技术风险

在项目建设过程中，所需技术不成熟，导致难以满足预定的标准和要求；设计方案适应性差，导致项目建设进度减慢；需要投资机构追加投资进行技术改造等，均可造成技术风险。其中包括工程技术风险、适用性风险、技术人员风险、引进技术可靠性风险等。

4. 运营风险

运营风险是指合同条款不适于拟投资项目的建设和运营，项目管理人员能力不强、经验不足，工人劳动积极性较低、管理结构不能充分发挥作用，以及由项目各方面关系不协调和其他不确定因素而引起的风险，其中包括工程合同风险、组织与管理风险、运营成本增加风险等。

5. 信用风险

项目融资所面临的信用风险是指项目有关参与方不能履行协定责任和义务而出现的风险，如政府无力履约、信用保证结构的效用风险、有关部门不履约等。

6. 环境风险

环境风险主要是指项目在工程期间对周围的水资源、自然环境等产生的负面影响；运营期过程中各种垃圾固体污染、运输机械噪声，以及一定量固体废料和液体废水对周围的水资源、自然环境等产生的负面影响，致使项目不能顺利进行或要追加大量投资才能顺利完成。

7. 不可抗力风险

不可抗力风险通常分为两类：一类是自然因素导致的不可抗力风险，是指不能合理预见的自然灾害等事件导致项目失败或收益大幅度减少的风险。另一类是非自然因素导致的不可抗力风险，是指不可合理预见的暴乱、罢工等事件导致项目失败或收益大幅度减少的风险。

4.7.2　风险评估指标

对风险进行评估和量化，除了对项目风险进行识别和分类，还要对其进行定量分析，只有对项目风险做出正确的分析，才能找出限制项目风险的方法和途径，设计出最大限度规避风险的合理的项目方式。

1. 风险评估方法

在风险评估过程中，可以采用多种操作方法，包括基于知识（knowledge-based）的分析方法、基于模型（model-based）的分析方法、定性（qualitative）分析和定量（quantitative）分析，无论何种方法，共同的目标都是找出项目面临的风险及其影响，以及目前的安全水平与项目安全需求之间的差距。

1）基于知识的分析方法

基于知识的分析方法又称作经验方法，它涉及对来自类似组织（包括规模、商务目标和市场等）的"最佳惯例"的重用，适合一般性的信息安全社团。采用基于知识的分析方法，组织不需要付出很多精力、时间，不需要耗费很多资源，只要通过多种途径采集相关信息，识别组织的风险所在和当前的安全措施，与特定的标准或最佳惯例进行比较，从中找出不符合的地方，并按照标准或最佳惯例的推荐选择安全措施，最终达到消减和控制风险的目的。

2）基于模型的分析方法

资本资产定价模型（capital asset pricing model，CAPM）是目前项目融资方式中被广泛接受和使用的一种确定项目风险收益（贴现）率的方法。

3）定量分析

进行详细风险分析时，除了可以使用基于知识的分析方法外，最传统的还是定量和定性分析的方法。简单地说，定量分析就是试图从数字上对安全风险进行分析评估的一种方法。

4）定性分析

这种方法是目前使用最为广泛的一种方法，它带有很强的主观性，往往需要凭借分析者的经验和直觉，或者业界的标准和惯例，为风险管理诸要素（资产价值、威胁的可能性、弱点被利用的容易度、现有控制措施的效力等）的大小或高低程度定性分级，如高、中、低三级。定性分析有多种操作方法，包括小组讨论（如 delphi method）、检查列表（checklist）、问卷（questionnaire）、人员访谈（interview）、调查（survey）等。定性分析操作起来相对容易，但也可能因为操作者经验和直觉的偏差，分析结果失准。

2. 风险评估指标

常用的风险评估指标有：项目债务覆盖率、资源收益覆盖率、项目债务承受比率。

1）项目债务覆盖率

项目债务覆盖率是指项目可用于偿还债务的有效净现金流量与债务偿还责任的比值，它是贷款银行对项目风险的基本评价指标，可以通过现金流量模型计算出项目债务覆盖率。

2）资源收益覆盖率

对于依赖某种自然资源（如煤矿、石油、天然气等）的生产型项目，在项目的生长阶段有足够的资源保证是一个很大的风险因素，因此，对于这类项目采用 PPP 模式，一般要求已经证实的可供项目开采的资源总储量是项目融资期间计划开采量的 2 倍以上，而且，还要求任何年份的资源收益覆盖率都要大于 2。

3）项目债务承受比率

项目债务承受比率是项目现金流量的现值与预期贷款金额的比值。和项目债务覆盖率一样，项目债务承受比率也是 PPP 模式中经常使用的指标。在 PPP 模式中，项目债务承受比率的取值范围一般要求在 1.3~1.5。

4.7.3　风险分担分析

风险分担主要从方法、原则、流程等几个方面来分析（图 4-9）。

1. 风险分担的方法

风险应对就是对项目风险进行识别和估计后的最终目的，即控制风险。项目融资的风险控制是指通过各种经济、技术手段将融资风险降低、分散和转嫁的全过程。

风险分担的方法如下：

（1）风险规避，是指事先预料风险产生的可能性，判断产生风险的条件和因素，以便在项目投资中尽可能地规避风险。

（2）风险抑制，是指采用各种措施减少风险发生的概率及其造成的经济损失。

（3）风险集合，是指在可能发生大量同类风险的环境下，投资者联合行动以分散风险损失，从而降低防范风险发生的成本。

（4）风险转移，是指风险承担者通过若干技术和经济手段将风险转嫁于他人承担，将风险转嫁给保险公司、风险管理公司、信托投资机构和担保银行等。

（5）风险自留，是指对于一些无法回避和转移的风险采取的应对措施，在不影响其他投资者根本利益或大多数投资者共同利益的情况下，将其承担下来。

2. 风险分担的原则

项目风险分担的原则主要涉及四个方面：对称性原则，最优性原则，上限性原则，动态性原则。

（1）对称性原则。对称性原则是指当一方有义务承担风险损失时，必然有权利要求享有风险变化所带来的经济收益；一方风险承担量应与所取得的回报相匹配，项目风险分担才有意义。公共部门承担风险也可以从中获益，同时公私双方的风险信息也要对称，这样才能鼓励公私双方积极主动地承担风险，保证项目谈

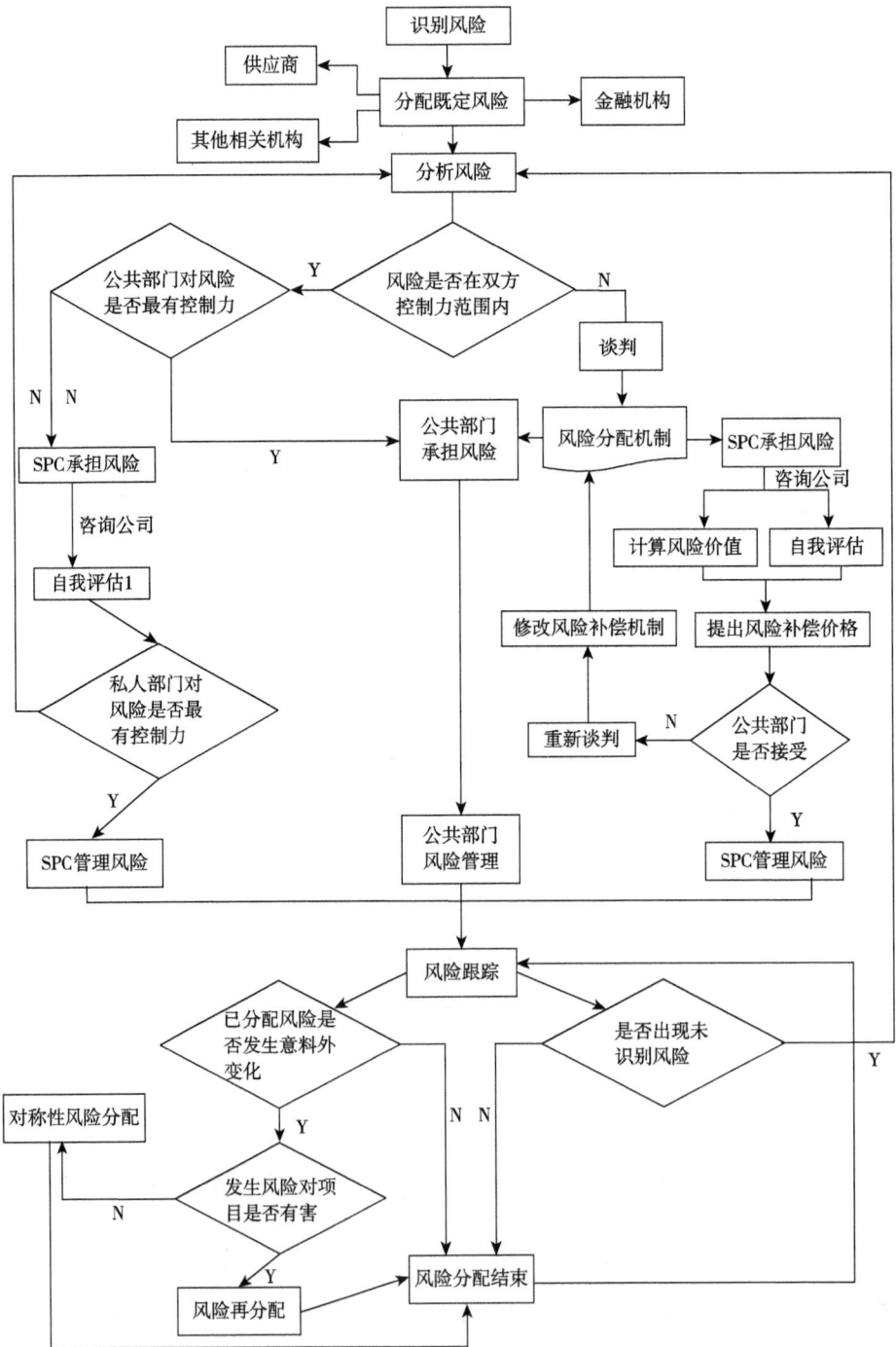

图 4-9　PPP 模式的风险分配框架

判实施能够公平、有效和顺利地进行。

（2）最优性原则。最优性原则是指在分担主体之间实现风险承担量的最优分配，实现项目总成本最低的目标。哪一方既处于最有利的控制地位又能以最低成本控制该风险，则风险应分配给它；项目风险只有分配给对该风险偏好系数最大的一方，才能使整个项目的满意度最大。某一方项目风险管理水平提高，必然使管理成本不断上升，但风险损失不断减少，存在一个主体管理风险的最优点，使得总成本最小。

（3）上限性原则。上限性原则是指在项目运营时，当出现风险所引起的损失比预估的要大得多或出现双方意想不到的变化时，此时决不能让某一方承担对其而言接近于无限大的项目风险，否则必将影响某一方管理项目的积极性，必然会降低提供公共设施或服务的效率，甚至使项目失败。

（4）动态性原则。动态性原则是指从项目生命周期的角度出发，公司双方本着考虑项目整体利益，随着项目的进展，当内外部条件发生变化时，通过重新谈判来实现风险分担的调整，重新确定风险分担格局。项目特许权协议具有不完全合同性质，在合同谈判时，公私双方不能识别所有的项目风险，所以通常签订重新谈判条款来调整项目风险的分担，协同解决风险，达到项目"双赢"的目的。

3. 风险分担的流程

项目中，风险分担主要是通过特许权协议或其他合同条款来定义的，公私双方应特别注意各个风险分担在合同组织中的体现，同时针对各自承担的风险制定相应的应对措施。

1）初步分担阶段

在项目融资的可行性研究阶段，首先，在风险分析前，由公共部门对拟建设的项目进行风险识别、评估，初步确定项目中存在的风险，把一些既定的风险直接分配给相关机构，如金融部门、原材料供应商、用户等，并将剩余风险纳入风险分析阶段；其次，在进行风险分析时，主要是计算风险的发生概率和风险发生时带来的损害及风险价值（风险价值=风险发生的概率×风险发生时带来的损害）；最后，风险分析结束后，对于公共部门最具有控制能力的，公共部门自留，对于私营部门有控制力的，需转移给私营部门承担，对于双方控制力之外的剩余风险先由双方共同承担，留在全面分担阶段再详细确定。

2）全面分担阶段

在项目融资的招投标与谈判阶段，首先，私营部门对上一阶段风险分配的方案结果进行自我分析、评估，若私营部门自我评估后确定对所分配风险具有控制力，则进行投标报价，若自己对所分配风险不具备控制能力，则可考虑转移给其他参与方，认真估算转移成本，同时反映在投标报价中。其次，对双方控制力之外的剩余风险进行协商谈判，公私双方以项目的总体满意度最大化为目标，综合考虑双方对待风险的偏好程度所拥有的资源条件（经验、技术、人才等），进行合理分配或分担，公共部门比较各投标人的报价及其他因素确定中标人，双方协商达成一致意见后签订合同。

3）跟踪和再分担阶段

在项目建设和运营阶段，主要是跟踪、分析、判断是否出现尚未识别的风险或已分担的风险出现意想不到的变化，若有则返回上一阶段重新谈判，进行风险的合理再分担。

按照风险分配优化、风险收益对等和风险可控等原则，综合考虑政府风险管理能力、项目回报机制和市场风险管理能力等要素，在政府和社会资本间合理分配项目风险。

4.7.4 风险的应对

风险应对是指对项目风险提出的处置意见和办法，主要有减轻、预防、转移、回避、接受和后备六种措施。通过对项目风险识别、评估与量化，综合考虑项目风险发生的概率、损失的严重程度以及其他因素，可以得出项目发生风险的可能性及其危害程度，再与工人的安全指标相比较，就可以确定项目的危险等级，从而决定采取什么样的措施及其程度。

减轻风险主要通过缓和或预知等手段来实现，是存在风险优势时使用的一种风险决策。

预防风险是一种主动的风险管理策略。

转移风险即将风险转移给参与项目的其他人或其他组织，即风险的分担。

回避风险是指当风险潜在威胁发生的可能性太大，又无其他策略可用时，主动放弃项目或改变项目目标与行动的方案，从而规避风险。

接受风险是指有意识地选择承担风险后果。

后备风险是指根据项目风险规律制定应急措施并制订一个科学高效的项目风险计划，一旦项目实际进展与计划不同，就动用后备应急措施。

具体的风险措施需要针对识别出的风险类别提出相应应对措施。

第5章 完善对接机制 加强产教融合

5.1 完善对接机制

经过长期的实践，与以往相比，产业转型升级与职业教育形成了初步对接的机制，其中，政府积极作为，职业院校主动对接，不少企业热心合作才有了初步对接的平台。这些成果来之不易，是长期交流、磨合形成的结果，也为形成深入良好的对接局面提供了经验。

5.1.1 政府在推动职业教育与产业转型升级对接方面积极作为

近年来，云南省教育厅积极履行教育管理中的引导和服务职能，是产业转型升级与职业教育形成对接的关键因素。

一是及时出台政策引导。根据云南省现代产业体系构建的需求，按照"对接产业、整体规划、合理布局、重点扶持"的原则，大力调整优化专业结构，加强特色专业建设。经过多年的项目引导和建设，目前初步形成了与云南省现代产业体系发展相适应，以国家重点建设专业为龙头，以省级重点建设专业为支撑，以校级重点建设专业为基础的"三级"骨干专业建设体系，在云南省的职业院校中得到较好的实施，每所学校都有 1~2 个专业对接当地的优势产业。

二是加强教师教育技能的引导。按照"标准化培训、高强度训练、程式化管理"的模式，云南省教育部门组织云南省千余名相关专业专任教师进行了机械加工、机电设备安装与维修、数控技术应用、汽车制造与维修等专业的培训，以对接云南优势产业、新兴产业快速发展的需求。

三是实行技能抽测制度。为更好地对接产业转型升级，适应优势产业特别是战略性新兴产业发展之急需，集中职业院校、行业企业的高水平专家组成团队，共同开发了覆盖职业院校 12 个专业大类的技能抽查标准，开始实现企业用人标准与职业院校人才培养标准的融合统一。该制度是全国首创。每年不定时对职业院校学生进行专业技能抽查。这一制度在云南省的职业院校得到很好的贯彻,这项制度的创新、完善和落实,已成为云南省职业教育加强职业院校专业建设和专业教学,提升学生专业技能,增强学生就业创业能力的重要保障。

5.1.2 职业教育办学理念得到创新,主动融入市场对接产业

政府政策导向,加之职业院校的发展,以及产业对职业教育的呼唤,使职业院校办学更为开放,主动走出校门,积极对接市场,加强与市场之间的交流对接。

一是更新办学理念。分析目前云南省职业院校的办学理念,不管如何表述,都有同样的精神内核,即"对接产业(行业),工学结合,提升质量,推动职业教育深度融入产业链,有效服务经济社会发展"的职业教育发展战略,职业院校的办学理念不再是以往封闭式的教育理念,视野更为开阔。首先,在办学的具体实践中,许多职业院校深入调研,根据行业、区域产业发展需求,明确自身办学定位,不断加强技能紧缺型和战略性新兴产业相关专业的建设,在增强专业设置与区域产业的吻合度上狠下功夫,校准人才培养规格;其次,形成了错位发展、优势互补的专业布局,突破了传统的企业培训和传统的学校教育的"围城"而彰显出其明确的"跨界"特性。

二是改革人才培养模式。很多职业院校都认识到,课程体系满足行业、企业的需求才是人才培养的根本所在。面对云南省产业新的发展趋势,云南省职业院校加大人才培养模式的改革,专业教学的标准突出以就业为导向,以职业能力培养为目标,以工作过程为主线,以知识关联的系统化为核心,从学生培养目标、职业面向、典型工作任务、机器工作过程、课程设置路线、课程方案、知识总体结构、师资要求、实训条件要求等多个方面进行了规范,提高了人才培养对产业转型升级的针对性和适用性。

三是积极履行社会服务职能,提高新技术应用普及率。传播技术、培训技能是新形势下职业教育服务经济发展的必然要求,服务地方产业发展是职业教育的使命所在。目前,省级教育部门鼓励云南省职业院校坚持建设好 1~2 个重点建设专业大类,以此对接云南省目前的产业发展。目前云南省职业院校开设的专业基本上都能在服务当地产业发展上起到一定作用。

5.1.3 形成了教育与产业之间对接的初步平台

此部分内容请参见第 4 章"4.1 云南省职业教育对接产业转型的 PPP 模式发展概况"的相关内容。

5.2　加强产教融合

要坚持把"产教融合、校企合作"作为推动现代职业教育体系建设、体制机制改革和人才培养模式创新的重要策略。职业院校办学要主动围绕区域经济和产业发展战略，贴近市场需要，体现就业导向，不断优化专业结构，主动调整人才培养方案，创新技术技能人才培养模式，真正把产教融合的思想落实到学校管理和人才培养的各个方面、各个层次和各个环节，提升专业服务区域产业的能力，增强人才培养的社会适应性。行业、企业要在产教融合、校企合作中发挥积极地能动作用，以多种形式参与职业教育人才培养，为校企合作培养人才提供有力支撑。政府要为校企合作提供良好的外部保障环境，建立投入机制，理顺管理体制，强化行业指导和企业参与，统筹整合区域教育和产业资源，充分发挥其在产教融合中的推动、引导、支持和监控作用。

产教融合向广度和深度拓展，是增强办学活力、提高人才培养质量的根本途径，是破解矛盾、解决问题和提高院校核心竞争力的必然要求。当前，全国各地都在加速经济转型和产业升级，职业院校之间的竞争也日趋激烈。可以说，哪所院校推进产教融合的切入点找得准、体制活、机制畅、模式好、措施实、开放度高，产业要素就会向哪里聚集，学校就能赢得发展先机。同样，哪所企业提前介入产教合作，就可以优先获得选择高素质劳动者和技术技能型人才的选择权，就能提高企业的产品附加值和利润。产教融合的成效取决于教育与产业两者在结合点合作的广度、深度和力度。

广度。即范围和内容。产教融合涉及教育与产业、学校与企业、专业设置与职业岗位、课程标准与职业标准、学历证书与职业证书、教学过程与生产过程、教学项目与生产项目、学校文化与企业文化、学校管理与企业管理、职业院校教师与企业工程师（经济师、管理师）、教育科研与科技开发、教学与培训、实习实训与就业创业等多种要素的对接和适应。校企双方要结合区域和行业需求，依托优势，找准定位，共订培养方案、共同开发专业、共建课程体系、共组教学团队、共研科技项目、共商教学内容、共建实训基地、共定考核标准、共同管理、共享资源、合作育人。职业院校要发挥积极主动的作用，与行业、企业一起全面推动教育随着经济"走"，办学规模按照市场需求"动"，专业结构跟着产业结构"转"，人才培养规格适应社会和企业需求"变"，教、训结合行业、企业项目、案例"做"，校园文化融入企业、产业文化"建"，专业教师按照企业工程师"培"，教学运行参照企业"管"，质量考核比照行业标准"验"，多途径、多形式、全方位落实产教融合政策，推进校企合作，实现工学结合。

深度。可解释为"（工作、认识）触及事物本质的程度""事物向更高阶段发展的程度"之意。产教深度融合、校企深度合作是职业教育发展的方向。从某种程度上讲，一所院校产教融合的"深度"，决定其生存和发展的高度。要解决产教融合的"深度"问题，首先，认识要有深度。要树立产业深度转型下职业教育必须面向和融入产业发展才有出路的认识，只有思想认识深刻、深入、深化，才能产生动力、激发活力、挖掘潜力，把产教融合推向更高阶段。其次，合作层次由浅入深。实现产教融合，关键在于校企合作。产教结合、校企合作的涉及面很广，为此，职业院校要结合自身的办学特色和优势，找准企业与学校的利益共同点和联系点，选准突破口，逐步深化，以点带面，逐步提高产教融合的层次。从中小企业合作开始，逐步与知名企业靠近，从小项目发展到大项目，进而向其他方面延伸，逐步提升到战略合作层面；从实践实训模式到订单培养、定向培养、社会培训、企业职工再教育，进而发展到全方位合作；从简单的技术转让向合作开发、委托开发、共同建立研发和产业化实体、组建股份制企业转变；从面向一个企业向面向一个行业转变；合作从最初的院校"一厢情愿"到校企"两情相悦"；合作从被动适应性、随意性、盲目性向积极主动性、规范性、科学性转变。再次，拓展融合途径。产教融合包括专业共建、实习基地共建、"校中厂"、"厂中校"、教学工厂、订单式培养、委托培养、工学交替、生产性教学等多种校企合作模式。此外，契约合作也是一种新型的产教融合途径，校企之间通过协议、合同的方式建立战略合作关系，形成战略联盟。通过契约合作，一方面，职业院校可以引进企业的设备、技术、标准等并转为自身可利用的教育资源，另一方面，企业也可以利用院校的人才、科研等要素深化合作。最后，建立深度融合长效机制。从办学体制上，逐步建立与现代企业管理制度相适应的现代学校管理制度及内部治理体系，如组建学校、行业、企业、科研机构、社会组织等共同参与的学校理事会、董事会或覆盖全产业链的职业教育集团，这是深化产教融合的制度保障和改革方向。从运行机制上，形成"人才共育、利益共享、责任共担、过程共管"的紧密、稳定的校企合作机制，是产教融合的根本保证。从可持续发展上，形成行业、企业和职业院校共同推进的人才、技术、技能积累创新机制，是产教融合的内在动力。

力度。即推进产学融合、校企合作落实的强度。产教融合不仅是当今职业教育发展的共识，更要转化为职业院校的意志、行动和价值追求。产教融合、校企合作的实效要通过人才培养质量和服务区域、行业经济的能力体现出来。值得注意的是，当前职业教育在社会上认同度不高、吸引力不强，除外部环境不完善外，也有教育内部的原因。主要表现在：职业院校普遍认为产教融合重要，但实际办学往往脱离产业需要；大家都认为校企合作必要，但实际合作常常处于"感情联络"或短期实习的粗浅层次，重数量轻质量，不少合作流于形式；工学结合被视为职业教育的特色，但在实际教学中往往重理论轻实践、重校内轻校外；专业是教育与产业联系的纽带、学校发展的核心竞争力，但专业的开设过于随意，不问市场，忽视需求，盲目设置；课程是教育改革的抓手，但教学内容往往脱离生产实际，教学标准脱离职业标准；职业院校对制约产教融合的内部问题认识得最清楚，但往往缺乏克难制胜的勇气、破解矛盾的魄力和脚踏实地的作为，这些问题都在一定程度上影响了产教融合的力度，必须引起职业院校的高度重视。

职业院校的教师必须亲自到合作企业参加实际岗位技能训练，参与合作企业的新产品开发、科技攻关、技术改造等活动，练就一身过硬的实际操作本领。另外，要从合作企业中选择一批业务素质好、技术水平高、工作责任心强的专业技术人员或管理层充实教师队伍，兼任教学和科研工作，提高其培养人才的能力。因此，只有通过职业院校与合作企业的共同努力才能打造出一支教学能力强、技术过硬，既能从事理论教学，又能从事实践教学的校企合作人才培养的专兼结合的"双师型"教师队伍。

总之，产教融合是云南省社会经济发展方式转变和产业结构调整升级对新时期职业教育的必然要求，是构建云南省职业教育的核心内涵及要素与产业转型发展的动态对接、匹配和支撑关系的重要路径。"产教融合"必将对指导云南省当前和未来的职业教育教学改革，以及促进区域经济的发展产生深刻、重要的影响。

李克强总理在政府工作报告中提出的"互联网+"行动计划已被提升到国家战略层面。利用先进的互联网技术推动教育现代化，已经成为职业院校的重要发展方向。依托"互联网+"进一步支撑云南省职业教育动态对接、匹配和支撑产业转型升级，应以省教育厅为主导，创建公司化的"云南职业教育动态对接、匹配和支撑产业转型升级"综合管理平台，打破时间和空间限制，实时追踪产业转型升级的动态，同步更新职业院校的教学计划，极大地提高管理的效率。同时在"互联网+"的背景下，Power On 平台的二次开发也要同步进行，通过对某一院校进行试点运行，对整个平台进行完善和改进，使互联网与职业教育进行深度融合，满足经济发展对人才的要求、加强人才结构与产业的对接、加强职业教育与产业发展沟通桥梁建设、加强职业教育与产业发展信息沟通、职业教育满足云南省特色产业发展、培养特色人才。

另外，为了推进云南省职业教育发展，云南省职业教育更好地对接和支撑产业转型发展，以创新性的思路发展职业教育，提出通过引导私营企业进入职业院校，以"产教融合，校企合作"的方式，运用 PPP 模式建设"校中厂"和"厂中校"。建议云南省教育厅充分重视，制订详细的实施方案后可选取一两所具有代表性的职业院校进行试点建设，待取得成效后进行全省推广。

应对挑战，抓住时代带来的宝贵机遇，以新思路、新举措贯彻落实全国职业教育工作会议精神和《国务院关于加快发展现代职业教育的决定》的要求，深化教学改革，全面提升人才培养质量，以创新性思维推动职业教育迈上新的台阶是职业教育面临的一项紧迫而重要的任务。

参 考 文 献

邓祖波，徐跃宏. 2013. 云南高等职业教育教学质量发展之路——以云南能源职业技术学院为例. 网友世界，（11）：62-63.

董兴. 2011. 云南高等职业教育发展研究. 教育与职业，（20）：19-21.

郭文富，张晨. 2011. 从高职院校涉农专业看职业教育与产业的协调发展. 职教论坛，（31）：20-27.

姜大源. 2003. 关于职业教育课程体系的思考. 中国职业技术教育，（5）：37-39.

姜大源. 2006. 职业教育学基本问题的思考（一）. 职业技术教育，27（4）：5-10.

柯永建，王守清，陈炳泉. 2008. 基础设施PPP项目的风险分担. 建筑经济，（4）：31-35.

赖先进，许正中. 2010. 试论职业教育在产业动态升级中的作用与机理. 教育与职业，（8）：5-7.

廖炼忠，晏月平. 2014. 职业教育与产业发展对接理论模型分析. 现代教育论丛，（2）：68-75.

凌宏伟. 2011. 云南中等职业教育发展的问题与对策研究. 云南大学硕士学位论文.

刘海君. 2006. 云南边疆少数民族地区职业教育现状分析与发展对策. 中国职业技术教育，（23）：12-14.

普林林，董兴. 2007. 论应用性人才培养方案的构建——云南民族大学职业技术学院的研究与实践. 教育与职业，（3）：26-29.

钱可铭，黄晓丽. 2011. 关于职业教育与产业对接问题的探讨. 福建论坛（人文社会科学版），（11）：180-182.

秦祖泽，刘迎春，覃事刚. 2013. 创新企业办学人才培养新模式，促进职业教育与产业发展深度融合——以湖南电气职业技术学院为例. 中国大学教学，（1）：87-89.

商圣虎，吴朝国. 2010. 高等职业教育与产业结构演变关系探析. 职业教育研究，（5）：12-13.

石伟平. 2006. 我国职业教育课程改革中的问题与思路. 中国职业技术教育，26（1）：15-18.

童丰生. 2010. 加强校企合作促九江市职业教育与产业集群对接. 成人教育，30（7）：49-50.

涂仕媛，卢月萍，曹乃龙. 2007. 职业教育学研究新论. 北京：教育科学出版社.

王松江. 2011. 经营性公共基础设施TOT项目融资管理. 北京：科学出版社.

王松江. 2012a. 城市供水工程项目移民安置监测评估研究. 北京：科学出版社.

王松江. 2012b. 经营性公共基础设施集成融资管理. 北京：科学出版社.

王松江. 2013. 中小水电站项目创新管理. 昆明：云南科技出版社.

王松江. 2015. PPP项目实施指南——融资与案例. 昆明：云南科技出版社.

徐国庆. 2007. 职业教育项目课程的几个关键问题. 中国职业技术教育，（4）：9-11.

晏月平，袁红辉. 2015. 云南省高职教育与产业发展对接路径构建. 现代教育论丛，（1）：63-71.

杨国富，王资，叶加冕，等. 2015. 云南高等职业教育体系建构的策略探讨. 昆明冶金高等专科学校学报，31（4）：14-17.

张学英，王璐. 2012. 典型国家职业教育嵌入产业结构调整的实践研究. 职教论坛，（6）：92-96.

赵惠娟，刘晓萌. 2009. 职业教育与产业结构调整对接研究. 江苏商论，（36）：166-167.

钟家玉. 2013. 云南省区域经济条件下职业教育发展模式研究. 昆明理工大学硕士学位论文.

周玉国，胡纯华. 2006. 云南中等职教发展存在的问题与对策. 职业技术教育，27（28）：31-32.

Balbo N，Billari F C，Mills M. 2013. Fertility in advanced societies：a review of research. European Journal of Population，29（1）：1-38.

Becker G S. 1976a. Altruism，egoism，and genetic fitness：economics and sociobiology. Journal of Economic Literature，14（3）：817-826.

Becker G S. 1976b. The Economic Approach to Human Behavior. Chicago：University of Chicago Press.

Becker G S，Barro R J. 1986. Altruism and the economic theory of fertility. Population & Development Review，12（12）：69-76.

Becker G S，Barro R J. 1988. A reformulation of the economic theory of fertility. Quarterly Journal of Economics，103（1）：1.

Bierbach J，Rödel C，Yeung M，et al. 2012. Generation of 10 μW relativistic surface high-harmonic radiation at a repetition rate of 10 Hz. New Journal of Physics，14（1）：65005-65009.

Birdsall N. 1983. Fertility and economic change in eighteenth and nineteenth century Europe：a comment. Population & Development Review，9（1）：111.

Boldrin M，de Nardi M，Jones L. 2015. Fertility and social security. Journal of Demographic Economics，81（3）：261-299.

Bongaarts J. 2002. The end of the fertility transition in the developed world. Population and Development Review，28（3）：419-443.

Bongaarts J. 2004. Population aging and the rising cost of public pensions. Population and Development Review，30（1）：1-23.

Broadbent J，Gill J，Laughlin R. 2003. Evaluating the private finance initiative in the national health service in the UK. Accounting Auditing and Accountability Journal，16（3）：422-445.

Clifton C，Duffield C F. Improved PFI / PPP service outcomes through the integration of alliance principles. International Journal of Project Management，（24）：573-586.

Demirag I，Khadaroo I. 2011. Accountability and value for money：a theoretical framework for the relationship in public-private partnership. Journal of Management and Governance，15（2）：271-296.

Easterlin R A. 1969. An economic framework for fertility analysis. Studies in Family Planning，6（3）：54.

Eatwell J，Milgate M，Newman P. 1987. The new palgrave：a dictionary of economics. Foreign Affairs，2（2）：177-181.

Filoso S，Carmo J B D，Mardegan S F，et al. 2015. Reassessing the environmental impacts of sugarcane ethanol production in Brazil to help meet sustainability goals. Renewable & Sustainable Energy Reviews，52：1847-1856.

Filoso V，Papagni E. 2014. Fertility choice and financial development. European Journal of Political Economy，37：160-177.

Frederick A. 2002. Entrepreneurial risk allocation in public-private infrastructure provision in South Africa. South African Journal of Business Management，33（4）：29-40.

Fricke W F，Seedorf H，Henne A，et al. 2006. The genome sequence of Methanosphaera stadtmanae reveals why this human intestinal archaeon is restricted to methanol and H_2 for methane formation and ATP synthesis. Journal of Bacteriology，188（2）：642-658.

Grebenik E，Leibenstein H. 1957. Economic backwardness and economic growth: studies in the theory of economic development. American Journal of Sociology，12（1）：375-401.

Grimsey D，Lewis M K. 2004. Discount debates: rates，risk uncertainty and value for money in PPPs. Public Infrastructure Bulletin，3（1）：4-7.

Herzer D，Strulik H，Vollmer S. 2012. The long-run determinants of fertility: one century of demographic change 1900—1999. Journal of Economic Growth，17（4）：357-385.

Holmqvist G. 2011. Fertility impact of high-coverage public pensions in sub-Saharan Africa. Global Social Policy，11：152-174.

Holzmann R，Sherburne-Benz L，Tesliuc E，et al. 2003. Gestion du risque social: la banque mondiale et la protection sociale dans un monde en voie de mondialisation. Armand Colin，44（175）：501-526.

Kim D，Wang L，Caldwell C G，et al. 2011. Design，synthesis，and SAR of heterocycle-containing antagonists of the human CCR5 receptor for the treatment of HIV-1 infection. Cheminform，11（24）：3103-3106.

Ligon E，Schechter L. 2002. Measuring vulnerability. Royal Economic Society Conference，113（486）：c95-c102.

Linder T M，Quastel D M. 1978. A voltage-clamp study of the permeability change induced by quanta of transmitter at the mouse end-plate. Journal of Physiology，281（1）：535-558.

Maddala G S. 1983. Limited-dependent and Qualitative Variables in Econometrics. Cambridge: Cambridge University Press.

Martinus P，Stephen O. 2006. Good project governance for proper risk allocation in public-private partnerships in Indonesia. International Journal of Project Management，（4）：622-634.

Mincer J. 1962. Labour force participation of married women: a study of labour supply. The Economics of Woman & Work，555（4）：334-345.

Nerlove M. 1974. Toward a new theory of population and economic growth. Population & Development Review，13（1）：156.

Rosenzweig M R，Zhang J. 2006. Do population control policies induce more human capital investment? Twins，birth weight and China's one-child policy. Review of Economic Studies，76（3）：1149-1174.

Sanderson C L，Feng S J，McGlinchey F M，et al. 2005. Social and behavioral correlates of cigarette smoking among mid-Atlantic Latino primary care patients. Cancer Epidemiology Biomarkers & Prevention，14（8）：1976-1980.

Scaramozzino P. 2006. Measuring vulnerability to food insecurity. Agricultural and Development Economics Division of the Food and Agriculture Organization of the United Nations(FAO-ESA).

Shaoul J. 2005. A critical financial analysis of the private finance initiative: selecting a financing method or allocating economic wealth. Critical Perspectives on Accounting, (16): 441-471.

Simon J, McGoldrick F M, Pearce J K, et al. 1984. Ethnicity and family therapy. Family Process, 23 (2): 285.

Stefan D, Pramila K. 2000. Vulnerability, seasonality and poverty in Ethiopia. The Journal of Development Studies, 36 (6): 25-53.

Vega A O. 1997. Risk allocation in infrastructure financing. Journal of Project Finance, 3 (2): 38-42.

Willis R J. 1973. A new approach to the economic theory of fertility behavior. Journal of Political Economy, 81 (2): 14-64.

Woolridge J M. 2003. Econometric analysis of cross section panel data. Jeffrey Wooldridge, 1 (2): 206-209.

附　　录

附录 1　调查问卷设计

关于职业教育适应（支撑）产业转型发展研究的调查
（典型案例职业教育学院/学校领导）

尊敬的领导：

您好！我们是云南省教育厅世界银行课题"职业教育适应（支撑）产业转型发展研究"调研组，根据《国务院关于加快发展现代职业教育的决定》（国发〔2014〕19号），职业教育要适应经济社会发展需求并实现产教深度融合。为提高云南省职业院校开展教育和培训的整体能力，特进行关于云南省职业教育适应产业转型发展的调研，为政府和主管部门提出职业教育适应云南省经济产业转型发展的实现路径、方法、条件和新模式，为大力推进云南省职业教育发展提供参考和依据。请就贵校真实情况填写以下内容，我们将对所提供的全部数据保密，非常感谢您的支持与合作！

一、贵校的基本概况

1. 贵校的办学体制是：□公办　□民办　□公办民助　□民办公助
其他：_____。

2. 贵校的在校学生人数是_____人。

3. 贵校的教师人数_____人；高级职称_____人；中级职称_____人；初级职称_____人。教师队伍中，博士_____人、硕士_____人、本科_____人。

二、职业教育

1. 在服务构建现代职业教育体系，探索本科层次职业教育人才培养途径，培养应用型技术人才中，高职院校能否发挥正能量作用（①　　　　），您对高职院校的人才培养层次结构调整的期待是（②　　　　）。

①A. 能够　　　　　　B. 不能

②A. 具备条件的高职院校可试点独立举办四年制本科高职（技术）教育

　　B. 具备条件的高职院校可试点联合本科高校举办四年制本科高职（技术）教育

　　C. 高职院校尚不具备办本科高职教育的条件，专注办好三年制高职专科教育即可

2. 在服务于经济结构战略性调整、现代产业体系建设和社会建设，服务于区域经济发展，构建现代职业教育体系中，高职院校应重点培养（①　　　　）层次和（②　　　　）类型的专门人才。

①A. 单一本科　　　B. 单一专科　　　C. 专科+本科　　　D. 专科+中专

②A. 科学研究型　　B. 工程技术型　　C. 技术技能型　　D. 高端技能型

　　E. 技能型

3. 高职院校"推动应用型本科课程进入职业院校"的探索实践模式主要是（　　　　）。

　　A. 实施"专本沟通"，高职院校可以沟通应用型本科院校联合试办应用技术本科专业

　　B. 高职院校专业课程体系可以沟通应用型本科院校开发引入部分应用型本科课程

　　C. 高职院校专业课程体系可独立开发引入部分应用型本科课程

4. 高职院校在新一轮本科"应用技术大学（学院）"建设实践中的发展地位是（　　　　）。

　　A. 在构建现代职业教育体系中应科学设计政策空间，"选择性"地支持部分高职院校，积极探索应用型技术人才培养，"十二五"末或"十三五"初升格发展

　　B. 高职院校应定位在专科层次人才培养，不宜升格发展

5. 在构建现代职业教育体系中，不论学校办学条件、发展历史、办学质量，完全由姓"民"或姓"公"来规定高职院校定位发展是否科学合理（　　　　）。

　　A. 很不科学合理　　　B. 不科学合理　　　C. 科学合理

　　您的建议是：_____

_____

6. 以就业为导向的职业教育，不能简单地解构为"职业教育=就业教育"，职业教育与普通教育必互设"立交桥"，解决好职业院校学生升学发展不公平的问题。下图是对中国国民学历教育体系结构的思考，您认为是否合理（①　　　　），有何意见或建议（②　　　　）。

大学阶段教育

81 学术博士（3~5年）	82 专业博士（3~5年）
71 学术硕士（2~3年）	72 专业硕士（2~3年）
61 普通本科（4年）	62 高职（技术）本科（4年）
	5 高职（技术）专科（3年）

高中阶段教育

| 41 普通高中（3年） | 43 综合高中（3年） | 42 职业高中（3年） |

九年义务教育

3 初级中学（3年）

2 完全小学（6年）

学前教育

1 学前教育（2~3年）

各级各类继续（在职）教育

人力资源市场

中国国民学历教育体系与立交教育路径

1、2、3、41、42、43……表示各阶段

①A. 合理　　B. 基本合理　　C. 不合理

②意见建议：_____

_____

7. 为服务云南省产业转型升级发展对人才与技术的升级需求，高职院校人才培养规格定位是否要进行结构性战略调整（①　　）。

①A. 是　　　　　　　　　　　B. 否

②人才培养规格定位的核心要素是：_____

_____

8. 影响高职教育人才培养规格的主要因素（　　）（可多选）。

A. 经济全球化挑战　　B. 知识经济的发展　　C. 技术结构的变化

D. 产业结构调整　　　E. 经济发展方式转变

9. 下面是对 10~15 年后云南省新增劳动力的橄榄球式的人才最高学历学位结构的构想图，您的意见是（①　　）。

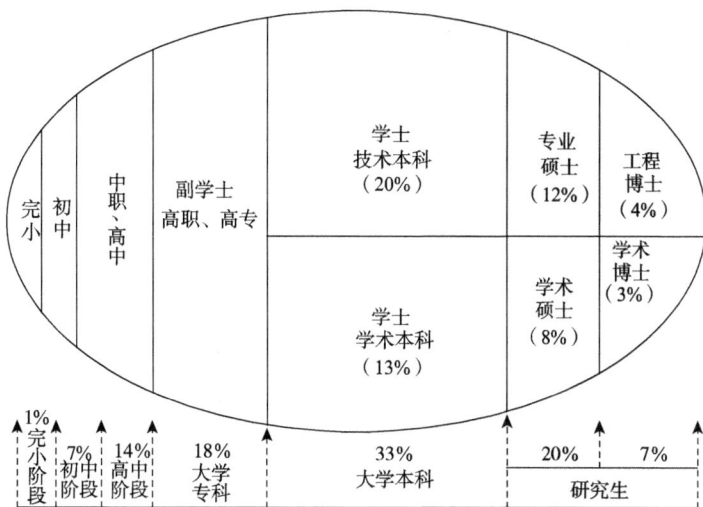

10~15年后云南新增劳动力的橄榄球式的人才最高学历学位结构

①A. 合理　　B. 基本合理　　C. 不合理

②意见建议：_____

_____

三、云南高职教育适应产业转型发展存在的问题与建议（您可从高职教育国家政策制度，高职院校的布局、规模、质量、效益、经费、招生、治理、评估、质保、可持续发展等方面进行问题的分析并提出对策建议）。

1._____

2._____

3._____

4._____

四、贵校在办学机制体制与管理改革方面有何经验可供其他院校参考？

1._____

2._____

3._____

4._____

五、贵校在人才培养模式方面有何特点？

1._____

2._____

3._____

4._____

六、贵校在实施人才培养的过程中主要遇到过哪些困难？是采取什么措施解决的？

1.＿＿＿＿＿＿＿＿＿＿＿＿＿＿＿＿＿＿＿＿＿＿＿＿＿＿＿＿＿＿＿＿＿

2.＿＿＿＿＿＿＿＿＿＿＿＿＿＿＿＿＿＿＿＿＿＿＿＿＿＿＿＿＿＿＿＿＿

3.＿＿＿＿＿＿＿＿＿＿＿＿＿＿＿＿＿＿＿＿＿＿＿＿＿＿＿＿＿＿＿＿＿

4.＿＿＿＿＿＿＿＿＿＿＿＿＿＿＿＿＿＿＿＿＿＿＿＿＿＿＿＿＿＿＿＿＿

七、学生顶岗实习的内涵如何体现？如何在使学生满意的同时，也使企业得到收益？

1.＿＿＿＿＿＿＿＿＿＿＿＿＿＿＿＿＿＿＿＿＿＿＿＿＿＿＿＿＿＿＿＿＿

2.＿＿＿＿＿＿＿＿＿＿＿＿＿＿＿＿＿＿＿＿＿＿＿＿＿＿＿＿＿＿＿＿＿

3.＿＿＿＿＿＿＿＿＿＿＿＿＿＿＿＿＿＿＿＿＿＿＿＿＿＿＿＿＿＿＿＿＿

4.＿＿＿＿＿＿＿＿＿＿＿＿＿＿＿＿＿＿＿＿＿＿＿＿＿＿＿＿＿＿＿＿＿

八、贵校是如何实现校企之间的深度融合的？

1.＿＿＿＿＿＿＿＿＿＿＿＿＿＿＿＿＿＿＿＿＿＿＿＿＿＿＿＿＿＿＿＿＿

2.＿＿＿＿＿＿＿＿＿＿＿＿＿＿＿＿＿＿＿＿＿＿＿＿＿＿＿＿＿＿＿＿＿

3.＿＿＿＿＿＿＿＿＿＿＿＿＿＿＿＿＿＿＿＿＿＿＿＿＿＿＿＿＿＿＿＿＿

4.＿＿＿＿＿＿＿＿＿＿＿＿＿＿＿＿＿＿＿＿＿＿＿＿＿＿＿＿＿＿＿＿＿

九、贵校在师资队伍建设方面有何经验可供其他院校借鉴？

1.＿＿＿＿＿＿＿＿＿＿＿＿＿＿＿＿＿＿＿＿＿＿＿＿＿＿＿＿＿＿＿＿＿

2.＿＿＿＿＿＿＿＿＿＿＿＿＿＿＿＿＿＿＿＿＿＿＿＿＿＿＿＿＿＿＿＿＿

3.＿＿＿＿＿＿＿＿＿＿＿＿＿＿＿＿＿＿＿＿＿＿＿＿＿＿＿＿＿＿＿＿＿

4.＿＿＿＿＿＿＿＿＿＿＿＿＿＿＿＿＿＿＿＿＿＿＿＿＿＿＿＿＿＿＿＿＿

十、在课程建设中，从观念更新到实施过程中如何调动教师的积极性？

1.＿＿＿＿＿＿＿＿＿＿＿＿＿＿＿＿＿＿＿＿＿＿＿＿＿＿＿＿＿＿＿＿＿

2.＿＿＿＿＿＿＿＿＿＿＿＿＿＿＿＿＿＿＿＿＿＿＿＿＿＿＿＿＿＿＿＿＿

3.＿＿＿＿＿＿＿＿＿＿＿＿＿＿＿＿＿＿＿＿＿＿＿＿＿＿＿＿＿＿＿＿＿

4.＿＿＿＿＿＿＿＿＿＿＿＿＿＿＿＿＿＿＿＿＿＿＿＿＿＿＿＿＿＿＿＿＿

十一、贵校在社会服务方面有哪些好的做法？

1.＿＿＿＿＿＿＿＿＿＿＿＿＿＿＿＿＿＿＿＿＿＿＿＿＿＿＿＿＿＿＿＿＿

2.＿＿＿＿＿＿＿＿＿＿＿＿＿＿＿＿＿＿＿＿＿＿＿＿＿＿＿＿＿＿＿＿＿

3.＿＿＿＿＿＿＿＿＿＿＿＿＿＿＿＿＿＿＿＿＿＿＿＿＿＿＿＿＿＿＿＿＿

4.＿＿＿＿＿＿＿＿＿＿＿＿＿＿＿＿＿＿＿＿＿＿＿＿＿＿＿＿＿＿＿＿＿

十二、贵校在发展过程中，面临或存在的主要问题有哪些？

　　1.＿＿＿＿＿＿＿＿＿＿＿＿＿＿＿＿＿＿＿＿＿＿＿＿＿＿

　　2.＿＿＿＿＿＿＿＿＿＿＿＿＿＿＿＿＿＿＿＿＿＿＿＿＿＿

　　3.＿＿＿＿＿＿＿＿＿＿＿＿＿＿＿＿＿＿＿＿＿＿＿＿＿＿

　　4.＿＿＿＿＿＿＿＿＿＿＿＿＿＿＿＿＿＿＿＿＿＿＿＿＿＿

十三、贵校在 2016 年、2020 年的中长期发展中，对建立行业、企业、学校共同参与办学的机制等方面的构想如何？

　　1.＿＿＿＿＿＿＿＿＿＿＿＿＿＿＿＿＿＿＿＿＿＿＿＿＿＿

　　2.＿＿＿＿＿＿＿＿＿＿＿＿＿＿＿＿＿＿＿＿＿＿＿＿＿＿

　　3.＿＿＿＿＿＿＿＿＿＿＿＿＿＿＿＿＿＿＿＿＿＿＿＿＿＿

　　4.＿＿＿＿＿＿＿＿＿＿＿＿＿＿＿＿＿＿＿＿＿＿＿＿＿＿

十四、贵校在高职教育人才培养模式、师资队伍建设、质量保障体系等方面的构想如何？

　　1.＿＿＿＿＿＿＿＿＿＿＿＿＿＿＿＿＿＿＿＿＿＿＿＿＿＿

　　2.＿＿＿＿＿＿＿＿＿＿＿＿＿＿＿＿＿＿＿＿＿＿＿＿＿＿

　　3.＿＿＿＿＿＿＿＿＿＿＿＿＿＿＿＿＿＿＿＿＿＿＿＿＿＿

　　4.＿＿＿＿＿＿＿＿＿＿＿＿＿＿＿＿＿＿＿＿＿＿＿＿＿＿

十五、贵校在推动职业教育集团化办学方面有何建议？

　　1.＿＿＿＿＿＿＿＿＿＿＿＿＿＿＿＿＿＿＿＿＿＿＿＿＿＿

　　2.＿＿＿＿＿＿＿＿＿＿＿＿＿＿＿＿＿＿＿＿＿＿＿＿＿＿

　　3.＿＿＿＿＿＿＿＿＿＿＿＿＿＿＿＿＿＿＿＿＿＿＿＿＿＿

　　4.＿＿＿＿＿＿＿＿＿＿＿＿＿＿＿＿＿＿＿＿＿＿＿＿＿＿

十六、职业教育发展中，贵校如何看待政府、学校、企业三方的关系，特别是在政府投入，建立行业、企业、学校共同参与机制等方面？

　　1.＿＿＿＿＿＿＿＿＿＿＿＿＿＿＿＿＿＿＿＿＿＿＿＿＿＿

　　2.＿＿＿＿＿＿＿＿＿＿＿＿＿＿＿＿＿＿＿＿＿＿＿＿＿＿

　　3.＿＿＿＿＿＿＿＿＿＿＿＿＿＿＿＿＿＿＿＿＿＿＿＿＿＿

　　4.＿＿＿＿＿＿＿＿＿＿＿＿＿＿＿＿＿＿＿＿＿＿＿＿＿＿

十七、您认为高职教育与企业产业转型发展有什么关系？

　　1.＿＿＿＿＿＿＿＿＿＿＿＿＿＿＿＿＿＿＿＿＿＿＿＿＿＿

　　2.＿＿＿＿＿＿＿＿＿＿＿＿＿＿＿＿＿＿＿＿＿＿＿＿＿＿

　　3.＿＿＿＿＿＿＿＿＿＿＿＿＿＿＿＿＿＿＿＿＿＿＿＿＿＿

　　4.＿＿＿＿＿＿＿＿＿＿＿＿＿＿＿＿＿＿＿＿＿＿＿＿＿＿

关于职业教育适应（支撑）产业转型发展研究的调查
（典型案例职业教育学院/学校老师）

尊敬的老师：

您好！我们是云南省教育厅世界银行课题"职业教育适应（支撑）产业转型发展研究"调研组，根据《国务院关于加快发展现代职业教育的决定》（国发〔2014〕19号），职业教育要适应经济社会发展需求并实现产教深度融合。为提高云南省职业院校开展教育和培训的整体能力，特进行关于云南省职业教育适应产业转型发展的调研，为政府和主管部门提出职业教育适应云南省经济产业转型发展的实现路径、方法、条件和新模式，为大力推进云南省职业教育发展提供参考和依据。请就贵校真实情况填写以下内容，我们将对所提供的全部数据保密，非常感谢您的支持与合作！

1. 您的年龄：①25 岁及以下；②26~35 岁；③36~45 岁；④46 岁以上。

2. 您的工作性质：①辅导员；②教师；③办公室或基层管理人员；④后勤人员。

3. 所属学院：（   ）。

4. 您的学历：①中专、大专；②本科；③硕士研究生；④博士研究生。

5. 您对接受职业教育的学生就业前景的看法是？（   ）

A. 乐观   B. 比较乐观   C. 一般   D. 比较困难   E. 困难   F. 视职业教育程度而定

6. 您认为接受了职业教育的学生毕业后就业主要依靠？（   ）

A. 学校推荐   B. 个人能力   C. 通过关系   D. 视职业教育程度而定

E. 不清楚

7. 您关注云南职业教育领域的发展吗？（   ）

A. 非常关注   B. 偶尔关注   C. 想关注但不知如何关注   D. 从不关注

8. 您对云南职业教育发展前景的展望是？（   ）

A. 适应时代要求，将会迅猛发展   B. 在一段时间内会停滞于目前的水平上

C. 难以打破传统，逐渐没落   D. 其他

9. 您认为要想加快云南职业教育的发展，关键在于？（   ）

A. 学校培养方式的改进   B. 政府政策引导   C. 学生观念的改变

D. 家长观念的改变   E. 其他

10. 您对企业培训与学校教育相结合的培养方法在云南职业教育领域的可行性的看法是？（   ）

A. 适用但应侧重于企业培训   B. 适用但应侧重于理论教育

C. 适用并且要双管齐下   D. 不适用

11. 您认为在今天的中国，对就业影响最大的三个因素是？（多选题）（　　）

A. 专业理论学习　　B. 专业技能实践　　C. 兼职、实习经验　　D. 各种证件

E. 学校知名度　　　F. 努力工作　　　　G. 个人综合素质　　　H. 机遇

I. 其他（请补充）

12. 在服务构建现代职业教育体系，探索本科层次职业教育人才培养途径，培养应用型技术人才中，高职院校能否发挥正能量作用（①　　），您对高职院校的人才培养层次结构调整的期待是（②　　）。

①A. 能　　　　B. 不能

②A. 具备条件的高职院校可试点独立举办四年制本科高职（技术）教育

B. 具备条件的高职院校可试点联合本科高校举办四年制本科高职（技术）教育

C. 高职院校尚不具备办本科高职教育的条件，专注办好三年制高职专科教育即可

13. 在服务于经济结构战略性调整、现代产业体系建设和社会建设，服务于区域经济发展，构建现代职业教育体系中，高职院校应重点培养（①　　）层次和（②　　）类型的专门人才。

①A. 单一本科　　　　B. 单一专科　　　C. 专科+本科　　　D. 专科+中专

②A. 科学研究型　　　B. 工程技术型　　C. 技术技能型　　　D. 高端技能型

E. 技能型

14. 高职院校"推动应用型本科课程进入职业院校"的探索实践模式主要是（　　）。

A. 实施"专本沟通"，高职院校可以沟通应用型本科院校联合试办应用技术本科专业

B. 高职院校专业课程体系可以沟通应用型本科院校开发引入部分应用型本科课程

C. 高职院校专业课程体系可独立开发引入部分应用型本科课程

15. 高职院校在新一轮本科"应用技术大学（学院）"建设实践中的发展地位是（　　）。

A. 在构建现代职业教育体系中应科学设计政策空间，"选择性"地支持部分高职院校，积极探索应用型技术人才培养，"十二五"末或"十三五"初升格发展

B. 高职院校应定位在专科层次人才培养，不宜升格发展

16. 在构建现代职业教育体系中，不论学校办学条件、发展历史、办学质量，完全由姓"民"或姓"公"来规定高职院校定位发展是否科学合理（①　　）。

①A. 很不科学合理　　　B. 不科学合理　　　C. 科学合理

②您的建议是：＿＿＿＿＿＿＿＿＿＿＿＿＿＿＿＿＿＿＿＿＿＿＿＿

17. 以就业为导向的职业教育，不能简单解构为"职业教育=就业教育"，职业教育与普通教育必互设"立交桥"，解决好职业院校学生升学发展不公平的问题。下图是对中国国民学历教育体系结构的思考，您认为是否合理（①　　），有何意见或建议（②　　）。

中国国民学历教育体系与立交教育路径

1、2、3、41、42、43……表示各阶段

①A. 合理　　　B. 基本合理　　　C. 不合理

②意见建议：_____

_____

18. 为服务云南产业转型升级发展对人才与技术的升级需求，高职院校人才培养规格定位是否要进行结构性战略调整（①　　）。

①A. 是　　　　　　　　　　B. 否

②人才培养规格定位的核心要素是：_____

_____

_____

19. 影响高职教育人才培养规格的几个主要因素（　　）。（可多选）

A. 经济全球化挑战　　　B. 知识经济的发展　　　C. 技术结构的变化

D. 产业结构调整　　　　E. 经济发展方式转变

20. 下面是对 10~15 年后云南省新增劳动力的橄榄球式的人才最高学历学位结构的构想图，您的意见是（① 　　）。

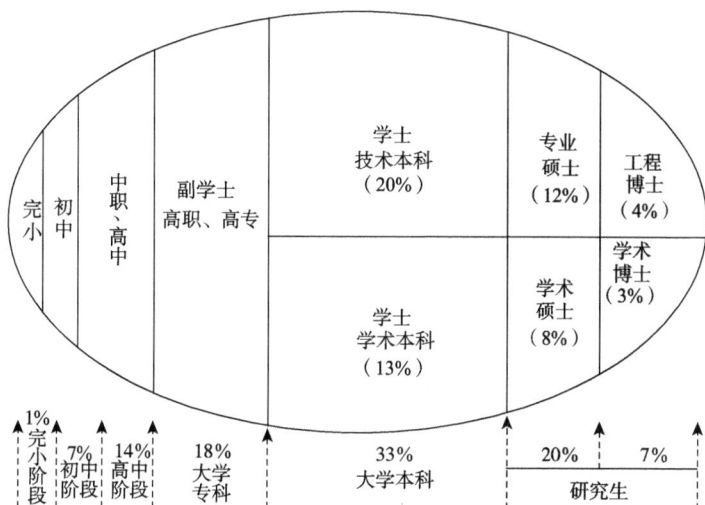

10~15 年后云南新增劳动力的橄榄球式的人才最高学历学位结构

①A. 合理　　　B. 基本合理　　　C. 不合理

②意见建议：_____

_____

21. 您对云南职业教育适应产业转型发展的现状与未来发展还有什么意见和建议？

_____

_____

关于职业教育适应（支撑）产业转型发展研究的调查
（典型案例职业教育学院/学校学生）

亲爱的同学：

您好！我们是云南省教育厅世界银行课题"职业教育适应（支撑）产业转型发展

研究"调研组，根据《国务院关于加快发展现代职业教育的决定》（国发〔2014〕19号），职业教育要适应经济社会发展需求并实现产教深度融合。为提高云南省职业院校开展教育和培训的整体能力，特进行关于云南省职业教育适应产业转型发展的调研，为政府和主管部门提出职业教育适应云南省经济产业转型发展的实现路径、方法、条件和新模式，为大力推进云南省职业教育发展提供参考和依据。请就贵校真实情况填写以下内容，我们将对所提供的全部数据保密，非常感谢您的支持与合作！

1. 您的年龄：①25 岁及以下；②26~35 岁；③36~45 岁；④46 岁以上。

2. 您的工作性质：①辅导员；②教师；③办公室或基层管理人员；④后勤人员。

3. 所属学院：（　　　　　　　　　　　）。

4. 您的学历：①中专、大专；②本科；③硕士研究生；④博士研究生。

5. 您对接受职业教育的学生就业前景的看法是？（　　　）

A. 乐观　　B. 比较乐观　　C. 一般　　D. 比较困难　　E. 困难　　F. 视职业教育程度而定

6. 您认为接受了职业教育的学生毕业后就业主要依靠？（　　　）

A. 学校推荐　　B. 个人能力　　C. 通过关系　　D. 视职业教育程度而定

E. 不清楚

7. 您关注云南职业教育领域的发展吗？（　　　）

A. 非常关注　　B. 偶尔关注　　C. 想关注但不知如何关注　　D. 从不关注

8. 您对云南职业教育发展前景的展望是？（　　　）

A. 适应时代要求，将会迅猛发展　　B. 在一段时间内会停滞于目前的水平上

C. 难以打破传统，逐渐没落　　　　D. 其他

9. 您认为要想加快云南职业教育的发展，关键在于？（　　　）

A. 学校培养方式的改进　　B. 政府政策引导　　C. 学生观念的改变

D. 家长观念的改变　　　　E. 其他

10. 您对企业培训与学校教育相结合的培养方法在云南职业教育领域的可行性的看法是？（　　　）

A. 适用但应侧重于企业培训　　B. 适用但应侧重于理论教育

C. 适用并且要双管齐下　　　　D. 不适用

11. 您认为在今天的中国，对就业影响最大的三个因素是？（多选题）（　　　）

A. 专业理论学习　　B. 专业技能实践　　C. 兼职、实习经验　　D. 各种证件

E. 学校知名度　　　F. 努力工作　　　　G. 个人综合素质　　H. 机遇

I. 其他（请补充）

12. 在服务构建现代职业教育体系，探索本科层次职业教育人才培养途径，培养应用型技术人才中，高职院校能否发挥正能量作用（①　　　），您对高职院校的人才培养层次结构调整的期待是（②　　　）。

①A. 能　　　　　B. 不能

②A. 具备条件的高职院校可试点独立举办四年制本科高职（技术）教育

　　B. 具备条件的高职院校可试点联合本科高校举办四年制本科高职（技术）教育

　　C. 高职院校尚不具备办本科高职教育的条件，专注办好三年制高职专科教育即可

13. 在服务于经济结构战略性调整、现代产业体系建设和社会建设，服务于区域经济发展，构建现代职业教育体系中，高职院校应重点培养（①　　　）层次和（②　　　）类型的专门人才。

　　①A. 单一本科　　　　B. 单一专科　　　C. 专科+本科　　　D. 专科+中专

　　②A. 科学研究型　　　B. 工程技术型　　　C. 技术技能型　　　D. 高端技能型

　　E. 技能型

14. 高职院校"推动应用型本科课程进入职业院校"的探索实践模式主要是（　　　）。

　　A. 实施"专本沟通"，高职院校可以沟通应用型本科院校联合试办应用技术本科专业

　　B. 高职院校专业课程体系可以沟通应用型本科院校开发引入部分应用型本科课程

　　C. 高职院校专业课程体系可独立开发引入部分应用型本科课程

15. 高职院校在新一轮本科"应用技术大学（学院）"建设实践中的发展地位是（　　　）。

　　A. 在构建现代职业教育体系中应科学设计政策空间，"选择性"地支持部分高职院校，积极探索应用型技术人才培养，"十二五"末或"十三五"初升格发展

　　B. 高职院校应定位在专科层次人才培养，不宜升格发展

16. 在构建现代职业教育体系中，不论学校办学条件、发展历史、办学质量，完全由姓"民"或姓"公"来规定高职院校定位发展是否科学合理（①　　　）。

　　②您的建议是：_____

　　_____

　　①A. 很不科学合理　　　B. 不科学合理　　　C. 科学合理

17. 以就业为导向的职业教育，不能简单解构为"职业教育=就业教育"，职业教育与普通教育必互设"立交桥"，解决好职业院校学生升学发展不公平的问题。下图是对中国国民学历教育体系结构的思考，您认为是否合理（①　　　），有何意见或建议（②　　　）。

中国国民学历教育体系与立交教育路径

1、2、3、41、42、43……表示各阶段

① A. 合理　　B. 基本合理　　C. 不合理

② 意见建议：_____

_____

18. 为服务云南产业转型升级发展对人才与技术的升级需求，高职院校人才培养规格定位是否要进行结构性战略调整（①　　）。

① A. 是　　　　　　　　　　B. 否

② 人才培养规格定位的核心要素是：_____

_____

19. 影响高职教育人才培养规格的几个主要因素（　　）。（可多选）

A. 经济全球化挑战　　B. 知识经济的发展　　C. 技术结构的变化

D. 产业结构调整　　　E. 经济发展方式转变

20. 下面是对 10~15 年后云南省新增劳动力的橄榄球式的人才最高学历学位结构的构想图，您的意见是（①　　）。

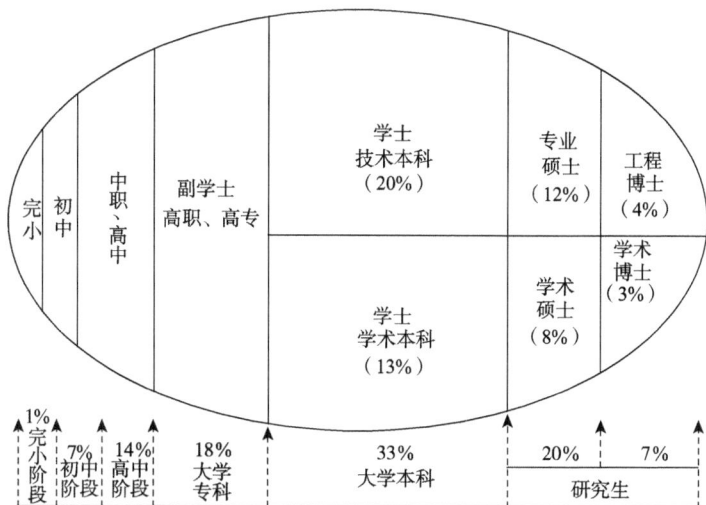

10~15年后云南新增劳动力的橄榄球式的人才最高学历学位结构

①A. 合理　　　B. 基本合理　　　C. 不合理

②意见建议：＿＿＿＿＿＿＿＿＿＿＿＿＿＿＿＿＿＿＿＿＿＿＿

＿＿＿＿＿＿＿＿＿＿＿＿＿＿＿＿＿＿＿＿＿＿＿＿＿＿＿＿＿＿＿＿＿

21. 您对云南职业教育适应产业转型发展的现状与未来发展还有什么意见和建议？

＿＿＿＿＿＿＿＿＿＿＿＿＿＿＿＿＿＿＿＿＿＿＿＿＿＿＿＿＿＿＿＿＿

＿＿＿＿＿＿＿＿＿＿＿＿＿＿＿＿＿＿＿＿＿＿＿＿＿＿＿＿＿＿＿＿＿

＿＿＿＿＿＿＿＿＿＿＿＿＿＿＿＿＿＿＿＿＿＿＿＿＿＿＿＿＿＿＿＿＿

关于职业教育发展战略研究的调查
（典型案例产业/企业领导）

尊敬的领导：

　　您好！我们是云南省教育厅世界银行课题"职业教育适应（支撑）产业转型发展研究"调研组，根据《国务院关于加快发展现代职业教育的决定》（国发〔2014〕19号），职业教育要适应经济社会发展需求并实现产教深度融合。为提高云南省职业院校开展教育和培训的整体能力，特进行关于云南省职业教育适应产业转型发展的调研，为政府和主管部门提出职业教育适应云南省经济产业转型发展的实现路径、方法、条件和新模式，为大力推进云南省职业教育发展提供参考和依据。请就贵校真实情况填写以下内容，我们将对所提供的全部数据保密，非常感谢您的支持与合作！请就贵企业真实情况和您的想法填写以下内容，我们将对所提供的全部数据保密，非常感谢您的支持与合作！

一、职业教育

1. 在服务构建现代职业教育体系，探索本科层次职业教育人才培养途径，培养应用型技术人才中，高职院校能否发挥正能量作用（①　　），您对高职院校的人才培养层次结构调整的期待是（②　　）。

①A. 能　　　　B. 不能

②A. 具备条件的高职院校可试点独立举办四年制本科高职（技术）教育

　　B. 具备条件的高职院校可试点联合本科高校举办四年制本科高职（技术）教育

　　C. 高职院校尚不具备办本科高职教育的条件，专注办好三年制高职专科教育即可

2. 针对当前经济结构调整和云南经济发展状况，您认为高职院校应重点培养（①　　）层次和（②　　）类型的专门人才。

①A. 单一本科　　　　B. 单一专科　　　　C. 专科+本科　　　　D. 专科+中专

②A. 科学研究型　　　B. 工程技术型　　　C. 技术技能型　　　D. 高端技能型

　　E. 技能型

3. 您认为高职院校"推动应用型本科课程进入职业院校"的探索实践模式主要应该是（　　）。

A. 实施"专本沟通"，与本科院校联合试办应用技术本科专业

B. 通过本科院校开发引入部分应用型本科课程

C. 独立开发引入部分应用型本科课程

4. 高职院校在新一轮本科"应用技术大学（学院）"建设实践中的发展地位是（　　）。

A. "选择性"地支持部分高职院校，积极探索应用型技术人才培养，"十二五"末或"十三五"初升格发展

B. 高职院校应定位在专科层次人才培养，不宜升格发展

5. 您认为在构建现代职业教育体系中，不论学校办学条件、发展历史、办学质量，完全由姓"民"或姓"公"来规定高职院校定位发展是否科学合理？（　　）

A. 很不科学合理　　　B. 不科学合理　　　C. 科学合理

您的建议是：＿＿＿＿＿＿＿＿＿＿＿＿＿＿＿＿＿＿＿＿＿＿＿

＿＿＿＿＿＿＿＿＿＿＿＿＿＿＿＿＿＿＿＿＿＿＿＿＿＿＿＿＿＿

6. 以就业为导向的职业教育，不能简单解构为"职业教育=就业教育"，职业教育与普通教育必互设"立交桥"，解决好职业院校学生升学发展不公平的问题。下图是对中国国民学历教育体系结构的思考，您认为是否合理（①　　），有何意

见或建议（②　　）。

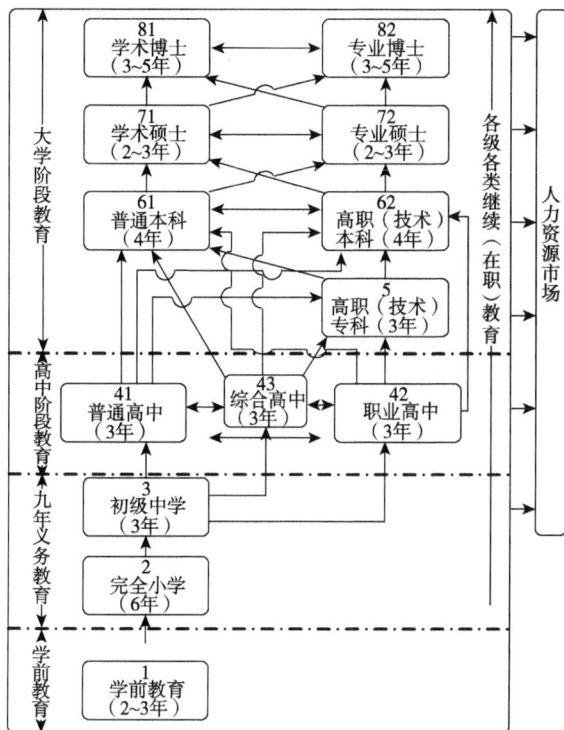

中国国民学历教育体系与立交教育路径

1、2、3、41、42、43······表示各阶段

①A. 合理　　B. 基本合理　　C. 不合理

②意见建议：_____

_____

7. 为服务云南产业转型升级发展对人才与技术的升级需求，高职院校人才培养规格（高职院校培养规格是对毕业生所规定的基本培养目标和质量标准）定位是否要进行结构性战略调整（　　）。

A. 是　　　　　　B. 否

8. 您认为影响高职教育人才培养规格的几个主要因素是（　　）（可多选）。

A. 经济全球化挑战　　B. 知识经济的发展　　C. 技术结构的变化

D. 产业结构调整　　　E. 经济发展方式转变

9. 下面是对 10~15 年后云南新增劳动力的橄榄球式的人才最高学历学位结构的构想图，您的意见是（①　　）。

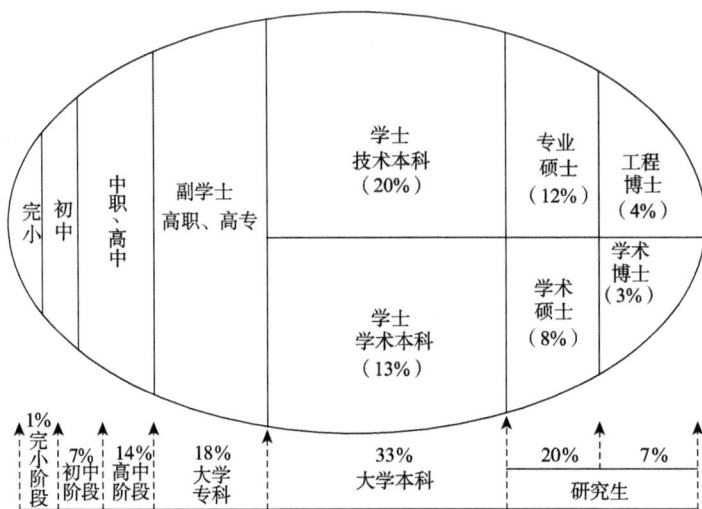

10~15年后云南新增劳动力的橄榄球式的人才最高学历学位结构

①A.合理　　B.基本合理　　C.不合理
②意见建议：_____

_____

10. 贵企业录用毕业生时会优先考虑哪些因素？
1）基本素养　（　　）
A. 最不重要　　B. 不重要　　C. 一般重要　　D. 比较重要　　E. 最重要
2）专业知识　（　　）
A. 最不重要　　B. 不重要　　C. 一般重要　　D. 比较重要　　E. 最重要
3）操作技能　（　　）
A. 最不重要　　B. 不重要　　C. 一般重要　　D. 比较重要　　E. 最重要
4）工作实践　（　　）
A. 最不重要　　B. 不重要　　C. 一般重要　　D. 比较重要　　E. 最重要
5）外语水平　（　　）
A. 最不重要　　B. 不重要　　C. 一般重要　　D. 比较重要　　E. 最重要
6）计算机应用　（　　）
A. 最不重要　　B. 不重要　　C. 一般重要　　D. 比较重要　　E. 最重要
11. 在招聘高职院校毕业生时，贵企业最看重哪些素质？
1）专业理论知识　（　　）
A. 最不重要　　B. 不重要　　C. 一般重要　　D. 比较重要　　E. 最重要

2）专业实践能力　（　　　）

A. 最不重要　　　B. 不重要　　　C. 一般重要　　　D. 比较重要　　　E. 最重要

3）执行能力　（　　　）

A. 最不重要　　　B. 不重要　　　C. 一般重要　　　D. 比较重要　　　E. 最重要

4）团队合作能力　（　　　）

A. 最不重要　　　B. 不重要　　　C. 一般重要　　　D. 比较重要　　　E. 最重要

5）自主学习能力　（　　　）

A. 最不重要　　　B. 不重要　　　C. 一般重要　　　D. 比较重要　　　E. 最重要

6）问题解决能力　（　　　）

A. 最不重要　　　B. 不重要　　　C. 一般重要　　　D. 比较重要　　　E. 最重要

7）时间管理能力　（　　　）

A. 最不重要　　　B. 不重要　　　C. 一般重要　　　D. 比较重要　　　E. 最重要

二、云南高职教育适应产业转型发展存在的问题与建议（您可从高职教育国家政策制度，高职院校的布局、规模、质量、效益、经费、招生、治理、评估、质保、可持续发展等方面进行问题分析并提出对策建议）。

1.＿＿＿＿＿＿＿＿＿＿＿＿＿＿＿＿＿＿＿＿＿＿＿＿＿＿＿＿＿＿＿＿

2.＿＿＿＿＿＿＿＿＿＿＿＿＿＿＿＿＿＿＿＿＿＿＿＿＿＿＿＿＿＿＿＿

3.＿＿＿＿＿＿＿＿＿＿＿＿＿＿＿＿＿＿＿＿＿＿＿＿＿＿＿＿＿＿＿＿

4.＿＿＿＿＿＿＿＿＿＿＿＿＿＿＿＿＿＿＿＿＿＿＿＿＿＿＿＿＿＿＿＿

三、从企业的角度看，当前云南职业教育存在哪些问题？

1.＿＿＿＿＿＿＿＿＿＿＿＿＿＿＿＿＿＿＿＿＿＿＿＿＿＿＿＿＿＿＿＿

2.＿＿＿＿＿＿＿＿＿＿＿＿＿＿＿＿＿＿＿＿＿＿＿＿＿＿＿＿＿＿＿＿

3.＿＿＿＿＿＿＿＿＿＿＿＿＿＿＿＿＿＿＿＿＿＿＿＿＿＿＿＿＿＿＿＿

4.＿＿＿＿＿＿＿＿＿＿＿＿＿＿＿＿＿＿＿＿＿＿＿＿＿＿＿＿＿＿＿＿

四、在职业教育办学体制、机制改革方面您有哪些建议和意见？

1.＿＿＿＿＿＿＿＿＿＿＿＿＿＿＿＿＿＿＿＿＿＿＿＿＿＿＿＿＿＿＿＿

2.＿＿＿＿＿＿＿＿＿＿＿＿＿＿＿＿＿＿＿＿＿＿＿＿＿＿＿＿＿＿＿＿

3.＿＿＿＿＿＿＿＿＿＿＿＿＿＿＿＿＿＿＿＿＿＿＿＿＿＿＿＿＿＿＿＿

4.＿＿＿＿＿＿＿＿＿＿＿＿＿＿＿＿＿＿＿＿＿＿＿＿＿＿＿＿＿＿＿＿

五、在职业教育发展中，就政府、学校、企业的关系，特别是在建立行业、企业、学校共同参与机制等方面，您有哪些建议和意见？

1.＿＿＿＿＿＿＿＿＿＿＿＿＿＿＿＿＿＿＿＿＿＿＿＿＿＿＿＿＿＿＿＿

2.＿＿＿＿＿＿＿＿＿＿＿＿＿＿＿＿＿＿＿＿＿＿＿＿＿＿＿＿＿＿＿＿

3._____

4._____

六、您对职业教育集团化办学有哪些建议和意见？

1._____

2._____

3._____

4._____

七、您认为学生能否真正在企业顶岗实习？顶岗实习应该采取什么方式？

1._____

2._____

3._____

4._____

八、学生到企业顶岗实习，您认为如何同时使企业、学生、学校三方满意？

1._____

2._____

3._____

4._____

九、您认为通过哪些途径和措施才能实现校企之间的深度合作？

1._____

2._____

3._____

4._____

十、您对建立行业、企业、学校共同参与办学的机制有哪些建议？

1._____

2._____

3._____

4._____

关于职业教育发展战略研究的调查
（典型案例产业/企业员工）

先生/女士：

　　您好！我们是云南省教育厅世界银行课题"职业教育适应（支撑）产业转型

发展研究"调研组,根据《国务院关于加快发展现代职业教育的决定》(国发〔2014〕19号),职业教育要适应经济社会发展需求并实现产教深度融合。为提高云南省职业院校开展教育和培训的整体能力,特进行关于云南省职业教育适应产业转型发展的调研,为政府和主管部门提出职业教育适应云南省经济产业转型发展的实现路径、方法、条件和新模式,为大力推进云南省职业教育发展提供参考和依据。请就贵校真实情况填写以下内容,我们将对所提供的全部数据保密,非常感谢您的支持与合作!

一、基本信息

1. 您的年龄:①25 岁及以下;②26~35 岁;③36~45 岁;④46 岁以上。

2. 您的工作性质:①一线员工;②中层领导以上;③办公室或基层管理人员;④后勤人员。

3. 所属部门(　　　　　　　　　　　)。

4. 毕业院校:①本科院校及以上的毕业生;②高职院校的毕业生;③中职院校的毕业生;④其他。

二、工作情况

1. 您在公司的发展前景是(　　)。

A. 努力工作,成功的可能性很大　　　　B. 努力工作,成功的可能性较大

C. 努力工作,成功的可能性一般　　　　D. 努力工作,成功的可能性较小

E. 努力工作,几乎不可能成功

2. 公司现在的管理模式和薪酬待遇对您的工作态度有何影响?(　　)

A. 非常消极或负面的影响　　B. 消极或负面的影响　　　C. 没有影响

D. 有积极或正面的影响　　　E. 非常积极或正面的影响

3. 您对分配给您的工作量持何种态度?(　　)

A. 非常不满　　　B. 不满　　　　C. 一般　　　D. 满意　　　E. 很满意

4. 工作职责对您的特长有何影响?(　　)

A. 无法突出特长　　B. 阻碍发挥特长　　　C. 没有影响

D. 促进发挥特长　　E. 充分突出特长

5. 分配给您的工作量是否影响您的整体工作态度?(　　)

A. 非常正面的影响　　B. 正面的影响　　C. 没有影响　　D. 负面的影响

E. 非常负面的影响

6. 上级对待您的方式是否影响您的整体工作态度?(　　)

A. 非常负面的影响　　　B. 负面的影响　　　C. 没有实质影响

D. 正面的影响　　　　　E. 非常正面的影响

7. 您的工资比您实际付出所应得的少很多吗?(　　)

A. 非常准确　　B. 准确　　C. 一般　　　D. 不准确　　E. 非常不准确

8. 你所得到的工作方面的指导如何？（　　）

A. 非常少　　　　B. 较少　　　　　C. 一般　　　D. 较多　　　　E. 很多

9. 您认为您现在的情况属于下面哪一种？（　　）

A. 在公司中深受重视　　B. 在公司中较受重视　　C. 在公司中既不被重视也不被轻视　　　D. 在公司中被轻视　　　E. 在公司中饱受轻视

三、职业教育

1. 在服务构建现代职业教育体系，探索本科层次职业教育人才培养途径，培养应用型技术人才中，高职院校能否发挥正能量作用（　　），您对高职院校的人才培养层次结构调整的期待是（　　）。

①A. 能　　　　B. 不能

②A. 具备条件的高职院校可试点独立举办四年制本科高职（技术）教育

　　B. 具备条件的高职院校可试点联合本科高校举办四年制本科高职（技术）教育

　　C. 高职院校尚不具备办本科高职教育的条件，专注办好三年制高职专科教育即可

2. 针对目前的经济结构调整和云南的发展现状，您认为高职院校应重点培养（①　　）层次和（②　　）类型的专门人才。

①A. 单一本科　　　　B. 单一专科　　　C. 专科+本科　　　D. 专科+中专

②A. 科学研究型　　　B. 工程技术型　　C. 技术技能型　　　D. 高端技能型

　　E. 技能型

3. 您认为高职院校"推动应用型本科课程进入职业院校"的探索实践模式主要应该是（　　）。

A. 实施"专本沟通"，与本科院校联合试办应用技术本科专业

B. 通过本科院校开发引入部分应用型本科课程

C. 独立开发引入部分应用型本科课程

4. 您觉得高职院校在新一轮本科"应用技术大学（学院）"建设实践中的发展地位是（　　）。

A. "选择性"地支持部分高职院校，积极探索应用型技术人才培养，"十二五"末或"十三五"初升格发展

B. 高职院校应定位在专科层次人才培养，不宜升格发展

5. 您认为在构建现代职业教育体系中，不论学校办学条件、发展历史、办学质量，完全由姓"民"或姓"公"来规定高职院校定位发展是否科学合理？（①　　）。

①A. 很不科学合理　　　B. 不科学合理　　　C. 科学合理

②您的建议是：＿＿＿＿＿＿＿＿＿＿＿＿＿＿＿＿＿＿

6. 为服务云南产业转型升级发展对人才与技术的升级需求，高职院校人才培养规格（高职院校培养规格是对毕业生所规定的基本培养目标和质量标准）定位是否要进行结构性战略调整（　　）。

A. 是　　　　　　　　B. 否

7. 您认为影响高职教育人才培养规格的几个主要因素是（　　）（可多选）。

A. 经济全球化挑战　　B. 知识经济的发展　　C. 技术结构的变化

D. 产业结构调整　　　D. 经济发展方式转变

8. 云南高职教育适应产业转型发展存在的问题与建议（您可从高职教育国家政策制度，高职院校的布局、规模、质量、效益、经费、招生、治理、评估、质保、可持续发展等方面进行问题分析并提出对策建议）。

附录 2　资料收集结果

一、职业教育

资料 1：2010~2013 年云南省人才需求量、专业方向、质量，以及各行业平均工资

云南省各行业人才需求量（单位：万人）

指标	2013 年	2012 年	2011 年	2010 年
城镇单位就业人员	428.13	392.67	350.07	322.80
农、林、牧、渔业城镇单位就业人员	7.11	9.20	11.01	14.50
采矿业城镇单位就业人员	22.92	22.27	18.41	15.20
制造业城镇单位就业人员	74.00	70.53	63.24	58.80
电力、燃气及水的生产和供应业城镇单位就业人员	10.30	9.72	9.49	8.50
建筑业城镇单位就业人员	73.68	66.44	48.12	37.60
交通运输、仓储及邮电通信业城镇单位就业人员	16.80	13.56	13.59	13.40
信息传输、计算机服务和软件业城镇单位就业人员	6.65	4.31	4.07	3.50
批发和零售业城镇单位就业人员	25.52	23.52	19.36	15.60
住宿和餐饮业城镇单位就业人员	9.55	8.51	7.38	5.80
金融业城镇单位就业人员	9.90	9.85	9.73	9.00

续表

指标	2013 年	2012 年	2011 年	2010 年
房地产业城镇单位就业人员	10.07	7.28	5.37	4.10
租赁和商务服务业城镇单位就业人员	9.37	6.20	6.74	7.20
科学研究、技术服务和地质勘查业城镇单位就业人员	9.19	7.78	6.43	6.20
水利、环境和公共设施管理业城镇单位就业人员	7.84	5.72	5.45	5.30
居民服务和其他服务业城镇单位就业人员	1.35	0.81	0.74	0.80
教育业城镇单位就业人员	58.00	54.91	52.89	51.80
卫生、社会保障和社会福利业城镇单位就业人员	22.19	19.36	17.57	15.80
文化、体育和娱乐业城镇单位就业人员	3.47	3.36	3.44	3.60
公共管理和社会组织城镇单位就业人员	50.24	49.34	47.02	46.10

云南省各行业平均工资（单位：元）

指标	2013 年	2012 年	2011 年	2010 年
城镇单位就业人员平均工资	42 447	37 629	34 004	29 195
农、林、牧、渔业城镇单位就业人员平均工资	24 290	21 232	19 612	15 922
采矿业城镇单位就业人员平均工资	41 997	38 526	33 926	27 175
制造业城镇单位就业人员平均工资	40 659	36 574	32 923	28 550
电力、燃气及水的生产和供应业城镇单位就业人员平均工资	64 083	53 087	48 055	44 110
建筑业城镇单位就业人员平均工资	32 598	28 354	25 233	21 002
交通运输、仓储及邮电通信业城镇单位就业人员平均工资	53 775	50 069	44 111	35 897
信息传输、计算机服务和软件业城镇单位就业人员平均工资	56 193	48 332	42 088	37 346
批发和零售业城镇单位就业人员平均工资	38 441	34 154	31 423	26 268
住宿和餐饮业城镇单位就业人员平均工资	26 571	23 297	19 476	16 030
金融业城镇单位就业人员平均工资	104 144	88 699	76 946	60 775
房地产业城镇单位就业人员平均工资	38 864	33 562	28 992	22 236
租赁和商务服务业城镇单位就业人员平均工资	35 425	33 950	27 481	23 969
科学研究、技术服务和地质勘查业城镇单位就业人员平均工资	48 879	43 722	42 284	34 588
水利、环境和公共设施管理业城镇单位就业人员平均工资	30 608	26 788	23 632	17 788
居民服务和其他服务业城镇单位就业人员平均工资	30 000	26 146	22 660	18 340
教育业城镇单位就业人员平均工资	45 448	39 983	36 318	32 301
卫生、社会保障和社会福利业城镇单位就业人员平均工资	46 400	41 801	35 618	28 988
文化、体育和娱乐业城镇单位就业人员平均工资	41 914	35 997	32 058	24 834
公共管理和社会组织城镇单位就业人员平均工资	42 351	37 580	34 402	31 650

资料 2：云南省职业教育的毕业生人数

2010~2014 年云南省职业教育毕业生人数

序号	年份	人数
1	2010	毕业生 15.57 万人
2	2011	毕业生 15.58 万人
3	2012	毕业生 18.71 万人
4	2013	成人高等教育本科和专科共 52 510 人，中等职业教育毕业生 23.77 万人
5	2014	成人高等教育本科和专科共 5.89 万人，中等职业教育毕业生 17.43 万人

资料 3：2003~2015 年云南省职业教育部分相关政策、法规、法律文件等

序号	年份	资料名称	资料链接
1	2015	《云南高等职业教育全面推进产教融合与校企合作》	http://yn.people.com.cn/original/n/2015/0609/c229982-25172924.html
2	2015	《云南将实施 5 项重点工程　加快建设现代职教体系》	http://yn.yunnan.cn/html/2015-12/03/content_4046917.htm
3	2014	《云南农村职业教育适应"新生代"农民培育研究》（赵涛）	http://cdmd.cnki.com.cn/Article/CDMD-10676-1014045830.htm
4	2012	《云南省 2012 年高等职业教育发展情况报告（20120131）》	https://wenku.baidu.com/view/b36724c6bceb19e8b8f6baf4.html
5	2007	《云南省高等教育结构体系现状分析及调整对策研究》（杜青山）	http://cdmd.cnki.com.cn/Article/CDMD-10674-2007124527.htm
6	2005	《云南省教育科学研究"十一五"计划》（云南省教育厅）	http://www.ynjyw.roboo.com/web/371784/303150.htm
7	2013	《云南省教育厅关于云南省高等职业学校就业有关情况的通报》	http://www.shouluwang.com/webinfo.php?id=9338989
8	2015	云南省职业教育工作会议在昆明召开	http://www.caigou.com.cn/news/2015112516.shtml
9	2003	《云南省中等职业教育改革发展调研报告》（中等职业教育调研组）	http://xuewen.cnki.net/CJFD-YNJY200403013.html
10	2013	《中共教育部党组关于教育系统学习贯彻习近平总书记五四重要讲话精神的通知》	http://old.moe.gov.cn//publicfiles/business/htmlfiles/moe/s7060/201305/151813.html
11	2012	《中共云南省委　云南省人民政府关于大力推进职业教育改革与发展的意见》	http://www.zjx.ykedu.net/news_view.asp?newsid=2791
12	2014	《关于做好 2014 年"高等职业院校人才培养工作状态数据采集与管理平台"填报工作的通知》	http://www.ahgj.gov.cn/72/view/2945
13	2013	《教育部　国家发展改革委　财政部关于印发〈中西部高等教育振兴计划（2012—2020 年）〉的通知》	http://old.moe.gov.cn//publicfiles/business/htmlfiles/moc/s7056/201303/148468.html
14	2014	《教育部办公厅　人力资源社会保障部办公厅　财政部办公厅关于公布"国家中等职业教育改革发展示范学校建设计划"第一批项目学校验收结果的通知》	http://www.moe.edu.cn/srcsite/A07/s3059/201511/t20151116_219238.html

续表

序号	年份	资料名称	资料链接
15	2013	《教育部办公厅关于印发〈中等职业学校德育课贯彻党的十八大精神教学指导纲要〉的通知》	http://www.moe.edu.cn/srcsite/A07/moe_950/201303/t20130325_149948.html
16	2015	《教育部部长：六项工作推进高校创新创业教育改革》	http://news.xinhuanet.com/politics/2015-06/02/c_1115491283.htm
17	2011	《教育部关于充分发挥行业指导作用推进职业教育改革发展的意见》	http://old.moe.gov.cn//publicfiles/business/htmlfiles/moe/s7055/201407/xxgk_171567.html
18	2013	《教育部关于积极推进高等职业教育考试招生制度改革的指导意见》	http://old.moe.gov.cn//publicfiles/business/htmlfiles/moe/s3258/201306/152732.html
19	2013	《教育部关于开展国家级农村职业教育和成人教育示范县创建工作的通知》	http://old.moe.gov.cn//publicfiles/business/htmlfiles/moe/moe_726/201301/xxgk_146796.html
20	2012	《教育部关于调整和增设全国行业职业教育教学指导委员会的通知》	http://old.moe.gov.cn//publicfiles/business/htmlfiles/moe/s5972/201301/146769.html
21	2011	《教育部关于推进高等职业教育改革创新引领职业教育科学发展的若干意见》	http://old.moe.gov.cn//publicfiles/business/htmlfiles/moe/s6342/201407/xxgk_171561.html
22	2012	《教育部国家发展改革委财政部关于深化教师教育改革的意见》	http://old.moe.gov.cn//publicfiles/business/htmlfiles/moe/s3735/201212/xxgk_145544.html

资料4：2005~2009年云南省职业教育"十一五"规划和2010~2015年云南省职业教育"十二五"规划资料

资料名称	备注
《云南省中长期教育改革和发展规划纲要2010—2020》	http://www.cnsaes.org/homepage/html/resource/res19/res19_2/2752.html
《云南省现代职业教育体系建设规划（2015—2020年)》	http://mall.cnki.net/magazine/Article/YNJS201507034.htm

资料5：2010~2013年云南省职业教育投融资的部分相关资料

时间	资料名称	主要内容	备注
2010年	《云南拟投70亿元发展职业教育 三年建12区域职教中心》	发展职业教育的投资	http://edu.sdchina.com/show/653560.html
2010年	《云南今年将拿出5亿元地方债券发展职业教育》	发展职业教育的融资	http://news.163.com/10/0415/09/64A5B6UO000146BC.html
2011年	《罗嘉福：在2012年度全省职业教育与成人教育工作会议上的讲话》	2011年职业教育发展回顾	http://xuewen.cnki.net/CJFD-YNJS201103003.html
2012年	《云南职业教育发展将获世界银行3.2亿元贷款支持》	世界银行贷款支持职业教育	http://news.163.com/12/0630/15/858Q4AAB00014JB5.html
2011年	《云南高等职业教育发展中经费保障机制的思考》(郑琳玲，马洪品)	云南高职院校经费保障机制的现状及分析	http://kns.cnki.net/KCMS/detail/detail.aspx?dbcode=CJFQ&dbname=CJFD2011&filename=KMYJ201102008&uid=WEEvREcwSlJHSldRa1FhdXNXa0hHbmlhSU4rcEo5NE9eoSGt1SzkvNUlyYz0=$9A4hF_YAuvQ5obgVAqNKPCYcEjKensW4IQMovwHtwkF4VYPoHbKxJw!!&v=MTI1NThSOGVYMUx1eFlTN0RoMVMQzcVRyV00xRnJDVVJMS2tZaWDWR2RnkvbVY3M0tMaURTWkxHNEg5g5RE1yWTlGYkk=

续表

时间	资料名称	主要内容	备注
2013 年	《云南省高等职业教育投入的现状及效率研究》（李桑竹）	职业教育投入	http://kns.cnki.net/KCMS/detail/detail.aspx?dbcode=CMFD&dbname=CMFD201401&filename=1014013982.nh&uid=WEEvREcwSlJHSldRa1FhdXNXa0hHbmlhSU4rcEo5NE9oSGt1SzkvNUlyYz0=$9A4hF_YAuvQ5obgVAqNKPCYCEjKensW4IQMovwHtwkF4VYPoHbKxJw!!&v=MjQ4MDdTN0RoMVQzcVRyV00xRnJJDVVJMS2ZadWR2ZVziL0lWRjI2R3JPNUhkakVyWkViViUElSOGVYMUx1eFk=</div>
2013 年	《云南省职业教育发展的财政政策及政策效应研究》（武振）	职业教育财政政策	http://kns.cnki.net/KCMS/detail/detail.aspx?dbcode=CMFD&dbname=CMFD201401&filename=1014013987.nh&uid=WEEvREcwSlJHSldRa1FhdXNXa0hHbmlhSU4rcEo5NE9oSGt1SzkvNUlyYz0=$9A4hF_YAuvQ5obgVAqNKPCYCEjKensW4IQMovwHtwkF4VYPoHbKxJw!!&v=MDE3MzZZXcnpOOVkYyNkdyVzVIZZGpcUpFYlBJUjhlWDFDMdXhZUzdEaDFUM0ZUcldNMUZyUlFYMVVTTEtmWnVkdmVWVkdkkZ5L20=</div>

二、产业转型发展

资料 1：2010~2014 年云南省产业转型发展相关现状资料

云南省产业转型发展现状（单位：亿元）

指标	2014 年	2013 年	2012 年	2011 年	2010 年
地区生产总值	12 814.59	11 832.31	10 309.47	8 893.12	7 224.18
第一产业增加值	1 991.17	1 860.80	1 654.55	1 411.01	1 108.38
第二产业增加值	5 281.82	4 939.21	4 419.20	3 780.32	3 223.49
第三产业增加值	5 541.60	5 032.30	4 235.72	3 701.79	2 892.31
农、林、牧、渔业增加值	2 027.94	1 895.16	1 654.55	1 411.01	1 108.38
工业增加值	3 898.97	3 763.57	3 450.72	2 994.30	2 604.07
建筑业增加值	1 389.66	1 182.14	968.48	786.02	619.42
批发和零售业增加值	1 246.54	1 162.17	1 039.64	932.21	685.38
批发和零售贸易餐饮业增加值					
交通运输、仓储和邮政业增加值	288.50	273.16	247.53	217.22	193.26
交通运输、仓储和邮电通信业增加值					
住宿和餐饮业增加值		373.24	330.67	278.20	190.34
金融业增加值		725.90	541.18	456.23	375.08
房地产业增加值		262.84	243.03	222.31	223.45
其他行业增加值		2 194.13	1 833.67	1 595.62	1 224.80

　　经济转型升级是一个复杂的、艰巨的、长期的过程，关键是要弄清楚内涵是什么、往哪儿转、如何转。综合考虑，推进云南经济转型升级，要坚持问题导向，

运用系统思维，从以下八个方面综合施策。

一是"四化同步"。在经济转型升级中，产业转型升级是关键。要着眼于新型工业化、信息化、城镇化、农业现代化同步发展，从中寻找突破口和切入点，做好产业转型升级的统筹规划，扬长避短，发挥比较优势，加快推动产业结构由中低端向中高端迈进。

二是扩大内需。云南经济转型升级的最大潜力来自扩大内需。"十三五"期间，云南投资需求在传统产业相对饱和，但新型城镇化、基础设施建设和一些新技术、新产品、新业态、新商业模式的投资机会大量涌现，较长一段时期内投资仍然是拉动云南经济增长的第一动力。

三是创新驱动。转型升级中的云南，要把增强自主创新能力作为战略基点，坚定不移地走创新驱动发展之路，推动经济逐步走上主要依靠创新驱动、内生增长的轨道。

四是转变政府职能。进一步健全和完善社会主义市场经济体制机制，把政府引导与市场主导有机结合起来，让市场真正在资源配置中起决定性作用和更好地发挥政府的作用，使市场和社会既充满活力又规范有序。

五是加快发展开放型经济。要主动服务和融入国家发展战略，扩大对内、对外开放，加大招商引资力度，积极承接产业转移，重点引进牵动力大、带动力强的大项目、大企业，加快发展开放型经济，带动全省产业结构优化升级。

六是促进城乡区域协调发展。目前，云南区域发展是"一城（昆明）较大、（滇）中强边弱"，无法形成"一盘棋"。要统筹主体功能区战略，强化区域协调发展、协同发展、共同发展的新思维，努力形成"北上连接丝绸之路经济带、南下连接海上丝绸之路、东向连接长江经济带，通江达海、挥师两洋、外引内联、南来北往、东进西出、八面来风"的区域发展新格局。

七是织就民生安全网。经济转型升级能否成功、能否达到预期目标，民生改善是重要指标。推进经济转型，就是要把保障和改善民生作为根本目的，加快织就民生安全网，形成经济发展和民生改善的良性循环。坚决打赢扶贫开发攻坚战，兑现决不让贫困地区、贫困群众掉队的庄严承诺，确保实现第一个百年奋斗目标。

八是争当全国生态文明建设排头兵。在加快经济发展的同时，把保护好生态环境作为生存之基、发展之本，牢固树立"绿水青山就是金山银山"的发展理念，让良好生态环境成为人民生活质量的增长点、成为展现七彩云南良好形象的发力点、成为云南发展的核心竞争力。

其他相关资料：云南省产业结构转型升级综合评价研究资料：云南省产业结构转型升级综合评价研究（http://cdmd.cnki.com.cn/Article/CDMD-10681-1015003796.htm）。

资料2：2010~2012 年云南省劳动力状况（部分）

序号	年份	资料名称	具体内容
1	2010	云南省 2010 年第 1 季度劳动力市场供求状况分析	http://www.ynhrss.gov.cn/NewsView.aspx?NewsID=4329&ClassID=579
		云南省 2010 年第 2 季度劳动力市场供求状况分析	http://www.ynhrss.gov.cn/NewsView.aspx?NewsID=4330&ClassID=579
		云南省 2010 年第 3 季度劳动力市场供求状况分析	http://www.ynhrss.gov.cn/NewsView.aspx?NewsID=4569&ClassID=579
		云南省 2010 年第 4 季度劳动力市场供求状况分析	http://www.ynhrss.gov.cn/NewsView.aspx?NewsID=4700&ClassID=579
2	2011	云南省 2011 年第 1 季度劳动力市场供求分析	http://www.ynhrss.gov.cn/NewsView.aspx?NewsID=5259&ClassID=579
		云南省 2011 年第 2 季度劳动力市场供求分析	http://www.ynhrss.gov.cn/NewsView.aspx?NewsID=4944&ClassID=579
		云南省 2011 年第 3 季度劳动力市场供求分析	http://www.ynhrss.gov.cn/NewsView.aspx?NewsID=5062&ClassID=579
		云南省 2011 年第 4 季度劳动力市场供求分析	http://www.ynhrss.gov.cn/NewsView.aspx?NewsID=5170&ClassID=579
3	2012	云南省 2012 年第 1 季度劳动力市场供求状况分析	http://www.ynhrss.gov.cn/NewsView.aspx?NewsID=5259&ClassID=579
		云南省 2012 年第 2 季度劳动力市场供求状况分析	http://www.ynhrss.gov.cn/NewsView.aspx?NewsID=5436&ClassID=579
		云南省 2012 年第 3 季度劳动力市场供求分析	http://www.ynhrss.gov.cn/NewsView.aspx?NewsID=5503&ClassID=579

资料3：2007~2015 年云南省产业发展相关政策、法规、法律文件等

序号	年份	类别	资料名称	资料链接
1	2012	工业	（云发〔2012〕5 号）《中共云南省委　云南省人民政府关于推动工业跨越发展的决定》	http://zgxw.xsbn.gov.cn/307.news.detail.dhtml?news_id=181
2	2014		【2014 年第 2 期】《昆明市人民政府办公厅关于印发昆明市支持工业产业率先发展若干政策的通知》	http://www.km.gov.cn/c/2014-04-17/603555.shtml
3	2014		昆明出台若干利好政策　支持工业十大产业率先发展	http://yn.yunnan.cn/html/2014-02/27/content_3098372.htm
4	2014		云南七大政策支撑工业转型	http://xw.kunming.cn/a/2014-08/27/content_3678458.htm
5	2014		《云南省工业和信息化委　云南省发展和改革委关于印发〈云南省工业产业转型升级指导目录（2014 年本）〉的通知》	http://www.ynetc.gov.cn/Item/11351.aspx
6	2009		云南省工业园区相关政策	https://wenku.baidu.com/view/9ae8d27601f69e31433294f3.html

续表

序号	年份	类别	资料名称	资料链接
7	2015	旅游业	《2015年云南旅游现状研究及发展趋势》	https://wenku.baidu.com/view/c2da3d7e81c758f5f61f67a6.html
8	2015		《关于支持旅游业发展用地政策的意见》	http://www.mlr.gov.cn/tdzt/tdgl/cyyd/bmwj/201611/t20161107_1421108.htm
9	2014		云南多项措施扶持旅游业发展	http://www.cs.com.cn/ssgs/gsxw/201410/t20141015_4534669.html
10	2015		《云南省旅游发展委员会重要政策解读》	http://www.ynta.gov.cn/Item/23743.aspx
11	2014	农业	发展云南现代农业的政策措施	https://wenku.baidu.com/view/b784524bf242336c1eb95ee1.html
12	2015		云南省2015年惠农政策	http://www.nj.yn.gov.cn/nj/72913014084337664/20160308/277778.html
13	2013		《云南省政府出台政策进一步增强农业农村发展活力》	http://www.gov.cn/zhuanti/2013-06/03/content_2595602.htm
14	2015	新兴产业	云南省优先发展六大新兴产业	http://ylxf.yn.gov.cn/Html/News/2015/3/18/74526.html
15	2011		《云南省战略性新兴产业发展"十二五"规划》	http://www.doc88.com/p-9993777750168.html
16	2013		每年新增3亿元发展专项资金　云南锁定6大战略性新兴产业	http://yn.yunnan.cn/html/2013-01/21/content_2586671.htm
17	2014		《云南省战略性新兴产业发展专项资金管理办法》	https://wenku.baidu.com/view/d339caed28ea81c758f578f0.html
18	2014	附加资料	云南：发展大产业　实现新跨越	http://yn.yunnan.cn/html/2014-08/20/content_3334396.htm
19	2010		云南省产业发展现状	https://wenku.baidu.com/view/e3dc4465f18583d048645965.html
20	2014		《基于贸易与产业结构视角的对外直接投资效应分析》（齐光明）	https://max.book118.com/html/2016/0321/38251648.shtm
21	2013		《科学发展观视野下"云药"产业发展问题研究》（袁家兴）	http://cdmd.cnki.com.cn/Article/CDMD-10679-1013276446.htm
22	2013		《桥头堡建设背景下的云南产业结构调整研究》（李泳宪）	http://xuewen.cnki.net/CMFD-1013276444.nh.html
23	2010		《向西南开放战略下云南产业优化发展选择》（马志科）	http://xuewen.cnki.net/CMFD-1011056107.nh.html
24	2013		《云南"走出去"发展战略与实现路径的财税政策研究》（李保春）	http://wap.cnki.net/lunwen-1013333119.html
25	2013		《云南花卉产业发展核心竞争力提升研究》（徐家万）	http://cdmd.cnki.com.cn/Article/CDMD-82101-1013359292.htm
26	2014		《云南技工教育发展研究》（苏玉海）	http://cdmd.cnki.com.cn/Article/CDMD-10673-1015577293.htm
27	2007		《云南省主体功能区的划分及产业调整的初步研究》（张学波）	http://cdmd.cnki.com.cn/Article/CDMD-10681-2010072451.htm

资料4：2005~2009 年、2010~2015 年云南省产业发展"十一五规划""十二五规划"

时间	资料名称	主要内容	备注
"十一五"时期	《云南省"十一五"高新技术产业规划》	高新技术产业"十一五"规划	https://wenku.baidu.com/view/50f3167d27284b73f24250df.html
2007 年	《云南省高新技术产业促进条例》	云南省高新技术产业促进条例	http://www.ynstc.gov.cn/flfg/200807140039.htm
2009 年	《云南省人民政府关于实施标准化发展战略的意见》	云南省人民政府关于实施标准化发展战略的意见	http://www.yn-invest.gov.cn/XMArticleInfo.aspx?id=4839
2006 年	《云南省人民政府关于印发云南省促进工业产业结构调整实施意见的通知》	工业产业结构转型	http://www.yanshan.gov.cn/ZCFG/jjkb/2016/03/08/10242517615.html
"十二五"时期	《云南省十二五规划纲要（全文）》	云南省"十二五"规划纲要	https://wenku.baidu.com/view/f93ab233a32d7375a4178025.html
"十一五"时期	《云南省十一五新型工业化发展规划纲要》	云南省"十一五"新型工业化发展规划纲要	http://www.ynetc.gov.cn/Item/5972.aspx
"十二五"时期	《云南省战略性新兴产业十二五发展规划》	云南省战略性新兴产业"十二五"发展规划	https://wenku.baidu.com/view/3d599990daef5ef7ba0d3cab.html
2013~2017 年	《中共云南省委　云南省人民政府关于实施建设创新型云南行动计划（2013—2017 年）的决定》	创新性云南行动	http://www.haihongyuan.com/xingzhengguanli/1115324.html

资料5：2010~2015 年云南省产业发展投融资相关资料

资料名称	主要内容	备注
《产业的力量　云南的希望》（李陶）	产业发展，各方发言	http://roll.sohu.com/20130530/n377460383.shtml
《产业结构调整的财政金融支持体系建设》（欧喜操）	财政支持	http://cdmd.cnki.com.cn/Article/CDMD-10681-1015003813.htm
《产业结构优化中的财政政策研究》（杨贞）	财政支持	http://d.g.wanfangdata.com.cn/Thesis_D155628.aspx
《刍论云南桥头堡国家战略背景下的产业基础建设》（施卫娟，冷希洛）	产业基础建设	http://d.wanfangdata.com.cn/Periodical/yncmxyxb-jjblb201106002
《基于现代产业体系的云南主导产业选择研究》（汪鑫）	产业发展	http://d.wanfangdata.com.cn/Thesis/D155571
《近十年云南旅游产业发展研究》（张明磊）	旅游业发展	http://www.wanfangdata.com.cn/details/detail.do?_type=degree&id=D155649
《桥头堡战略背景下云南省产业优化升级的财税金融政策研究》（赵聪慧）	财税金融政策	http://www.wanfangdata.com.cn/details/detail.do?_type=degree&id=XWC201503040000025585

附录 3　问卷调查结果分析

一、学校领导、老师和企业领导部分

1. 高职院校能否发挥正能量作用

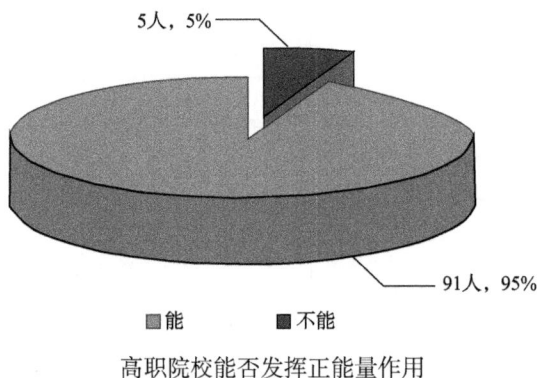

高职院校能否发挥正能量作用

高职院校能否发挥正能量作用：在服务构建现代职业教育体系，探索本科层次职业教育人才培养途径，培养应用型技术人才中，95%的企业领导认为高职院校能发挥正能量作用，5%的企业领导认为高职院校不能发挥正能量作用。

2. 高职院校培养层次结构调整期待

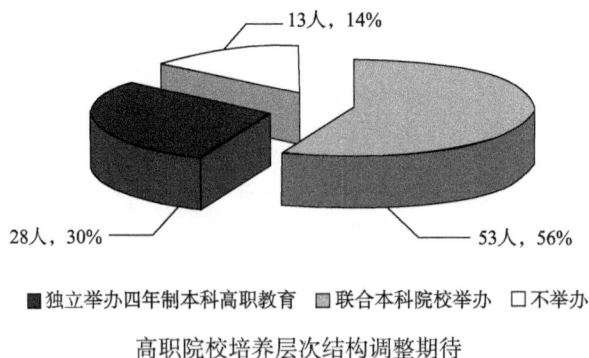

■独立举办四年制本科高职教育　■联合本科院校举办　□不举办

高职院校培养层次结构调整期待

高职院校培养层次结构调整期待：56%的企业领导对高职院校的人才培养层次结构调整的期待是具备条件的高职院校可试点联合本科高校举办四年制本科高职（技术）教育；30%的企业领导对高职院校的人才培养层次结构调整的期待是具备条件的高职院校可试点独立举办四年制本科高职（技术）教育；14%的企业领导对高职院校的人才培养层次结构调整的期待是不举办人才培养层次结构

调整。

3. 职业院校需重点培养的层次

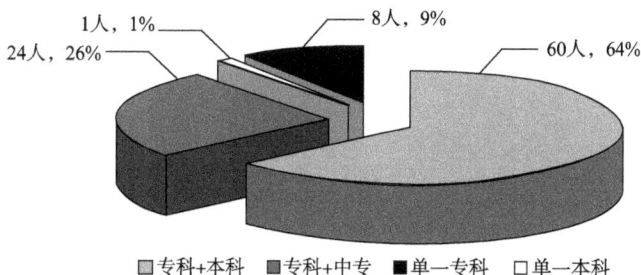

职业院校需重点培养的层次

职业院校重点培养的层次：针对当前经济结构调整和云南经济发展，64%的企业领导认为高职院校应重点培养专科+本科层次的专门人才；26%的企业领导认为高职院校应重点培养专科+中专层次的专门人才；9%的企业领导认为高职院校应重点培养单一专科层次的专门人才；1%的企业领导认为高职院校应重点培养单一本科层次的专门人才。

4. 职业院校需重点培养的类型

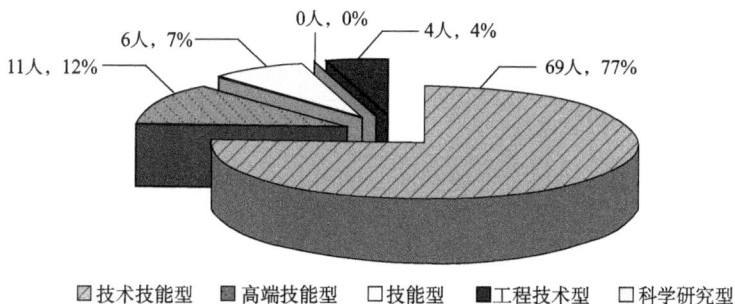

职业院校需重点培养的类型

职业院校需重点培养的类型：针对当前经济结构调整和云南经济发展，77%的企业领导认为高职院校应重点培养技术技能型的专门人才；12%的企业领导认为高职院校应重点培养高端技能型的专门人才；7%的企业领导认为高职院校应重点培养技能型的专门人才；4%的企业领导认为高职院校应重点培养工程技术型的专门人才。

5. 职业院校课程改革

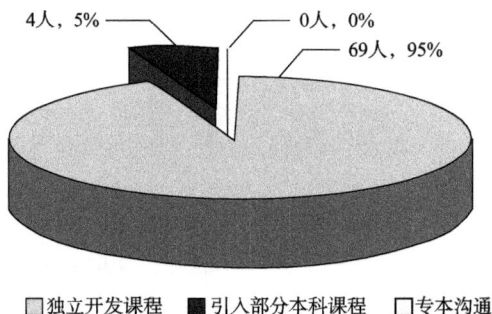

4人，5% — 　　　　0人，0%
　　　　　　　　　　69人，95%

□独立开发课程　　■引入部分本科课程　　□专本沟通

职业院校课程改革

职业院校课程改革：针对高职院校"推动应用型本科课程进入职业院校"的探索实践模式，95%的企业领导认为应独立开发应用型本科课程；5%的企业领导认为应通过本科院校开发引入部分应用型本科课程。

6. 职业院校发展定位

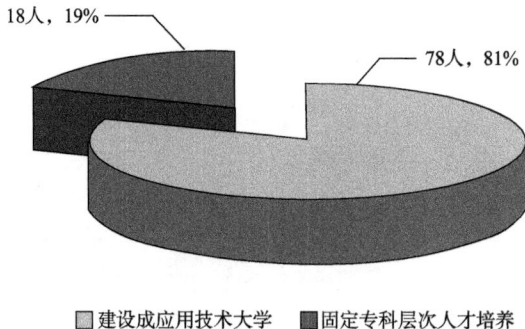

18人，19% — 　　　　　　　78人，81%

□建设成应用技术大学　　■固定专科层次人才培养

职业院校发展定位

职业院校发展定位：针对高职院校在新一轮本科"应用技术大学（学院）"建设实践中的发展地位问题，81%的企业领导认为"选择性"地支持部分高职院校，积极探索应用型技术人才培养，"十二五"末或"十三五"初升格发展；19%的企业领导认为高职院校应定位在专科层次人才培养，不宜升格发展。

7. 由民办、公办规定职业院校发展定位是否合理

民办、公办规定职业院校发展定位是否合理的调查结果显示，调查对象中认为不合理的人数占69%，认为很不合理的人数占25%，认为合理的人数只占6%。

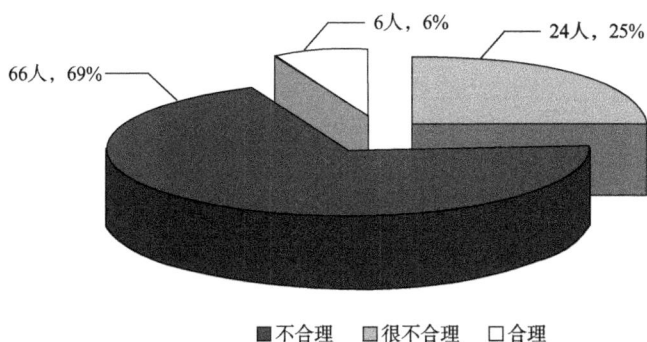

不合理　很不合理　□合理

由民办、公办规定职业院校发展定位是否合理

8. 云南教育体系结构是否合理

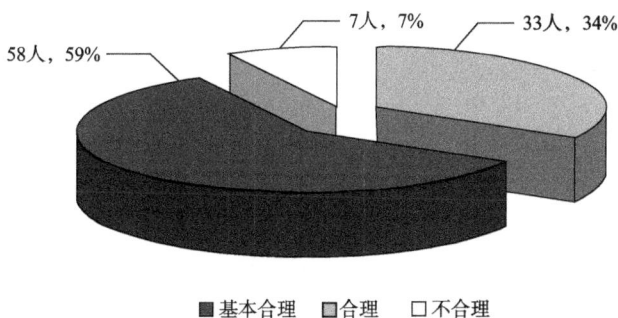

基本合理　合理　□不合理

云南教育体系结构是否合理

对云南教育体系结构是否合理的调查显示，认为基本合理的调查对象占 59%，认为合理的占 34%，认为不合理的只有 7%。

9. 为服务云南产业转型升级，职业院校人才是否要进行结构性调整

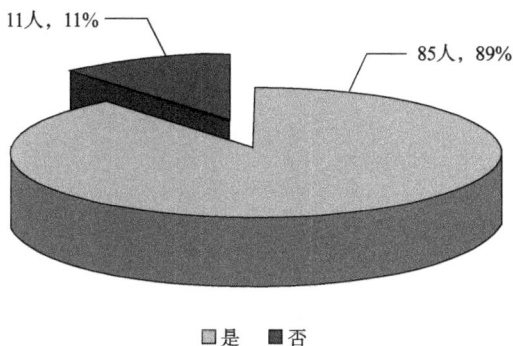

是　否

为服务云南产业转型升级，职业院校人才是否要进行结构性调整

为服务云南产业转型升级，职业院校人才是否要进行结构性调整的调查结果

显示，大部分调查对象都认为要进行结构性调整，占 89%，只有 11%的调查对象认为不需要。

10. 影响职业院校人才培养的主要因素

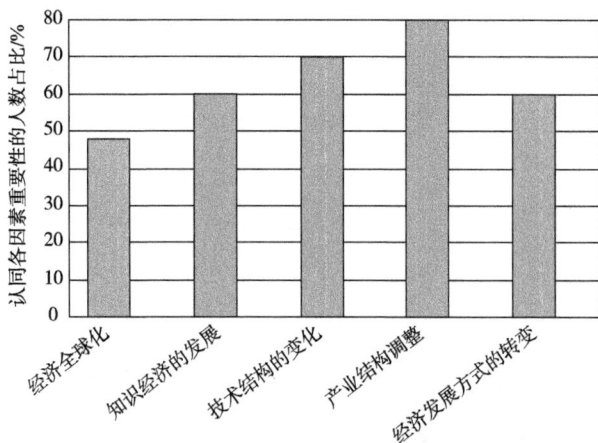

影响职业院校人才培养的主要因素

影响职业院校人才培养的主要因素的调查结果显示，首先，产业结构调整为主要因素，其次，技术结构的变化、知识经济的发展和经济发展方式的转变基本相当，最后为经济全球化。

11. 10~15 年后职业院校占 32%是否合理

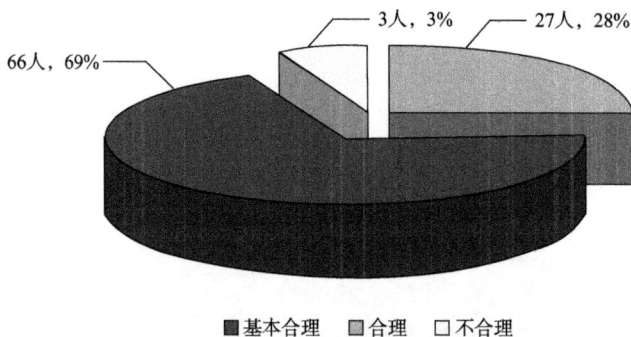

10~15 年后职业院校占 32%是否合理

10~15 年后云南新增劳动力的橄榄球式的人才最高学历学位结构中，职业院校占 32%是否合理的调查结果显示，调查对象中认为基本合理的占 69%，认为合理的占 28%，仅有 3%认为不合理。

二、学校学生部分

1. 被调查学生的性别结构分析

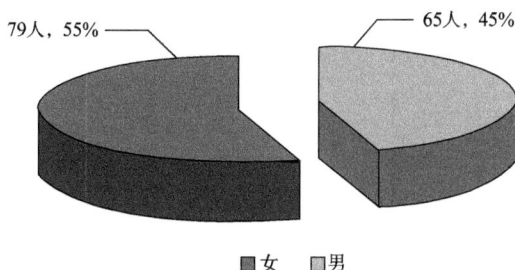

79人，55%　　　　　　　　65人，45%

■女　■男

被调查学生性别比例

调查对象性别结构分析：男性为 65 人，占总数的 45%；女性为 79 人，占总数的 55%。调查对象的性别比例相对均衡，更能凸显调查结果的科学性。

2. 被调查学生的来源结构分析

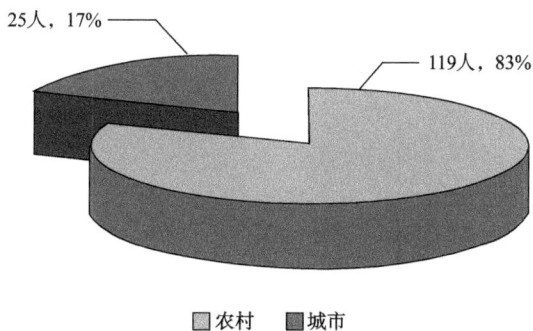

25人，17%　　　　　　　　119人，83%

■农村　■城市

来自城市、农村学生的比例

调查对象来源结构分析：学生中，来自城市的为 25 人，占总数的 17%；来自农村的为 119 人，占总数的 83%。从中可以看出，调查对象大多来自农村。

3. 调查对象父母的职业结构分析

调查对象父母的职业结构分析：调查对象父母务农的占总调查人数的 72%，父母是公务员的占总调查人数的 2%，父母是企业员工的占总调查人数的 6%，父母是个体职业的占总调查人数的 17%，父母是教师的占总调查人数的 1%，父母下岗的占总调查人数的 2%。

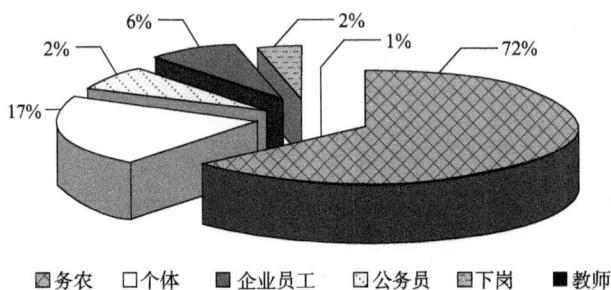

务农　□个体　■企业员工　□公务员　■下岗　■教师

调查对象父母的职业

4. 调查对象选择职业学校的原因分析

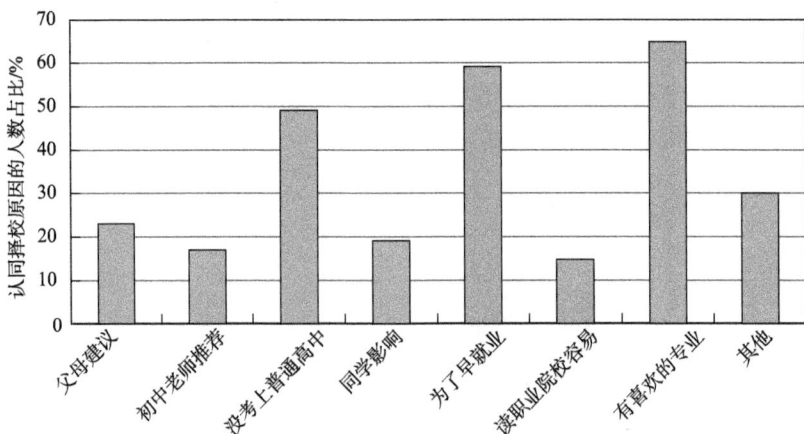

选择职业学校的原因

为了研究云南省职业教育发展战略,对学生选择职业学校的原因进行了研究,主要是从父母建议、初中老师推荐、没考上普通高中、同学影响、为了早就业、读职业院校容易、有喜欢的专业等这几个方面,来调查学生选择职业学校的原因。从调查结果来看,没考普通上高中、为了早就业和有喜欢的专业是比较重要的三个因素。

5. 对专业的了解程度

选专业时是否充分了解:4%的学生对所选读的专业非常了解;67%的学生对所选读的专业了解一些;21%的学生对所选读的专业比较了解;8%的学生对所选读的专业不了解。

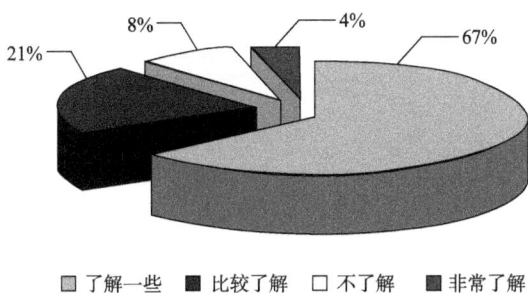

了解一些　■ 比较了解　□ 不了解　■ 非常了解

6. 对未来从事职业的思考

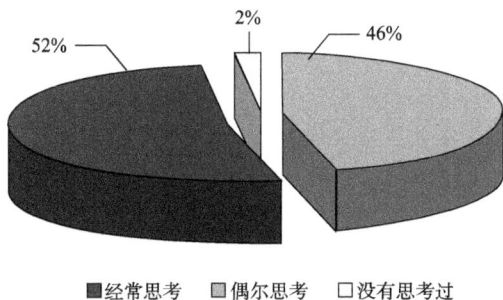

■经常思考　■偶尔思考　□没有思考过

是否思考过未来从事的职业

是否思考过未来从事的职业：52%的学生经常思考自己未来从事的职业；46%的学生偶尔思考自己未来从事的职业；2%的学生从没有思考过自己未来从事的职业。

7. 职业院校学生对即将从事的职业对知识和能力要求的了解程度

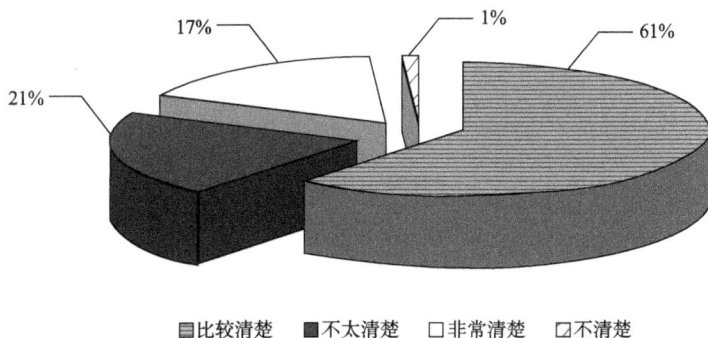

比较清楚　■不太清楚　□非常清楚　□不清楚

是否清楚即将从事的职业对从业人员知识和能力要求

职业院校学生对自己即将从事的职业或者职业群对从业人员知识和能力的要求是否清楚的调查结果显示，有61%的人比较清楚，17%的人非常清楚，21%的人不太清楚，只有1%的人不清楚，这表明大部分学生对从业所需的知识和能力比较了解。

8. 职业院校学生对校企合作在云南职业教育领域可行性的了解程度

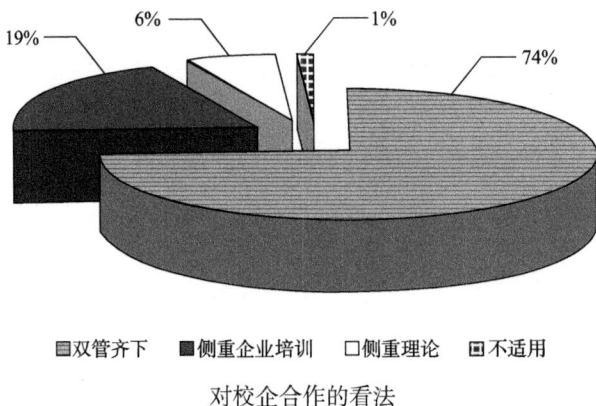

图例：□双管齐下 ■侧重企业培训 □侧重理论 ▨不适用

对校企合作的看法

对企业培训和学校教育相结合的培养方法在云南职业教育领域可行性的看法的调查结果显示，大部分职业院校学生认为应当双管齐下，占 74%，认为应当侧重企业培训的占 19%，认为应当侧重理论的占 6%，只有 1%的学生认为校企合作不适用于云南职业教育领域。

9. 学生认为对就业影响最大的因素

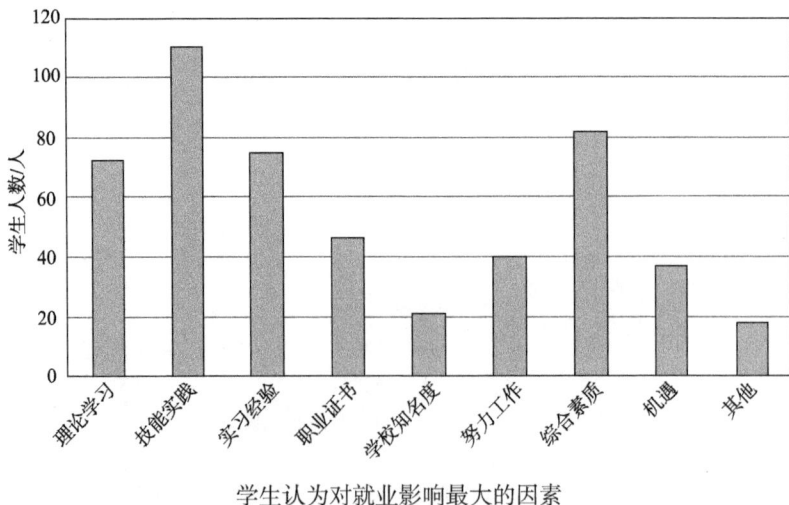

学生认为对就业影响最大的因素

从图中可以发现，学生认为对就业影响最大的首先是技能实践，其次是综合素质和实习经验。